KB073855

일기연구의 방법, 현황, 그리고 응용

손현주 · 차윤정 · 이정덕 · 왕쉬후이 · 쉬쉬에찌 · 왕리치아오 · 쳉리중
타나카 유스케 · 츠치야 슈이치 · 아소 아유미 · 남춘호 · 유승환 공저

지식과교양

이 책은 2014년도 정부(교육부)의 재원으로 한국연구재단의 지원을 받아 연구되었음(NRF-2014S1A3A2044461).

서문

일기를 연구하는 일에서 가장 중요한 문제는 일기의 성격 규명과 일기를 어떻게 해석할 것인가이다. 일기는 공적이고 사적인 개인의 일상생활 경험이 글쓰기를 통해서 재구성되는 내밀한 사유의 공간이다. 일기는 반복적이고 진부한 일상생활을 적나라하게 드러내면서도 예기치 못한 다양한 사건들이 점철되는 개인의 구체적인 삶이 실현되는 습관적인 글쓰기 양식이다. 습관적인 글쓰기는 일기 저자가 존재하는 방식이기도 하다. 일기를 쓴다는 것은 일기 저자가 인간의 새로운 모습, 요동치는 인간의 사회적 관계, 환경의 변화에 적극적으로 반응하려는 의식적인 노력이다. 또한 일기 저자는 자신의 인생이야기를 통해서 과거를 재구성하고 미래를 예견함으로써 자아 정체성을 형성하고 확립해 간다.

습관화된 글쓰기인 일기는 존재론적으로 상호 배타적인 모순을 그 자체에 내재하고 있다. 일기는 이중적인 성격이 동시에 공존하는 몇 가지 속성을 갖고 있다. 일기는 의식주의 욕구를 충족시키는 물질적 생활과 희노애락의 감정이 표출되는 정서적 생활에 대한 구체적인 내용을 제공한다. 반면에 일기에 기록된 구체적인 내용은 일기 저자의 주관적 선택과 편견이 크게 작용하여 내용의 신뢰성에 의심을 받는다.

둘째, 일기는 역사적 사실로서의 사료적 가치와 은유와 허구화된 성격으로서의 문학적 가치가 합쳐진 복합적 성격을 갖고 있다. 일기는 객관적인 자료서의 성격과 개인의 문학적 상상력이 풍부한 주관적 성격이 함께 존재한다.

셋째, 일기에 나타는 일상생활은 개인의 주관적이고 구체적인 삶이 발현된 양식이지만 동시에 전체 구조에 의해서 제약된다. 일기에 나타난 일상성은 개인의 의식, 감정, 태도 등 주관적인 산물이지만 사회적 맥락을 무시하고서는 그 내용을 제대로 파악할 수 없다. 일기에 대한 연구는 사회구조와 제도의 영향을 받는 개인 행위자에 대한 이해와 설명이 필요하다.

넷째, 일기는 일기 저자의 삶을 자신의 관점에서 구성하는 의미의 복잡성을 특징으로 한다. 하지만 일기는 일기 연구자의 이론적 관점이나 연구틀로 인해 재구성될 수밖에 없다. 개인의 적나라한 삶이 연구자의 이론적 접근으로 재탄생된다.

일기연구는 인문학과 사회과학 양자의 방법론적 기반을 함께 갖고 있다. 인문학적 기반이 강조되는 방향으로 연구되어도 안 될 것이고, 사회과학적 기반이 지나치게 강조되어도 안 될 것이다. 인문학과 사회과학의 방법이 적절하게 상호작용하는 방향으로 인도되어야 한다. 일기 자료가 갖고 있는 이중적 속성을 극복하기 위해서는 일기 연구의 방법론을 살펴보고 새로운 상을 제시하려는 노력이 필요하다.

첫째, 이중적 속성이 있는 일기연구는 다양한 연구 주제와 연구 질

문에 대답하기 위하여 하나의 결론에 도달하는 방법론을 제시하는 것
은 부적절하다. 다양한 방법과 분석틀을 적용하는 다중연구방법의 장
점을 활용할 필요가 있다. 둘째, 일기 연구는 개인의 삶에 내재해 있
는 주관성과 의미 분석을 잘 할 수 있는 장점이 있다. 일기에 등장하
는 일상성은 의도와 목적을 동반하는 개인행동에 대한 의미를 파악하
는데 중요한 자료를 제공하기 때문에 일기 연구는 삶의 주관성과 의
미 분석을 강조해야 한다. 셋째, 일기에 대한 연구는 일기 저자의 삶
에 대해서 연민하고 공감할 수 있어야 하다. 일기 저자의 관점에서 일
기 저자가 시대와 환경에 따라 변화해가는 실재의 현상을 파악할 수
있어야 한다. 이러 했을 때 연구자의 눈으로 일기 저자의 세계를 해석
하지 않고 일기 저자가 만들어 놓은 세계를 제대로 이해할 수 있을 것
이다.

　일기 연구자가 해야 할 것은 일기 속에 등장하는 인물이 경제적 ·
정치적 · 문화적 · 기술적 측면의 제도와 구조에 의해 수동적으로 움
직이는 행위자가 아니라 사회적 환경을 지속적으로 해독하면서 진솔
하게 삶을 구성하는 사회적 주체로 해방시키는 것이다. 일기의 일상
성에 대한 연구는 사회변동 속에서 자신의 가치, 태도, 행동방식을 변
화시키는 인간 행위자들이 변동의 기제를 통해 사회화되고, 집단과
공동체 안에서 정체성과 생활방식을 형성하는 과정과 양상을 드러내
는 것이다.

　한국에서 일기에 대한 연구는 1990년대에 역사학적 관점에서 제도
사, 구조사, 사건사에 대한 반성으로 개인사, 생활사에 대한 방향 전
환으로 이루어졌다. 또한 사회과학에서는 사회구조나 제도와 같은 사
회 체계에 관심을 갖는 거시적 관점에서 개인의 주관적 세계에 관심

을 갖는 미시적 관점으로의 전환과 관련이 있다. 일기연구는 사회와 일상, 일상성의 변화, 일상생활 속의 갈등과 모순, 인간 개개인의 자율성 등에 대해 더욱 관심을 갖게 하였다. 일기연구는 그동안 사회를 이해하는 중요한 자료의 원천으로서 무시되었던 영역이었다. 그러나 일기연구에 대한 꾸준한 관심은 질적 연구를 위하여 새로운 관점, 방법, 이론적 접근에 대한 시대적 요구를 반영하는 것이다.

이 책은 전북대학교 SSK 〈개인기록과압축근대연구단〉이 한국연구재단의 지원을 받아서 '개인기록을 통한 동아시아 압축 근대 비교연구' 과제를 수행하면서 출간한 연구결과의 연속선상에 있다. 이전에 연구단이 내놓은 연구 결과는 『압축근대와 농촌사회』(2014, 전북대학교출판문화원), 『동아시아 일기연구와 근대의 재구성』(2014, 논형), 『아시아의 압축근대, 성장 그리고 사회변화』(2016, 논형), 『아시아의 개인기록, 문서 그리고 생활변화』(2016, 논형) 등이 있다.

이 책의 제1부는 일기연구의 방법과 실제라는 주제와 관련이 있다. 일기가 갖고 있는 특성을 바탕으로 일기 연구에 대한 방법론적 논의를 다루고 있다. 제2부는 일기연구와 관련된 동아시아의 연구 성과를 종합적으로 살펴보기 위하여, 한국, 중국, 대만의 일기연구의 현황과 한계를 정리하고 앞으로의 연구 과제와 전망을 제시하였다. 제3부는 일기연구가 구체적으로 어떻게 적용되는가를 살펴보았다. 대만은 중앙연구원 대만사연구소가 국가의 지원을 받아 일기의 디지털화 작업을 추진하고 있는데, 구체적인 디지털화 과정과 전략이 서술되어 있다. 일본 연구는 고인이 된 저명한 일본인 학자가 5,000점 이상의 일기관련 자료를 기록물화 하는 과정을 고찰하고 있다. 한국 관련 글은 빅 데이터 기반 토픽모델링 기법을 일기에 적용한 사례를 보여 주고 있다. 마지막으로 부록은 한국, 중국, 대만, 일본 네 나라가 보유하고 있는 일기 목록 현황을 정리하였다. 동아시아의 일기자료에 대한 서지와 목록이 알고 싶다면 부록이 도움이 될 것이다.

　이 책의 출간은 많은 분들의 정성과 마음이 있어서 가능했다. 연구단의 일원으로 교정과 다양한 여러 가지 일들을 마다하지 않은 김형준, 유승환, 오현아, 이정훈에게 먼저 감사의 마음을 표하고자 한다. 글을 써주신 본 연구단의 공동연구원들과 외부에 계시면서 바쁜 와중에도 좋은 글을 보내주신 여러 필자들에게 감사를 드린다. 마지막으로 책의 기획에 관심을 갖고 출판을 맡아준 도서출판 「들녘」의 관계자들에게도 감사드린다.

저자들을 대표하여
2017년 6월 손현주

8

차례

제**1**부

일기연구의 방법

제1장
개인자료로서의 일기연구에 대한 방법론 모색

손현주

1. 문제제기

최근에 인문·사회과학계의 학자들이 일반 시민들의 삶을 노래한 다양한 이야기에 대한 자료를 수집하고 해석하는 노력을 기울여 왔다(정병욱·이타가키 류타, 2013; 이정덕·안승택, 2014; 이정덕 외, 2014). 일기는 일기저자, 일기에 등장하는 사람들, 그리고 세상을 보는 관점을 이해하고 삶의 의미를 살펴보는데 유용한 틀을 제공한다. 또한 미시적 관점에서 사람들이 갖는 느낌, 경험, 가치, 정당화, 관념, 삶의 동기 등을 밝혀낼 수 있다. 일기는 사람들이 느끼고, 경험하는 소소한 일상생활과 그들 자신의 삶과 세계를 보는 관점을 제공한다.

일기에 대한 활발한 연구는 1990년대 인문·사회과학계의 질적 연구방법에 대한 관심과 함께 한다(이희영, 2005: 121). 질적 연구는 사회현상은 자연현상과 달리 객관적 실체가 아니라 정신 능력을 가진 인간들이 만들어 낸 함축적인 현상이라고 가정하고 행위자의 주관적 동기나 가치에 관심을 가져야 한다는 연구방법론이다. 질적 연구는 일반적으로 특정한 상황 또는 집단과 관련된 경험을 심층적으로 이해하고 해석하고자 하며, 연구결과의 일반화보다는 특수성을 더 중요하게 생각한다. 또한 질적 연구에 대한 관심은 제도 · 집단 중심의 거시적 관점이 한계에 봉착을 하였고, 한국사회를 형성해왔던 개개인의 일상생활, 행동, 태도, 가치관 변화 등과 같은 미시적 관점을 첨가하지 않고서는 한국 사회의 지속적인 변화를 논의하기가 힘들어 졌기 때문이다.

일기연구에는 다음과 같은 세 가지 문제가 있다.

첫째, 과학적 · 체계적인 방법으로서의 일기 연구의 타당성과 구체적인 방법에 대한 논의가 부족하다는 것이다. 일기를 연구하는 연구자들이 그들의 관점에서 재단하지 않고, 일기 내용을 풍부하게 재구성하지 못하거나, 일기가 개인의 역사 연구라는 한계를 넘어서는 방법론이 체계화되지 않았다는 것이다.

둘째, 일기연구에 대한 다양한 비판이 쏟아지고 있다.

셋째, 일기는 존재양식이 이중적 혹은 모순적이다.

이와 같은 맥락에서 일기텍스트에 대한 심층적인 분석을 위한 방법론적 서설을 제안하고자 한다.

2. 개인기록물과 일기

1) 개인기록물

일기는 개인기록물(personal documents)의 일부여서 먼저 개인 기록물의 성격에 대해서 알아보는 것이 일기의 개념정의에 필요하다. 개인기록물 개념은 크게 광의와 협의로 나눌 수 있다. 고트샬크(Louis Gottschalk)는 "The historian and the historical document" 논문에서 개인과 관련된 모든 역사적 기록을 개인기록물로 정의하였다(LaPiere, 1946: 156). 고트샬크(Louis Gottschalk)의 정의는 모든 종류의 역사적 데이터를 개인기록물에 포함시키는 광의의 개념으로, 개인과 관련된 직간접적인 역사적 사실(historical facts)에 관심을 갖는 경우이다. 반면에 클럭혼(Clyde Kluckhohn)는 개인기록물을 전기, 자서전, 일기, 편지, 인터뷰 등으로 한정함으로써 그 개념을 엄격히 하여 협의의 의미로 개인기록물을 정의한다(LaPiere, 1946: 156).

개인기록물에 대해 사회학자와 심리학자는 다르게 정의한다. 사회학자인 블루머(Herbert Blumer)는 개인기록물을 "사회생활의 참여자 혹은 인간행위자로서 개인행동을 드러내는 개인 경험에 대한 설명"으로 정의하였다(Baumann, 1975: 33). 심리학적 관점에서 올포트(G. W. Allport)는 "저자의 정신생활의 구조, 원동력, 기능과 관련된 정보를 의도적·비의도적으로 산출하는 모든 자기 표출적 기록(self-revealing record)"이라고 개인기록물을 정의하였다(Baumann, 1975: 33). 사회학적 측면에서 개인기록은 개인의 경험과 사회적 관계에 초점을 맞추고 있어서, 개인기록의 현상을 명명할 수 있는 개인사(life history) 혹은 생애담(life story)이라는 용어를 사용한다. 반면에 심리학자는 개인의 정신생활을 강조하여 일인칭 설명이나 진술(first person accounts or statements)이라는 용어를 사용한다.

개인기록에 대한 방법론적 접근은 크게 실증주의와 해석주의로 나눌 수 있다. 실증주의는 세상은 인간 인식 밖의 개관적인 존재이기 때문에 법칙을 추구하고 시공간을 초월하는 일반화가 가능하다고 생각하여 양적인 연구방법을 선호한다. 실증주의자들은 개인기록과 같은 자료는 표준화될 수 없는 속성 때문에 신뢰성이 결여되므로 연구자료로 잘 활용하지 않는다. 그러나 정부나 기타 기관에서 발행하는 공식자료는 자주 사용한다. 이런 자료들은 양적 데이터를 포함하고 있기 때문이다. 실증주의자는 일기와 같은 개인자료는 개인의 경험을 너무 과장시키는 경향이 있고 편견이 내포될 가능성이 있기 때문에 자료의 가치가 없다고 간주한다. 그리하여 개인기록과 같은 자료는 연구의 타당성을 검토하는 데에 1차 자료로 사용하지 않고 연구를 보완하는 2차 자료로 주로 사용한다. 대신에 실증주의자들은 내용분석(content analysis)을 통해 개인기록과 같은 문서에 접근을 한다. 실증주의 관점에서 내용분석은 탐구대상 자료가 함축하는 메시지의 내용을 체계적, 객관적으로 규명하는 것으로, 단어, 주제, 인물, 문단, 항목, 개념, 의미 등과 같은 특정한 분석 단위에 근거하여 자료의 특성을 분석한다(이영희 · 이영미 · 김병수, 2010: 293).

해석주의자들(interpretivists)은 그들의 연구목적을 달성하기 위하여 개인기록을 적극적으로 이용한다. 해석주의적 관점에서 세상의 질서와 현상은 어떤 선험적 원리나 법칙에 의해 만들어지는 것이 아니라 사람들이 경험하고 생활하는 삶 속에서 느끼는 것들이 모여서 질서체계를 구성한다고 보기 때문에 세상에 드러나는 현상의 이해와 사람들이 경험하는 사회적 관계와 의미를 중시한다. 개인기록은 개별적인 인간들이 경험하는 삶을 기록하는 거여서 사람들이 느끼고 경험하는 것을 간접적으로 관찰하고 해석할 수 있는 좋은 준거가 된다. 해석주의자들은 실증주의자들의 양적 내용분석보다는 개인기록물이 담고 있는 중요한 의미와 주제가 어떻게 구성되고, 그것들이 함의를 추구하는 질적 내용분석에 관심을 갖는다. 해석주의자들은 문서에 나타나는 통계적 수치가 내포하는 의미의 분석을 거절한다면, 실증주의자들은 문서가 내포하는 의미와 가치 분석에 치중하는 해석주의자들의 주관적 접근을 거부한다.

개인기록물은 자신을 드러내는 중요한 수단이 된다는 점에서 작성 동기가 중요하다. 개인기록은 때때로 고백적이건 혹은 자신의 감정을 개입하지 않고 공정하거나 사심 없는 관찰자의 입장에서 기술할 수 있다. 클라크(Clark)는 개인기록의 대표적인 형식인 자서전을 쓰게 되는 동기로 4가지로 구분하였다(Birren and Deutchman, 1991: 116).

  a) 동정에 대한 호소(appeal for sympathy),
  b) 자기 정당화의 필요(need for self-justification),
  c) 감사하고 싶은 마음(desire for appreciation),
  d) 예술적 소통에 대한 필요(need for artistic communication)

올포트(G.W. Allport)는 자서전의 동기에 대해 12가지로 범주화하였다(Birren and Deutchman 1991: 116-117).

  a) 죄지은 것보다 더 비난 받는 것에 자기 자신에게 유리한 주장이

나 호소(special pleading to prove one is more sinned against than sinning),

b) 과시행위(exhibitionism),

c) 자신의 삶을 정리하고 싶은 욕망(desire for order one's life),

d) 문학이 주는 기쁨(글쓰기의 미학적 즐거움)(literary delight (aesthetic pleasure of writing)),

e) 개인이 갖는 관점 확보하기(securing a personal perspective),

f) 긴장으로부터 안도(relief from tension),

g) 구원과 사회적 재출발(redemption and social reincorporation),

h) 금전적 이득(monetary gain),

i) 수업이나 특별한 프로그램에서 요구하는 숙제 완수(fulfillment of an assignment, such as for a class or admission to a particular school or program),

j) 치료의 보조수단(assistance in therapy),

k) 과학적 관심(scientific interest),

l) 공공 서비스나 다른 예(public service and example).

2) 일기

일기는 기대되는 청중이 오직 자신이기 때문에 개인기록 중에서 가장 사적인 영역이다. 일기는 매일 쓸 수도 있고 간간히 쓸 수도 있는 개인 기록물이다. 대부분 나라의 문화와 역사는 일기를 공통적인 문학 장르 중의 하나로 간주하기도 한다. 연구 주제로서 일기는 문학, 역사, 심리학, 사회학 등에서 관심을 갖고 연구되었다. 먼저 연구

방법으로서 일기는 심리학자인 올포트(G.W. Allport)에 의해서 개척되고 전파되었는데, 그는 일기를 '삶의 자세한 사실에 대한 지식(acquaintance with the 'particular of life)'이라고 정의하였다(Coxon, 2012: 84). 알라스제프스키(Andy Alaszewski)는 그의 책 『Using Diaries for Social Research』(2006)에서 가장 유용하고 일반적인 일기에 대한 정의를 하였다. 일기란 한 개인에 의해 규칙적이고, 개인적이고, 동시대에 일어난 일을 기록한 문서이다(Alaszewski, 2006: 1). 그에 의하면 일기란 특정한 기간을 두고 규칙적으로 쓰여져야 하며, 일기를 쓴다는 것은 개인적 행위이자 익명성을 필요로 하며, 특별한 사건이 일어난 현재의 시간이 기록되어야 하고, 마지막으로 사실, 사상, 감정, 견해, 활동, 상호작용 등이 기록되어야 한다고 주장한다(Alaszewski, 2006: 2). "일기는 한 개인이 일상의 경험과 느낌을 적어놓은 기록이다. 개인의 생활은 자신이 속한 물리적 · 사회적 환경과의 상호작용 속에서 이루어지는 것이므로, 일기에는 한 개인의 삶뿐만 아니라 그 시대의 상황과 지역사회의 특성이 담겨 있게 마련이다. 특히 일기는 그날그날의 기록이기 때문에 어느 자료보다도 사실적이다. 만약 이러한 기록이 수십 년 동안 누적되어 있다면 그 자체로 가장 구체적인 역사자료가 된다."(이정덕 외, 2012: 23)

위에서 언급한 일기로 가장 대표적인 일기는 『필로우 북(The Pillowbook of Sei Shōnagon)』, 『무라사키 시키부 일기(和泉式贈日記)』, 『안네 프랑크의 일기(The diary of Anne Frank)』 등이 있다. 『필로우 북』은 궁녀인 셰이 쇼나곤이 1000년에서 1008년 경에 쓴 일기로 일본 궁중에서 벌어지는 일화, 인물, 종교적 의식, 풍경들을 자세하게 담고 있다. 『무라사키 시키부 일기』는 일본 헤이안 시대 여성작

가인 무라사키 시키부가 자신의 작품에 대한 의견을 개진한 작가일기
이자 궁정생활의 다양한 이야기를 풀어낸 궁정수필의 성격이 강하다.
위의 두 일기는 공적인 기록 일상의 비망록으로서 다른 사람에게 공
개되는 것을 목적으로 했다는 점에서 사적인 영역으로서 오늘날 일기
와는 성격이 다르다. 『안네 프랑크의 일기』는 유태인 소녀가 2차 세계
대전 중에 경험한 독일 나치정권의 반 유태주의를 잘 기술하고 있다.

   일기의 가장 큰 장점은 기억과 관련된 회상의 문제를 극복할 수 있
다는 점이다. 우리의 기억은 불완전하여 체계적인 정보를 수집하는데
회상이 갖는 편견을 야기할 수 있다. 그러나 일기는 사건이 일어난 후
바로 쓰거나, 최소 하루나 이틀 안에 쓰여지기 때문에 회상적 문제를
최소화 할 수 있다. 인터뷰, 설문지 조사, 실험 등은 불완전한 정보를
제공할 가능성이 높다. 왜냐하면 "회상할 때 생기는 편견(recall bias),
기억의 순간적인 착오(memory lapses), 타인이나 자신의 성취에 대
해 갖는 기대가 성취에 미치는 효과인 기대효과(expectancy effects),
바람직하지 않거나 받아들일 수 없는 행동은 제대로 보고하지 않는
경향" 등은 일기에서 극복가능하기 때문이다(Kubacki and Rundle-
Thiele, 2017: 54).

   일기의 유형(types of diaries)은 크게 세 가지가 있다(McKernan,
1996: 84-85). 첫째는 개인일기(intimate journal)이다. 이것은 일기
중에서 가장 개인적인 속성을 나타내는 것으로, 일상생활의 소소한
사건을 개인이 규칙적으로 쓴 것으로, 감정·정서·생각·고백 등이
배어 있는 기록이다. 둘째는 회고록(memoir)이다. 회고록은 개인적
인 감정이 배제된 문서이다. 이것은 불규칙적으로 개인의 경험을 기
록한 것으로, 사적인 감정·생각보다는 좀 더 객관적인 관점에서 서

술한 기록이라 할 수 있다. 셋째는 일지(log)이다. 일지는 설명적인 속성인 강한 문서이다. 이것은 특정 분야에서 매일 발생하는 일을 명료하게 기록하는 문서로, 업무일지, 항해일지, 연구일지, 학급일지, 방명록 등이 있다.

3. 일기연구의 이론 및 방법론적 문제

일기연구에서 이론적으로 가장 큰 이슈는 일기 자료의 신뢰여부이다. 일기는 회상의 문제를 극복할 수 있어서 질적 방법을 수행하는 데 좋은 자료이다. 다른 한편으로 그 내용의 정확성에 있어서 의심을 받아 왔다(Jones, 2000: 556). 일기에 기록된 사건들은 일상생활에서 일어난 전체 사건을 충분히 반영하지 못하는 경향이 있다. 심지어는 관찰과 같은 객관적 방법에 의해 기록될 수 있는 사건들보다 그 정확성이 결여될 수 있다. 일기에 기록된 사건들은 선택적이거나 저자의 편견이 반영될 수밖에 없다. 일기 저자는 어떤 때는 과도하게 사건에 의미를 부여하거나 사건을 부풀려서 기록할 수도 있고, 다른 한편으로는 과소하게 의미를 부여하거나 기록할 수 있다. 일기 저자는 사건을 기록할 때 일정한 거리 두기를 통해 감정이입을 배제하기가 쉽지 않다. 또한 일기에 기록된 사건의 분량은 그 사건에 대한 저자의 중요성의 지표가 된다(Jones, 2000: 556). 예를 들면, 다른 사람들로부터 상호작용이 있었던 사건들은 그렇지 않은 사건들보다 일기에 기록될 가능성이 높다. 〈표 1〉은 일기 분석을 할 때 일기에 기록될 사건들에 대한 기록의 정확성에 대한 문제가 무엇인지를 제시하고 있다.

〈표 1〉 일기의 정확성에 대한 문제(Jones, 2000: 556)

빈도 (frequency)	일기에 기록된 사건들은 실제 일어나 사건들을 축소해서 기록할 가능성이 높다. 일기에 기록된 사건들은 인간의 주관성을 배제할 수 없고 의미적으로 구성되어지기 때문에 정확한 사건들을 기록하지 못할 가능성이 높다.
지속시간(duration)	상호작용이 긴 사건일수록 기록될 가능성이 많다.
짧은 지속시간 (brief duration)	짧은 상호작용(1분이하)이 있는 사건일수록 기록될 가능성이 희박하다.
방향(direction)	상호작용을 받은 사건일수록 기록될 가능성이 높다.

둘째, 일기는 역사적 자료서의 성격과 문학작품의 특성을 동시에 갖고 있다. 일기는 미시적 차원의 역사적 경험, 사건들에 대한 사적 기록이라는 측면에서 역사적 사실을 보완하고 역사적 사실에 대한 증거를 제시하는 중요한 자료이다. 하나의 역사적 자료로서 그 기능을 충분히 발휘한다. 반면에 개인의 사적 감정과 경험을 기술한다는 측면에서 객관성이 부족한 측면이 있다. 일기는 때때로 복잡하고, 모호하고, 종잡을 수 없으며 가변적이다. 심지어 많은 사람들이 이해할 수 없는 상징적인 언어와 신호가 등장하기도 하며 자료서는 명백하지만 쉽게 그것의 본래 의미를 평가할 수 없는 경우가 있다. 일기의 내용에 문학적인 허구성이 등장하고 문학이 선사하는 아름다움이 묻어나기도 한다. 일기를 문학의 장르로 구분해야 할지, 아니면 역사적 사료로 보아야 할지 그 경계선이 명확하지 않다.

기타 일기에 대한 비판으로 다음과 같은 것들이 있다.

• 텍스트 분석 없이 자료의 내용을 마치 일상체험 그 자체인 것으로 받아들이는 해석의 문제

• 각 텍스트의 사례와 이에 연관된 텍스트 바깥 자료와의 대화 부

족으로 텍스트에 매몰된 이해에 그치는 경우

- 텍스트에 대한 심층적인 분석과 해석 없는 일기 자료의 단순 인용
- 구체적이고 부분적인 것을 보기 때문에 전체를 보지 못하는 오류
- 이론적 관점에 대한 고려 없이 일기 저자는 어떤 옷을 입고 어떤 음식을 먹으며 살았는지에 대한 흥미거리나 미시사 · 일상사에 관심을 가짐으로써 이론적 접근이 미비

4. 일기연구의 방법론적 의의

1) 거시적 관점과 미시적 관점의 매개물로서 일기

일기는 일기 저자의 일상적 세계와 경험을 재구성하는 것을 목표로 한다. 일기는 일기 저자가 경험하는 의식주를 포함하는 물질적 조건, 노동과 여가생활, 학교생활, 가족생활과 공동체 활동, 관습과 규범, 종교생활 등을 포함한다. 또한 일기는 사회구조적 변화로 야기된 개인의 의식, 태도, 행동 등을 포함하는 개인의 생활 특징을 파악하는 데 중요한 정보를 제공한다. 위에서 언급한 내용이 의미하는 것은 개인의 일상 경험, 사상, 가치 등은 단지 개인이 스스로 규정하고 추구하는 것이 아니라 시간, 공간, 구조, 제도 등과 같은 사회적 규정성에 일정 정도 영향을 받는다는 것이다. 또한 일기는 개인과 사회적 측면의 상호작용을 반영한다는 측면에서 단지 개인기록을 넘어서는 사회적 기록이기도 하다. "왜냐하면 개인 자체가 사회적 존재이고, 따라서 사회적 맥락에서 생각이 형성되고 교환되며, 물질적 교환 관계 속에서 생존하고, 사회적 관계 속에서 활동을 하기 때문이다."(이정덕, 2012: 101)

이처럼 일기는 구조적, 제도적 변동에 의해 영향을 받는 개인을 연구한다는 측면에서 거시적 접근과 깊은 관련이 있다. 일기는 개인과 사회, 공적인 기록과 사적인 기록, 그리고 미시적 접근과 거시적 접근을 함께 묶어 세울 수 있는 지적 통합의 근거를 제공한다. 따라서 일기에 등장하는 개인들이 보여주는 태도, 가치, 행동양식, 역할, 사회적 경험 등의 변화는 단지 개인적인 차원이 아니라 사회구조, 문화, 시대정신 등에 의해 제약되고 조건 지워진다는 것을 내포한다. 일기연구는 거시적 관점과 미시적 관점의 접목과 개인과 사회의 상호작용에 관심을 가져야 한다. 이를 통해 개인차원을 넘어서서 사회구조와 제도를 재구성할 수 있는 방법을 제시해야 한다.

2) 역사적 사실에 대한 구체적인 정확성을 제공

일기는 단지 일기 저자들의 과거를 살펴보는 것뿐만 아니라 그들의 삶 전체 속에 또아리[똬리]를 틀고 공감하며 그들의 감정, 욕망, 생각, 행동 등을 이해하려는 노력이다. 일기는 일기 저자들에 대한 포괄적이고 구체적인 면면과 다양한 사고방식들을 제공한다. 사람들에 대한 생애사의 발전과정을 상세하게 설명할 수 있다. 또한 인간 삶의 근저가 되는 의식주(衣食住)와 같은 물질문명이 갖는 의미를 알게 해준다. 이런 의미에서 일기연구는 미시사의 한 분야이기도 하다. 미시사는 "작은 것의 역사" 또는 "작은 것을 통해 보는 역사"라고 할 수 있고, "과거에 실제 삶을 살았던 평범한 사람들에 대한 구체적인 관심을 다양한 접근방식으로 분석하는 연구 경향"이라고 정의할 수 있다(이창신, 2008: 209).

미국 여성사가인 로렐 대처 울리히(Laurel Thatcher Ulich)의 『산파
(産婆)일기』(1990)는 일기가 제공하는 구체성에 대한 좋은 예다. 『산
파일기』는 일기의 주인공인 마서 밸러드(Martha Ballard, 1734-1812)
가 51세인 1785년부터 1812년까지 산파로써 27년 동안 일했던 내용
을 기록한 것이다(이창신, 2008: 210). 『산파일기』가 주는 구체적인
정확성에 대해 곽차섭은 다음과 같이 기술하고 있다.

> 마서의 일기는 그녀 주변의 역시 평범한 사람들과의 관계망을 엿보
> 게 해주는 중요한 단서가 된다. 마서의 시대에 산파란 단수한 직업 이
> 상의 것이었다. 그것은 한 편으로 남편의 부족한 벌이를 보충하여 가
> 족을 부양하는 방책이었지만 동시에 마음 속 깊이 이웃과의 공감을 느
> 끼게 하는 일종의 소명 같은 것이기도 했다. 그녀의 일기는 당시까지
> 대학에서 교육받은 (남성) 의사가 아니라 (여성) 산파가 출산에서 훨
> 씬 더 중심 역할을 했다는 의료사의 중요한 사실도 깨우쳐 준다. 또한
> 통상적인 장부에는 나와 있지 않은 가계 경제의 이면들, 즉 아마씨를
> 언제 뿌리고 어떻게 키우고 언제 수확했는지, 그것으로 마서와 그녀의
> 딸들이 어떻게 실을 잣고 짰는지도 세세히 얘기해준다. 아메리카 동북
> 부의 외진 마을에 살았떤 마서와 그 주변의 사람들은 이런 식으로 우
> 리 기억의 일부가 되는 것이다.(곽차섭, 2012: 11-12)

3) 새로운 가설을 제안하거나 이론을 검증할 수 있는 증거제시

일기연구자는 일기에서 발견된 내용을 바탕으로 새로운 가설을 제
시하거나 가설의 진위를 따질 수 있다. 일기에서 발견된 증거를 바탕
으로 일반적인 이론적 원칙을 검증하게 된다. 이론이나 어떤 현상에

대한 일반화는 사회적 사실이나 관계에 대한 인과론적 설명을 제공한다. 일기의 내용이 현상을 충분히 설명할 수 있으면 그 이론을 받아들일 수 있다. 만약에 이론이나 원칙에 대한 기대가 정상적으로 발생하지 않는다면, 우리는 더 이상 설명적 요소를 추구할 필요가 없게 된다. 그러나 이론에 대한 잠재적 부정으로 예외가 있다면, 연구자는 설명적 요소를 추구할 수밖에 없다. 부정적이거나 반대되는 사례는 연구자가 추구해야 할 연구방향을 제안함으로써 조심스러운 분석을 유도한다. 이런 의미에서 일기가 제시하는 내용이 매우 구체적이고 상세해서, 가설의 검증이나 이론의 일반화에 매우 유용한 틀과 증거를 제시할 수 있다.

4) 새로운 연구영역에 대한 기초적 · 탐색적 작업을 유도

일기는 직접적이고 적극적인 형태는 아니지만 새로운 연구영역을 탐색하는데 도움을 준다. 모든 연구는 철저히 설명할 수 없는 부분이 나오면 기존의 영역을 벗어나 새로운 영역을 쫓을 수밖에 없다. 그리하여 연구자는 체계적이지도 않고 구조화되지 않은 자료(data)를 이용하여 새로운 변수 · 질문 · 연구절차를 제안하여 새로운 연구방향을 설정할 수 있다.

5) 대중과 소외계층을 위한 살아있는 자료 제공

권력이 있고 높은 지위의 계층에 있는 사람들은 개인기록물, 예를 들면 자서전, 회고록 등을 통해 그들의 삶의 이야기를 일반인들

에게 쉽게 전파할 수 있다. 이들의 이야기는 상업성도 있어서 출판
시장에서 선호되고 자신의 이야기를 자비로 출판할 만큼 경제적 여
력도 있다. 반면에 일반 대중과 소외계층이 작성한 개인기록물은 쉽
게 발굴되지도 않고 상업성이 적어서 출판되는 것도 쉽지 않아서 사
회의 다른 구성원들에게 그들의 이야기를 전하는 것이 쉽지 않다. 일
기는 일반대중과 소외계층의 삶을 아는데 매우 유용한 도구이다. 공
문서에 나타난 자료로는 이들의 삶을 이해하는데 한계가 많다. 일기
는 아래로부터 들려오는 살아있고 생생한 메시지를 전달할 수 있다.

5. 일기 연구방법론을 위한 제언

1) 연구계획에 따라 체계적인 연구전략 수립의 필요

일기연구란 일기를 기본 소재로 하여 사회와 역사의 구조와 과정에
대한 초점을 벗어나 살아 있는 사람들의 주체성을 살펴보고 그들이
경험하고 인식하는 세상을, 그들의 행동방식과 실천을 탐구하는 것이
다. 일기연구는 질적 연구방법이기에 자기 반성적 거리 두기를 통해
객관성을 유지하려 해도 자의성과 주관성을 피할 수가 없다. 일기연
구의 자의적 해석이라는 비판을 벗어나기 위해서는 방법론적 절차와
장치를 정교화함으로써 그 타당성을 획득해야 한다.
일기는 분석 수준에 따라, 연구주제에 따라, 혹은 일기를 바라보는
각도에 따라 다양한 차원에서 탐구될 수 있다. 일기는 연구목적에 따
라 사회학적 · 인류학적 · 역사적 접근에서 보여주는 것처럼 특정한

관점에서 특정한 방법과 이론을 이용하여 일기의 내용을 분석하고 이해하는 것이다. 예를 들면, 사회학적 개념과 원리들을 이용하여 일기를 분석함으로써 고도의 추상성과 일반화를 이끌어 낼 수도 있다. 이때 고려해야 할 가장 중요한 사항은 어떤 방법론과 방법을 사용할지에 대해 먼저 선택을 해야 한다는 것이다. 그리고 두 번째로 고려해야 할 항목은 연구에 사용될 방법론과 방법 사용에 대해 정당화를 시킬 충분한 근거를 제시할 수 있어야 한다는 것이다.

체계적인 연구를 위하여 크로티(Michael Crotty)(1998: 2-5)는 인식론(epistemology), 이론(theory), 방법론(methodology), 방법(methods) 등과 같은 네 가지 요소를 제시하고 있다(참조 〈표 2〉). 그리고 그는 이들 네 가지 요소의 네 가지 일관성을 강조한다(참조 〈표 3〉). 또한 네 가지 요소에 기반 한 연구 틀과 연구방향이 어떻게 방법론, 방법, 결론, 연구결과에 영향을 끼치게 될 것인지 명료하게 할 필요가 있다.

〈표 2〉 연구계획 4가지 요소(Crotty, 1998: 3)

방법(methods)	연구질문 및 가설과 관련된 자료를 수집하고 분석하기 위해 사용된 기법이나 절차
방법론(methodology)	특정한 방법을 선택하고 사용하게 된 이면에 있는 연구전략, 연구절차, 연구디자인, 연구계획에 대한 총칭
이론적 관점 (theoretical perspective)	방법론을 알려주는 철학적 입장으로 연구절차의 문맥을 제공하고 방법론의 논리와 기준을 제공하는 토대
인식론(epistemology)	이론적 관점과 방법론에 내재되어 있는 지식 이론

〈표 3〉 연구계획(Crotty, 1998: 5)

인식론	이론적 관점	방법론	방법
객관주의 구성주의 주관주의	• 실증주의 • 후기실증주의 • 이해주의 • 상징적 상호 작용론 • 현상학 • 해석학 • 비판적 탐구 • 여권주의 • 포스트모더니즘	• 실험연구 • 설문조사 • 민속지학 • 현상학적 연구 • 근거이론 • 발견적 탐구 • 행동연구 (action research) • 담론분석 • 여성주의적 관점 연구	• 표본조사(sampling) • 측정과 척도 (measurement and scaling) • 질문지 • 참여(비참여) 관찰 • 인터뷰 • 포커스그룹 • 사례연구 • 생애사 • 서사(narrative) • 비디오 민속지학적 방법 (visual ethnography methods) • 통계분석 • 주제확인 (theme identification) • 비교분석 • 인식론적 지도 그리기 (cognitive mapping) • 해석방법 (interpretive methods) • 문서분석 (document analysis) • 내용분석 • 대화분석

만약 일기 연구의 주제가 시간이 지나면서 개인의 변화된 경험이라고 가정해보자. 이때 인식론은 주관주의적 관점이 될 것이다. 주관주의 인식론은 인간의 인식이 일차적으로 주관에 의해 조건 지어지며, 주관적 자아가 세계의 존재와 확실성을 증명하는 출발점으로 간주하다. 주관주의 인식론에서는 이론적 관점으로 이해주의를 선택

하고, 이해주의 하위 범주인 상징적 상호작용론, 현상학, 해석학적 접근 중에 하나를 선택해야 한다. 방법론으로는 이해주의 관점에 상응하는 민속지학, 현상학적 연구, 근거이론, 발견적 탐구 중의 하나를 선택해야 한다. 그리고 구체적인 방법으로 참여(비참여) 관찰, 인터뷰, 포커스그룹, 사례연구, 생애사, 서사, 비디오 민속지학적 방법 중에서 하나 이상의 방법을 선택할 수 있다. 이것을 간단히 도시화하면 다음과 같다. 주관주의 → 이해주의 → 민속지학 → 참여관찰.

2) 이론적 관점에 따른 일기의 함의 분석

일기에 대한 분석은 이론적 관점에 따라 그 내용의 담고 있는 함의를 분석하는 것이 필요하다. 일기는 개인의 삶에 나타나는 주관성(subjectivity)과 의미(meaning)를 파악할 수 있는 중요한 원천이 된다. 일기는 개인이 갖고 있는 믿음, 신념, 행동을 이해할 수 정보를 제공하기 때문이다. 일기에 나타난 의미를 파악하기 위해서 연구자는 다음과 같은 사항을 알아야만 한다. 첫째, 일기가 쓰인 과정, 둘째, 일기 수집과정, 셋째, 일기가 쓰인 기간, 넷째, 일기가 쓰인 동기, 다섯째, 일기의 기능 등이다. 일기에 쓰인 내용이 갖는 의미를 해석하기 위해서는 일기저자와 가족들의 인터뷰, 일기저자와 관련된 다른 정보(사진, 편지, 등), 일기 저자의 삶을 이해할 수 있는 다를 물질적 대상, 공식 통계 자료 등을 이용해야 한다.

일기에 나타난 삶의 주관성과 의미에 대한 심도 있는 분석을 위해서는 다음과 같은 이론적 전통을 통해 다양한 주관적 의미를 적용할 수 있다(참조 〈표 4〉).

〈표 4〉 이론적 관점에 따른 생애(life story) 의미에 대한 개념(Plummer, 2001 : 39)

지식 사회학(sociology of knowledge)
- 역사의 기념비적인 순간들과 문화들로부터 도출된 의미 파악

담론 이론(discourse theory)
- 의미란 언어체계와 권력관계로부터 구성됨

상징적 상호작용론(symbolic interactionism)
- 타인과의 상호작용을 통하여 형성된 문맥과 상황 속에서 발현된 의미 분석

해석학(Hermeneutics)
- 이해(understanding), 통찰적 사고, 그리고 타인과의 상호주관성으로서의 의미

현상학(phenomenology)
- 의식이 경험하는 것을 그대로 묘사함으로써 만들어진 의미

기호학(semiotics)
- 의미란 자의적인 의미들이 여러 형태의 신호들과 연관되어 구체적인 의미를
  갖는과정을 통하여 형성된 신호체계

민속방법론(ethnomethodology)
- 말(speech)과 대화(conversation)를 지배하는 체계로서의 의미

정신역학(psychodynamic)
- 일상생활에서 몸, 감정 갈등, 가족 문제, 외부 세계와의 갈등에 대한 무의식적
  역학의 의미

예를 들면, 지식사회학적 접근은 사회가 일기의 저자가 갖고 있는 지식 형성에 어떻게 영향을 끼쳤는가라는 관점에서 일기의 내용을 분석하는 것이다. 일기 저자의 경험, 능력, 행동, 기대, 미래에 대한 비전 등과 같은 지식의 내용이 그가 살았던 사회적 · 역사적 조건과의 관계성 하에서 파악하는 것이다. 지식사회학적 관점에서 연구자는 일기 저자에게 생성된 세계관과 보편적인 삶의 지식 · 관념이 발생하게 된 사회적 상황을 입증하고 일기 저자의 지식과 사상이 형성된 사회적 원인을 설명해야 한다. 상징적 상호작용론 관점에서 일기의 내

용을 분석할 때에 연구자는 일기의 저자가 사회와 자신에 대한 인식을 정립해 가는 과정에 관심을 갖고 분석해야 한다. 커뮤니케이션이 갖는 상징적 의미를 파악하여 일기 저자가 자신의 생각과 감정을 어떻게 전달하는지를 알 수 있어야 한다. 그리하여 커뮤니케이션의 개인적 · 사회적 기능을 제시할 수 있어야 한다. 이처럼 각 이론적 관점에서 일기를 해석하고 설명할 때 깊이 있는 일기연구가 가능하다.

3) 일기 자료에 대한 평가 기준 제시

일기는 일기 저자의 경험을 주관적 기술한 기록이자 사적인 경로를 통해서 획득된 자료이다. 어떤 경우에는 원본이 아니라 필사인 경우에도 있다. 그리하여 일기 원자료가 학문적으로 연구할 가치가 있는지에 대하여 평가할 수 있어야 한다. 다시 말해, 일기의 내용과 형식 등이 일기연구 주제에 타당한 것인지, 문헌분석의 대상이 될 수 있는지 판단해야 한다. 블루머(Herbert Blumer)는 사회과학에서 자료 출처에 대한 4가지 평가기준을 제시하고 있다(Mariampolski and Hughes, 1978: 105-111).

첫째, 획득된 자료가 특정한 역사적 시기의 활동, 태도, 감정들을 대표할 수 있는가에 대한 자료의 대표성(representativeness of data)이다. 일기는 주관적 자료이기 때문에 설문조사와 같은 양적 방법에서 반드시 필요한 대표성 문제를 심각하게 고려할 필요는 없다. 대신에 일기자료의 편향성과 부족한 정보에 대해 해명을 해야 한다. 또한 자료가 갖고 있는 결함이 설명이나 결론에 미치는 영향에 대해 지적할 수 있어야 한다.

둘째, 자료의 타당성(adequacy of data)이다. 일기가 제시하고 있는 내용이 옳은가를 평가할 수 있어야 한다. 내용이 객관적 사실에 입각한 것인지, 저자의 주장이 솔직하고 정직하여 제대로 된 정보인지를 확인해야 한다. 일기의 저자가 생존해 있다면 인터뷰를 통해서 자료의 타당성을 확인 할 수 있지만 그렇지 않을 경우에는 관련 정보나 부수적인 정보를 통해서 심도 있는 조사를 해야 한다.

셋째, 자료의 신뢰성(reliability of data)이다. 일기 자료가 믿을 만한 것인가를 평가해야 한다. 신뢰성과 관련해서 일기의 출처가 명확하고 믿을만한가를 검토해야 한다. 그리고 일기 내용의 정확성을 평가해야 한다. 일기 내용의 상세함이 자료의 신뢰성을 판단하는 기준이 되지 않는다. 인간의 기억은 선별적이고 틀릴 가능성이 높다. 일기 저자의 정치적 · 이데올로기적 · 규범적 지향에 따라 관점과 사실의 왜곡이 있을 수 있기 때문에 잘못된 추론과 왜곡의 가능성에 대해 항상 의구심을 가져야 한다. 가장 중요한 요소로 일기저자가 진실을 말할 의지가 있는지에 대한 여부는 저자가 자기중심적 인지와 일기가 다른 청중을 고려해서 썼는지의 여부이다.

넷째, 해석의 유효성(validity of the interpretation)이다. 해석의 유효성이란 일기저자의 입장에서 사건과 상황들에서 드러나는 의미, 해석, 용어, 의도 등을 알아내는 것이다. 이런 목적을 달성하기 위해서 이론적 관점을 견지하고, 일기 저자에 대한 감정이입과 일기 문서에 대한 철저한 분석, 그리고 증거와 이론을 연결할 수 있는 상상력 등이 필요하다.

4) 상상적 공감력의 발휘

일기는 개인의 회상, 기억 등을 기반으로 하는 역사적 사실로서 사료적 성격과 개인의 생각과 감정을 적절한 수준에서 통제하기 위하여 다양한 수사적 전략과 허구화의 과정이 필요한 문학적 성격이 공존한다. 저자의 성격과 글을 쓰는 작법에 따라 혹은 자신의 솔직한 성격, 태도, 행동을 적절한 수준에서 노출하기 위해서는 은유, 허구적 장치가 필요하다.

대표적인 예로, 이순신의 『난중일기』는 중요한 역사적 사료로 간주된다. 하지만 김한길의 『대학일기』, 『미국일기』는 문학으로 규정하는 경향이 있다. 특히 김한길의 두 일기는 남에게 보여주는 일기의 성격이 강해서 일기 저자가 공개될 가능성을 염두에 두고 쓰였다. 그리하여 내용에 대한 내적 검열의 강도가 높고 문학적 감성을 많이 이입되었다. 『안네 프랑크의 일기(The diary of Anne Frank)』는 역사적 자료와 문학적 작업의 이중적 성격을 갖는 것으로 평가 받고 있다. 『안네 프랑크의 일기』는 2차 세계대전의 독일의 반유태주의 정책과 홀로코스트에 대한 정치적·사회적 맥락을 구체적으로 설명하고 있다. 반면에 저자의 가족사와 성장기 소녀의 심리적 측면이 문학적으로 승화되었다.

정구복(2012)은 그의 글 "조선시대 일기의 사료적 가치"에서 일기를 중요한 "문헌자료 중에서 가장 기초가 되는 자료"이자 "산문체(散文體)로 쓴 것으로 문학의 한 장르"라고 규정하고 있다. 그에 따르면 일기는 일정한 양식이 없기 때문에 다음과 같은 일기의 내용 분석을 통해 역사적 사료로서의 가치를 판단해야 한다고 주장하고 있다(정구복, 2012).

　　일기 자료는 '그날그날 기록했다'는 의미의 "즉시성", "자신이 거주
하고 있는 곳의 상황" 반영되었다는 "현장성", '개인의 기록'이라는 점
의 "私的 특수성", 허위 진술이 없다는 점에서 "진술성"을 가지고 있다.

　　일기의 이러한 사료적 가치와 문학적 상상력으로서의 모순적 구
조를 극복하고 이해하는 가장 좋은 방법은 '상상적 공감력'이다. 문
학의 가장 큰 덕목은 연민이다. "연민이란 어떤 대상의 처지에 공감
하고 그것을 불쌍히 여기는 마음이다. 또는 자기가 다른 이의 처지
가 되어 보는 마음이다"(이남호, 2012: 27; 정재림, 2013: 86에서 재
인용). 이처럼 연민하는 마음, 공감하는 마음이 문학의 본질이듯이,
일기는 읽고 이해한다는 것은 기본적으로 공감을 훈련하는 행위이
다. 일기의 소소한 일상생활의 이야기, 메시지, 의미를 통해서 그 속
에서 등장하는 등장인물, 사건, 상황들을 공감하고 이해할 수 있어
야 한다. 일기는 주체적인 개인의 일상적인 경험이 재구성되는 사
적인 사유와 글쓰기의 내밀한 공간이다. 일기 연구자는 과학적 방
법론의 근거하여 완벽한 제3자의 모습으로 일기 내용을 접근해서
는 일기 작자가 의도하는 행위동기, 감정, 문학적 상상력을 제대로
이해하기 어렵다. 외부에서 일기 내용을 객관화하거나 대상화해서
는 주체적인 사유자의 허구적 서사나 자기중심적인 세계를 파악하
는데 어려움이 있다. 일기 안에 직접 들어가서 관람자의 시선을 거
두고 일기 작가의 일상생활이 어떻게 변화하는지를 공감할 수 있어
야 한다. 일기 저자의 문학적 상상력과 고통을 연구자의 것으로 상

상하여 받아들여야 한다. 일기 저자의 심리, 행동, 세계관에 공감하는 능력, 다시 말해 공감적 상상력은 과학주의를 주장하는 실증주의 연구와는 다른 일기 연구 고유의 질적 연구의 특징이라 할 수 있다.

5) 다양한 자료와 연구방법 응용

일기 연구가 일기저자의 주관적 관점을 강조한다 하더라고 보조적으로 이해와 맥락성이 함께 고려되어야 한다. 그리하여 일기연구는 한 개인의 주관적 자각, 개인들이 경험하는 사건들, 그리고 그들 삶 속에서 구현되는 역사적·구조적 배경을 고려해야 한다. 이런 의미에서 일기연구는 역동적이고 다양한 방법으로 연구될 수 있다. 일기연구를 할 때 먼저 고려해야 할 것은 분석의 수준, 연구의 가정, 연구의 목적에 따라 다양한 자료와 방법을 응용할 수 있어야 한다. 일기가 기본 데이터라면 다른 문서자료와 통계자료를 이용할 수 있어야 한다. 일기연구의 보조자료로는 다음과 같은 것을 고려할 수 있다.

해석의 유효성 문제를 극복하기 위하여 특정한 자료와 방법론을 적용할 수 있어야 한다. 먼저 다음과 같은 2차 자료를 함께 사용하면 더욱 효과적이다.

- 통계자료
- 일기저자의 구술
- 관찰
- 인터뷰
- 기타자료: 편지, 메모, 가계부, 사진, 회고록, 자서전, 비망록, 업무

일지, 연설문, 비디오 등

일기는 그것이 갖는 주관적, 경험적 속성 때문에 다른 연구방법론을 적용하면 일관적 관점을 유지하고 체계적인 절차 속에서 일기의 내용을 이해하는데 도움이 된다. 구체적인 방법과 필요성은 다음과 같다.

● 담론분석(Discourse analysis)
담론은 "주요 이슈에 대한 구성원들의 주장이나 견해를 제시하면서 특정 방향을 지향하고 여타의 반박이나 비판들과 경쟁하고 투쟁하는"것이다(백선기, 2015). "담론은 개인이나 집단에 의해 생성되거나 매개되지만, 특히 사회제도적인 층위에서 주도적으로 발생, 교환, 수용되며, 이러한 과정을 통해서 담론은 복잡하게 얽힌 의미망을 형성한다."(이기형, 2006: 111). 담론 분석을 통해서 일기에서 나타나는 주요 사회 이슈나 의제들에 대한 저자, 혹은 일기 등장인물들의 경해, 주장, 반박, 비판 등의 전달과정과 토론과 논의를 통해 특정한 방향으로 수렴되는 과정을 살펴 볼 수 있다.

● 내용분석(content analysis)
내용분석이란 기술된 내용을 체계적으로 범주화하여 기록된 정보의 내용을 조사하기 위해 고안된 체계적, 객관적인 방법이다. 내용분석은 먼저 연구문제를 명확하게 규정하고 가설을 설정한다. 그리고 단어, 문장이나 단락, 주제, 인물 등과 분석단위를 정한 후 분석 단위가 출현하는 회수나 강도를 계산한다. 이러한 연구절차를 거쳐 하는 검증하고자 하는 가설을 확인하고 이에 따른 결론을 도출하면 된다. 일기에 표시된 상징적 기호를 바탕으로 일기의 내용적 특성을 분석하는데 매우 유요한 도구이다.

● 대화분석

"대화분석은 대화참여자들이 대화의 장에서 매 순간순간 어떻게 앞의 말을 판단하여 대화를 이끌어 나가는가를 분석하여 대화에 반영되는 사회행위(social action)를 규명"하는 것이다(김해연 2010: 535-536). 대화분석은 일기에서 등장하는 인물들 간의 상호작용에 따라 대화가 어떻게 진행되는가 하는 모습을 분석할 수 있다. 일기에 나타나는 대화는 이야기 서술부분과 함께 일기의 중요한 구성 성분이라고 할 수 있다. 그런 점에서 대화의 역할과 이에 대한 분석이 필요하다.

6. 결론

이 글은 일기를 좀 더 심도 있게 연구하고, 의미 있는 일기내용 분석과 해석을 위한 몇 가지 방법론적 논의를 시론적 수준에서 탐구하였다. 일기는 역사적 자료와 문학적 상상력이 만나는 모순적 존재양식이라는 한계를 갖고 있어서 일반적인 학문의 연구와 그 양상이 다르다. 또한 일기에 대한 체계적인 연구방법이 부재하여 일기의 단순 인용과 재해석이라는 비판에 직면해 있다.

그럼에도 불구하고 일기가 갖는 방법론적 의의의 중요성은 의심할 여지가 없다. 일기가 갖는 방법론적 의의는, 첫째, 일기는 거시적 관점과 미시적 관점의 매개물의 역할을 한다. 둘째, 일기는 역사적 사실에 대한 구체적인 정확성을 제공한다. 셋째, 새로운 가설을 제안하거나 이론을 검증할 수 있는 증거를 제시할 수 있다. 넷째, 새로운 연구영역에 대한 기초적, 탐색적 작업을 유도하는데 도움을 준다. 넷째, 대중과 소외계층을 위한 살아있는 자료를 제공하게 된다.

일기가 갖고 있는 방법론적 중요성을 심화시키기 위해서는 다음과 같은 내용이 고려되는 것이 필요하다. 첫째, 연구계획에 따라 체계적인 연구전략이 수립되어야 한다. 일반적인 지적이기는 하지만 일기분석수준, 주제, 관점에 따라 일관성 있는 연구전략을 필요하다. 둘째, 이론적 관점에 따라 일기 내용의 함의를 분석하는 것이 요구된다. 이론적 관점에 따라 삶의 의미와 해석에 대한 다양한 관점이 적용되기에 일관성 있는 해석을 위해서는 이론적 관점에 대한 명확한 제시가 필요하다. 셋째, 일기의 자료는 사적인 자료이기 때문에 그 자료에 대한 평가기준을 명확히 제시하고, 평가기준이 한계점을 극복할 수 있는 연구가 진행되어야 한다. 넷째, 일기는 문학적 속성이 내재되어 있고 작자의 주관성이 강하므로 상상적 공감력을 발휘할 수 있어야 한다. 다섯째, 일기 텍스트를 넘어서는 다양한 자료와 연구방법이 적용되는 방법적 선택이 중요하다. 일기연구는 하나의 조건과 방법으로 좋은 연구결과를 낳을 수는 없다. 이론적, 혹은 실천적인 다양한 방법을 통하여 그리고 일관성 있는 관점을 통하여 개인 삶의 주관성과 의미를 제대로 파악할 수 있을 것이다.

참/고/문/헌

- 곽차섭. 2012. "2세대 미시사: '사회'에서 '문화'로." 『역사와 문화』, 28: 4-27.
- 김해연. 2010. "문학작품 대화문의 대화분석적 접근." 『Linguistic Research』, 27(3): 535-556.
- 백선기. 2015. 『미디어 담론』. 커뮤니케이션북스.
- 이기형. 2006. "담론분석과 담론의 정치학: 푸코의 작업과 비판적 담론분석을 중심으로." 『언론과 사회』, 14(3): 106-145.
- 이남호. 2012. "문학에는 무엇이 필요한가." 『문학에는 무엇이 필요한가』. 현대문학사.
- 이영희 · 이영미 · 김병수. 2010. "의과대학생의 임상수행능력에 대한 표준화 환자의 서술형 평가내용 분석." 『Korean Journal of Medical Education』, 22(4): 291-301
- 이정덕. 2012. "『창평일기』를 통해 본 농촌 근대개인기록 연구의 의의와 내용." 『기록의 발견』, 20: 101-105.
- 이정덕 외. 2012. 『창평일기 1』. 지식과교양.
  _____. 2014. 『압축근대와 농촌사회: 창평일기속의 삶 · 지역 · 국가』. 전북대학교 출판문화원. 이정덕 · 안승택 편. 2014. 『동아시아 일기연구와 근대의 재구성』. 논형.
- 이창신. 2008. "Laurel Thatcher Ulrich, A Midwife's Tale: The Life of Martha Ballard, Based27:209-216. on Her Diary, 1785-1812 (New York: Alfred A. Knopf, 1990)." 『미국사연구』,
- 이희영. 2005. "사회학 방법론으로서의 생애사 재구성: 행위이

론의 관점에서 본 이론적 의의와 방법론적 원칙."『한국사회학』, 39(3): 120-148.

• 정구복. 2012. "조선시대 일기의 사료적 가치." 장서각 ACADEMY_2012년도 역사문화강좌.

• 정병욱·이타가키 류타 편. 2013.『일기를 통해 본 전통과 근대, 식민지와 국가』. 소명출판.

• 정재림. 2013. "공감의 상상력과 문학교육."『어문논집』, 69: 85-111.

• Alaszewski, Andy. 2006. *Using Diaries for Social Research*. Sage.

• Baumann, Bedrich. 1975. Imaginative Participation: the Career of an Organizing Concept in a Multidisciplinary Context. Martinus Nijhoff.

• Birren, J. E., & Deutchman, D. E. 1991. *Guiding autobiography groups for older adults: Exploring the fabric of life*. Johns Hopkins University Press.

• Coxon, Anthony P.M. 2012. "Sexual diaries: theory, method and application," Phellas, Constantinos N.(ed.). *Researching Non-Heterosexual Sexualities*. Farnham: Ashgate.

• Crotty, Michael. 1998. *The Foundations of Social Research*. Sage.

• Jones, R. Kenneth. 2000. "The unsolicited diary as a qualitative research tool for advanced research capacity in the field of health and illness." *Qualitative Health Research*, 10(4): 555-

567.

- Kubacki, Krzysztof and Sharyn Rundle-Thiele (Eds.). 2017. *Formative Research in Social Marketing: Innovative Methods to Gain Consumer Insights.* Springer Verlag.

- LaPiere, Richard T. 1946. "The Use of Personal Documents in History, Anthropology and Sociology. Louis Gottschalk , Clyde Kluckhohn , Robert Angell." *American Journal of Sociology,* 52(2): 156-157.

- Mariampolski, Hyman and Dana C. Hughes 1978. "The use of personal documents in historical sociology." The American Sociologist, 13(2): 104-113

- McKernan, James. 1996. *Curriculum Action Research: A Handbook of Methods and Resources for the Reflective Practitioner.* Kogan Page.

- Plummer, Ken, 2001. *Documents of Life 2: An Invitation to a Critical Humanism.* Sage.

제2장

일기 연구 방법론으로서의 로컬리티 *

차윤정

1. 머리말

인간의 삶은 시간과 공간이라는 구체적 맥락 속에 자리한다. 근대
의 기획은 인간의 구체적 삶의 기반인 시간과 공간을 하나로 통일하
고 삶의 원리마저 추상적인 보편 원리로 수렴시켜 버렸다. 이에 대한
비판적 인식으로서의 탈근대성의 기획은 동일화된 시공간의 봉인을
풀어 구체화시킴으로써, 인간이 살아가는 삶터와 삶의 원리를 다양화
시키는 것과 크게 다르지 않다. 이런 점에서 '차이'와 '다양성'의 긍정
은 추상적 원리에 따라 동일화 되고 그에 따라 가치가 결정된 것들을,

---

* 이 글은 전북대학교 SSK『개인기록과 압축근대 연구단』3년차 제1차 학술대회에
서 발표한「일기연구방법론으로서의 로컬리티」를 수정하여『지역과 역사』40호에
게재한 것을, 본 단행본의 취지에 맞게 수정한 것이다.

구체적 시공간 속으로 돌려놓고 그곳으로부터 관계를 읽어내는 것이라고 할 수 있다.

일기는 개인의 일상을 기록한 자료이다. 일기 속에는 개인이 삶을 영위하는 삶터로서의 장소와 시간, 그리고 인간들이 그 시공간 속에서 맺는 다양한 관계가 기록되어 있다. 이런 점에서 일기는 국가나 공공기관이 추상적, 거시적 관점에서, 장소와 시간의 선들을 지우고 획일화시킴으로써 삭제해 버렸던 것들에 대한 잠자고 있는 보고이다. 일기는 어떤 시각에서 무엇을 중심으로 들여다보는가에 따라 다양한 인간의 삶의 모습들을 끌어올릴 수 있는 샘과 같다.

로컬리티 연구는 국가나 중앙에 의해 타자화 된 로컬의 고유한 가치를 회복하는 것을 연구의 지향점으로 삼는다. 그리고 로컬의 고유 가치를 회복하기 위한 연구방법으로서 미시적 관점 특히 '당사자적 관점'을 제안한다. 당사자적 관점은 우리가 자리한 '지금, 여기'라는 시공간적 기반을 전제한 것으로, 거시적 관점에서의 획일화에 대한 비판적 인식에 근거한다. '지금, 여기'라는 구체적 시공간의 회복은, 추상적인 동일화의 원리에 따라 획일화 되고 가치부여 되었던 모든 것들에 대해 정당한 가치를 부여하는 방법이다. 또한 로컬리티 연구는 로컬이라는 당사자적 관점으로의 전환과 함께 '반복'과 '차이'로 나타나는 일상에 주목한다. 그리고 이를 통해 동일화에 저항하고 변화를 이루어왔던 로컬적인 것들, 차이의 존재들을 찾아서 그것이 가진 역동성을 밝히고자 한다.

이런 점에서 개인, 개인들의 일상을 통해 형성된 관계망으로서의 공동체, 마을, 국가 등 다층적 차원의 관계들을 담고 있는 일기는, 중요한 연구자료로서 가치를 지닌다. 이 글에서는 개인의 일상을 기록

한 일기자료를 로컬리티 연구의 관점에서 활용한 사례를 통해, 일기
자료 연구의 새로운 방법론으로서 로컬리티 연구를 제안하고자 한다.

2. 일기자료의 특성

1) 개인기록

일기의 사전적 정의는, 날마다 그날그날 겪은 일이나 생각, 느낌 따
위를 적는 개인의 기록[1]이다. 이러한 정의 속에는 일기가 가진 특성이
그대로 드러난다. 우선 일기는 특정 개인의 기록이란 점이다. 간혹 가
까운 기간의 일기를 한꺼번에 적는 경우도 있지만, 일반적으로 일기
는 당일의 일을 기록한다. 일기가 당일의 기록이라는 점에서 갖는 자
료적 가치는 기억에 의한 왜곡의 가능성이 줄어든다는 것이다. 또 특
정 사건이나 행위에 대해, '그때 그곳'에 있었던 사람들, 즉 당사자로
서 사건과 행위를 바라보는 시각을 확인할 수 있다는 것이다.

또한 일기는 개인의 기록이라는 점에서, 기록 내용을 통해 생활 속
에서 개인의 관심사를 확인할 수 있다. 수많은 일상 중에서 기술이란
행위를 통해 선택된 것들은, 그의 삶 속에서 의미를 가진 일들이다.
따라서 일기에 기록된 사건이나 행위 등은, 특정 시공간과 사회 · 정
치 · 경제 · 문화의 관계망 속에서 살아가는 개인에게 강렬한 의미를

---

1) 국립국어원, 『표준국어대사전』, http://stdweb2.korean.go.kr/search/List_dic.
jsp(검색일: 2017.2.20.)

지닌 것들이다. 이것은 국가나 사회적 차원에서 중요하게 인식되는 것들과 일치하기도 하고 그렇지 않기도 한다.

일기는 국가, 사회적 차원에서 기술된 내용과 차이를 보이기도 한다. 거시적 차원에서의 기술은 국가나 행정기관 같은 위로부터의 제도나 규칙의 시행이 모든 개인들에게까지 획일적으로 적용되는 것을 상정하지만, 개인적 차원에서 보면 동일한 반응으로 획일화 되는 것은 아니다. 위로부터의 시행에 동조, 동참하는가 하면 개인적 필요성이나 신념에 따라 거부하거나 위반하기도 하고 저항하기도 한다. 이러한 모습은 개인의 기록이 복원되어야만 확인 가능한데, 일기는 개인들의 이러한 행위와 생각들이 드러나는 자료이다.

일기는 개인 기록이지만, 인간이 사회적 존재라는 점에서 일기 속에는 사회 속의 개인의 모습과 행위, 변화 과정 등이 잘 드러나 있다. 또한 개인과 관계 맺는 가족, 친족, 공동체, 마을 등의 모습이 곳곳에 드러나 있다. 관계맺음을 통해 형성된 공동체(네트워크)는, 개인-공동체-국가라는 관계 속에서 양방향으로 작동하며 개인과 국가 사이에 개입한다. 공동체의 개입은 때로는 개인의 편에서 때로는 국가의 힘을 빌려 다양한 작동 양상을 보이는데, 일기 속에서는 이러한 양상들이 확인되기도 한다. 이런 점에서 일기는 국가나 사회적 차원에서 획일적으로 기록된 것들을 통해 부여된 해석과는 다른 구체적 삶 속에서 개인과 공동체에 대한 해석을 제공함으로써, 그동안 단선적으로 해석되었던 인간과 시대, 지역의 이해를 위한 다각적 틀을 제공해 준다.

하지만 일기는 특정 개인에 의해 생산된 기록이라는 점에서 오는 한계를 갖는다. 일기에는 작성자의 개인적 가치판단이 개입되어 있어 언급된 내용들이 주관적이고 부정확할 수 있다. 생산 과정에서 기록 내용의 선택에 개입되는 주관성과 필자의 주관적 시각에 의한 대상에 대한 객관성의 훼손 때문이다. 필자는 자신에게 중요하지 않은 자료나 불리한 내용은 배제하고 누락시킬 수 있을 뿐만 아니라, 자신에게 유리하도록 내용 조작이 가능하기 때문이다.

일기의 또 다른 한계는 개인의 기록이라는 점에서 오는 특수성이다. 일기의 기록은 개인의 기록이기 때문에 그것을 당대인의 보편적인 사고나 행위로 일반화하기에 어려움이 있다.[2] 따라서 일기의 해석은 개인이 위치한 시공간과 사회 · 정치 · 경제 · 문화적 관계망 속에서 이루어져야 한다. 이를 위해서는 일기 밖의 다양한 자료들이나 텍스트들이 동원될 필요가 있다.

2) 일상의 장기 기록

일기의 또 다른 특성은 개인 일상의 기록이라는 점이다. 일상은 날마다 반복되는 생활[3]을 의미한다. 하지만 기실 일상은 반복되지만 완전히 동질적인 것도 아니며, 순환적 삶의 주기를 갖지만 순간순간 같을 수는 없다. 일기를 통해 드러나는 반복되고 순환되는 주기는 의식적, 무의식적으로 체화된 삶의 리듬을 보여준다. 또한 주된 내용은 아

---

2) 최효진 · 임진희(2015)에서는 이와 관련하여 일기는 개인적 차원에서 획득 가능한 정보의 취합에 의해 작성되기 때문에 기록의 편협성이라는 문제가 원천적으로 전제될 수밖에 없다고 보고, 따라서 일기는 실록이나 고문서, 족보류, 지리지 등의 방증자료를 최대한 활용하여 입체적으로 연구되어야 한다고 본다.
3) 국립국어원, 『표준국어대사전』, http://stdweb2.korean.go.kr/search/List_dic. jsp(검색일:2017.2.20.)

니지만 일기는 비일상적으로 발생하는 사건에 대한 기록도 담고 있
다. 따라서 일상의 기록으로 의미 규정되는 일기는, 차이를 가지고 반
복되는 일상과 함께 비일상적인 사건을 같이 담고 있는 기록이다. 그
런 의미에서 일기는 인간의 총체적인 삶을 스펙트럼처럼 펼쳐놓은 것
이다. 따라서 이 스펙트럼의 어느 부분을 통해 인간과 사회를 조망할
것인가는 순전히 일기 연구자의 몫이다.

　인간의 삶은 지역이라는 특정 시공간을 매개로, 다른 인간은 물론
자연환경과 사회 · 정치 · 경제 · 문화의 관계망 속에 자리한다. 삶을
총체적으로 펼쳐놓은 일기 속에는 저자가 일상 속에서 혹은 특별한
사건이 발생한 경우, 이러한 것들과 어떻게 상호작용하며 관계망을
형성하는지에 대한 내용들이 담겨 있다. 지역인으로서의 삶을 구체적
으로 펼쳐놓음으로써, 다른 자료들이 보여줄 수 없는 실질적이고도
다양한 행위와 관계 양상들을 확인할 수 있게 하는 자료가 일기이다.

　일기에 기록된 사소한 일상은, 국가와 같은 외부로부터의 압력(제
도, 규칙, 규범) 혹은 사건에 대해 개인이나 공동체가 일상을 통해 어
떻게 대응하는지를 보여준다. 반복되는 일상을 통해 의식적 무의식적
으로 체화된 삶의 원리나, 리듬이 갑작스러운 변화 요구에 대해 어떤
방식으로 대응하는지가 구체적으로 확인된다.

　장기간의 기록으로서의 일기는 다양한 변화의 과정을 읽어내기에
적합한 자료이다. 장기간의 기록이 가진 장점은 시간의 개입이 가져
오는 변화를 잘 보여준다는 것이다. 따라서 일기를 통해 인간과 공동
체, 자연환경과 사회 · 정치 · 경제 · 문화의 구조 등 많은 것들의 변화
와 변화 원인, 변화 과정 등을 유추할 수 있다.

　일기의 자료적 특성을 핵심어로 거칠게 정리하면 '개인', '일상', '장

기간의 기록' 정도로 제시할 수 있다. 이 중에 '개인'과 '일상'이라는 두 핵심어를 관통하는 단어가 '미시'라는 단어이다. 따라서 일기자료는 '미시'라는 단어를 통해 접근하는 것이 하나의 연구방법이 될 수 있다.

연구방법으로서 '미시'를 선택한 논의는 다양한 학문 분야에서 이루어져 왔다. 그중에서도 일상으로서의 '생활사'에 주목하여 연구방법적 전기를 이룬 대표적 분야가 역사학계이다. 서양사학계에서 1980년대 후반부터 프랑스 아날학파의 '사회문화사(Histoire socio-culturelle)'가 일상생활의 여러 모습을 중시하고 있음을 소개하기 시작한 이후[4], 이러한 관심은 한국사학계로 확산되었다. 생활사에 관한 다양한 논의들이 제기 되었지만, 대체로 합의하고 있는 부분은 생활사가 '일상'에 주목하고 '미시'적인 관점에서 세계를 인식하고자 한다는 점이다.[5] 이 중 연구 방법적 측면과 관련된 것이 '미시'이다. 생활사에서 제기한 미시적 관점으로의 전환은, 기존의 거시적 관점에서 이루어졌던 국가 중심의 정치 경제사에 대한 비판적 이해가 담겨 있다. 보편사로서의 거시사 연구에서 누락시켰던 미시적인 것들을 복각시킴으로써, 국가와 사회가 아닌 개인들의 구체적 삶을 통해 역사를 재구성하고 이를 통해 그 시대를 이해하고자 한 방식이다. 이러한 방

---

4) 조태린(2009: 352)에 의하면, 서양사학계에서는 1980년대 후반부터 프랑스 아날학파의 '사회문화사(Histoire socio-culturelle)'가 일상생활의 여러 모습을 중시하고 있음을 소개하기 시작했고, 1990년 중반부터는 독일의 '일상생활사 (Alltagsgeschichte)' 연구가 집중적으로 조명되었으며, 2000년대에 들어서는 미국식의 '신문화사(New cultural history)'라는 이름과 함께 '생활사' 연구의 서구 대표 문헌들이 번역, 소개되거나 국내 연구 저서들이 발간되고 있다.
5) 곽차섭(2000: 161-171)에서는 생활사의 핵심어를 '일상, 문화, 미시' 세 가지로 제시하고 있다.

식은 "구조에 자칫 매몰되기 쉬운 인간을 연구의 주된 대상(주대상)으로 복귀"시키고자 하는 기획에 다름 아니다(우인수, 1999: 826).

　이러한 미시적 관점은 일상에 주목함으로써 역사학에 언어학적, 인류학적 방법론을 도입하여, 새로운 시각의 연구방법을 제공했고, 이제까지 주목받지 못하던 여성과 노동자의 일상 같은 다양한 주제들을 새롭게 다루면서 사료의 범위를 확장하고, 여성사, 일상생활사, 정치문화사 같은 새로운 연구영역을 개척하였다(백인호, 2001: 211).

　일상에 대한 주목은 다양한 연구 영역의 확장으로 이어질 수 있다. 일상은 그것이 이루어지는 장소와 그 장소에서 이루어지는 인간의 삶과 행위, 사건의 관계를 이해하는 틀을 제공한다. 하루 24시간과 일년 12달의 시간적 배분을 통해 시간에 펼쳐진 삶의 리듬, 시간과 인간 행위의 접합, 장소에 작동하는 시간의 의미를 해석할 수 있게 해준다. 또 일상에서의 노동과 여가, 네트워크 형성, 커뮤니케이션 등에 대한 이해를 가능하게 한다. 일상에서의 말, 음식, 의례, 종교 등을 확인함으로써 문화에 대한 이해를 제공한다. 일상의 사건으로서의 만남과 재난 등 일상의 리듬을 조정하는 것들, 일상의 변동에 대한 이해, 일상의 단절로서의 탈주에 대한 논의거리를 제공한다(박재환, 1993: 30-34).

　미시적 관점으로의 전환과 일상에 대한 주목은, 구조와 같은 거시적 관점에서 전개되었던 논의들에 대한 비판적 이해와 함께, 누락되었던 것의 복원을 통해 기존의 논의를 재구성하는 한편 연구 지평의 확장을 가능하게 한다. 따라서 일상의 기록인 일기[6]를 통한 미시적

---

6) 물론 일기의 종류가 다양하고, 일기에 따라서는 일상을 읽어내기 힘든 것들도 있

관점의 연구는, 다양한 분야에서 거시적 관점을 통해 논의되어 왔던 것들에 대한 새로운 해석을 제공할 수 있다. 국가 차원에서 시행, 전개되었던 규칙과 제도 등이 거시적 관점에서 획일적으로 기술되었던 데 반해, 일상을 통한 미시적 관점에서의 기술은 위로부터의 규칙과 제도가 포섭할 수 없는 다양한 차이들과 변형들을 보여주고 이것들에 의미를 부여한다. 그리고 이러한 해석은 거시적 관점에서 변화의 전후로 명확한 경계를 가지고 기술되었던 것들에 대해, 과정의 관점에서 바라볼 수 있게 해준다.

미시적 관점은 이러한 방식의 접근이 개인을 중심에 둠으로써, 끝없는 상대주의와 규칙이나 원리의 해체를 동반할 것이라는 우려를 수반한다. 그런 점에서 미시적 관점의 접근은 지나친 미시화가 가져올 위험에 대해 긴장의 끈을 놓지 말아야 한다. 더불어 이러한 한계를 극복하기 위해, 개인을 단독자로서 인식할 것이 아니라 다층적 관계망 속에 자리하는 개인으로 인식할 필요가 있다. 관계망 속의 개인 간의 상호작용을 통해 개인을 다각적으로 인식할 수 있는 방법을 확보할 수 있을 것이다. 이런 점에서 개인들로 이어진 관계망을 통해, 개인과 구조로서의 국가 사이의 중간층(공동체나 마을)에 대한 논의도 함께 이루어져야 할 것이다.

또한 시공간, 정치·경제·사회·문화와 인간이 상호작용하면서 만들어 낸, 복합적이고도 중층적인 성격을 지닌 일상을 분석하기 위해서는, 다양한 학문분야의 학제적 접근을 통한 연구가 요청되며 이를 통해 유의미한 연구결과를 도출할 수 있을 것이다.

다. 여기에서는 일상을 엿볼 수 있는 기록으로서의 일기를 중심으로 논의한다.

3. 로컬리티 연구: 미시와 일상으로의 전환

1) 로컬, 로컬리티

글로벌화하는 힘은 시공간적 압축을 통해 전세계를 하나의 단일구역으로 생산하는 동시에, 근대성 속에 가려져 있던 로컬들을 다시 소환하여, 로컬을 글로벌과 국가, 로컬이 공존하는 혼성적 공간으로 변모시키고 있다. 로컬의 귀환과 로컬의 특성에 대한 강조는 근대의 기획 하에서 주목받지 못했던, 로컬이라는 장소가 내포하고 있는 특이성과 가치를 발견하고 복구시킬 것을 추동한다.

한국적 상황에서 근대의 기획은 로컬을 국가를 구성하는 하위 단위로서 지도나 조직표 속에 하나의 자리로 위치시켰다. 로컬은 국가가 추구하고 동원하는 논리(보편성)를 모사하고 그에 따라 위계화됨으로써 가치가 결정되어 왔다. 이러한 관계 속에서 로컬은 국가의 동일화 원리에 따라 환원됨으로써 설명되고 이해되었다. 이때 로컬은 고유의 가치를 지닌 대체불가능한 차이의 존재가 아닌, 언제나 다른 것으로 대체가능한 존재가 된다. 로컬은 그곳에 거주하는 인간들의 삶터, 인간과 다양한 것들의 상호작용을 통해 구성되는 관계의 장으로 의미화 되기보다, 국가의 하위 단위라는 텅 빈 표층적 공간으로 의미화 된 것이다.

이러한 이유에서 로컬리티 연구에서는 로컬이 고유한 가치를 상실하고 자본이나 국가, 글로벌을 포함한 중심의 보편성으로 환원되는 현실에 대한 비판적 시각을 담아, 로컬에 작동하고 있는 '중심-주변, 전체-부분'의 관계 양상을 로컬리티의 연구를 통해 드러내고 그 권력

관계를 해체하는 한편, 차이의 존재로서 로컬의 고유한 가치와 자율
성을 찾고자 하는 연구의 지향점을 갖는다.

　그런데 로컬을 고유한 가치를 지닌, 대체불가능한 차이의 존재로
인식한다는 것은, 로컬을 국가나 중앙의 동일화 원리로써 파악하지
않는다는 것을 함의한다. 즉 국가나 중앙의 거시적 관점에서 작동하
는 하나의 동일한 원리로 로컬을 설명하고 의미를 부여하는 것이 아
니라, 다양한 원리를 통해 설명하고 의미화 하는 것이다. 그런데 이
다양한 원리는 로컬들과 동떨어진 추상적인 원리가 아니라 로컬을 기
반으로 하는 원리들이다. 다양성의 생산은 거시적이고 추상적 관점이
아닌, 현실적이고 구체적인 관점을 통해 이루어지기 때문이다. 따라
서 로컬, 로컬리티 연구는 현실적이고 구체적인 관점으로 로컬을 해
석할 수 있는 관점의 전환을 필요로 한다.

　로컬리티 연구에서는 로컬을 로컬리티가 발현되는 장으로서, 물리
적 공간과 인식의 공간으로 구분한다. 로컬은 절대적으로 규정된 단
위가 아니라 대타적 관계에 의해 규정되는 것으로, 전체와 부분의 관
계맺음 양상에 따라 공동체, 마을, 지방, 지역(region), 국가 등으로
다양하게 설정되어 왔다. 또한 전체-부분, 중심-주변의 개념을 인식
의 중심-주변, 상위-하위의 논리와 연결시킴으로써 로컬의 개념을
'인식의 공간'으로 확장하고, 주체-타자, 다수-소수, 제도-일상 등의
문제를 이해하기 위한 시각으로 전유하고자 하였다.

　로컬리티 연구에서는 로컬이 복합적이고 중층적이라고 규정한다.
로컬은 균질적이고 단일한 존재가 아니라, 이질적인 구성요소들이 상
호작용하여 생성된 복합적인 존재이다. 이질적인 것들이 특정 국면에
서 '하나'로 결합된 상태를 구성하지만 로컬 내부에는 항상 이질적인

다양한 것들이 존재한다. 또 로컬은 고립된 존재가 아니라 관계 속에 존재한다. 관계적 존재로서 다른 로컬과의 접속을 통해 늘 자신을 해체하고 새로운 것으로 변화해 간다. 이런 점에서 로컬은 고정된 실체로서 그 자체를 지속시키는 것도 아니며, 그렇다고 이질성과의 접촉을 통해 완전히 이질적인 것으로 환원되는 것도 아니다. 다른 로컬들과 관계망을 형성함으로써 경계를 확장하며 또 다른 로컬의 한 요소로서 변화해 나가려는 속성을 지니는, 경계가 열려있는 존재이다. 이질적인 것들이 결합하여 특정 국면에서 '하나'의 로컬이 되었지만 '하나'에 함몰되지 않고 경계를 열어, 타자와의 접촉을 통해 열린 개체로 확장되고 언제든지 타자와 자리바꿈할 수 있는 존재라는 점에서, 로컬리티 연구에서 규정한 로컬은 다양체의 속성을 갖는다. 물론 현실 세계의 모든 로컬이 다양체의 속성을 보인다는 의미는 아니다.

특정 국면에서 '하나'의 상태로 결합된 로컬의 내 외부에는 다른 이질적인 것들이 자리한다. 그런데 현실의 로컬은 이 내 외부에 자리하는 이질적인 것들과 어떤 양상으로 결합하는가에 따라 다양한 정도 차이를 보이며 스펙트럼처럼 존재한다. 이질성으로서의 로컬의 외부는 로컬과 접촉하면서 로컬 변화의 동인이 된다. 로컬이 단단하고 고정된 '하나'의 상태를 깨고 이질적인 것들과의 교섭을 통해 변화하는 존재, 차이의 존재로 거듭나게 하기 때문이다. 이런 점에서 로컬은 외부의 이질적인 것들과 어떻게 상호작용하는가에 따라, '단단한 하나'로서의 로컬로부터 끊임없이 차이의 존재로 거듭나는 '느슨하게 연계된 하나'까지 다양한 종류의 로컬이 생성된다. 따라서 현실의 로컬은 외부와의 관계 속에서 이상적으로 경계가 열려있지도(다양체) 않고 완전히 폐쇄되어 있지도 않은 질적 차이를 가지고 넓게 펼쳐져 있다.

로컬의 외부는 접촉을 통해 로컬의 변화를 추동함으로써, 로컬이 '단단한 하나'로 정체되지 않도록 하는 존재이다. 하지만 현실에 존재하는 로컬의 외부는 때로는 글로벌, 국가나 자본 같은 보편성의 얼굴을 하고 동일화의 원리를 작동시키며 로컬과 접촉함으로써, 로컬을 중심의 보편성으로 포획하고 타자화하기도 한다. 로컬리티 연구에서는 보편성의 권력을 가진 로컬 외부와 로컬이 접촉하면서 나타나는 포섭과 갈등, 저항 등의 다양한 로컬리티를 드러내는 한편, 보편성의 권력 해체를 시도해 왔다. 이런 점에서 동일화의 원리를 작동시키는 외부와의 접촉에서 로컬의 '하나'된 상태는 오히려 보편성이라는 외부의 권력에 저항하는 저항점이 되기도 한다.

특정 국면에서 '하나'로 결합된 로컬의 내부에는 또 다른 이질적인 것들이 존재한다. 각 요소들은 특정 국면에서 '하나'로 결합되어 로컬로 구성되었지만, 각각이 자율적인 존재로서의 특성을 지니고 있다. '하나'의 결합망(연계망)으로 보이는 표면 아래에는 이질적인 것들이 겹쳐져 주름을 형성하고 있다. 로컬 내부의 이질적인 것들은 언제든지 '하나'로 결합된 상태를 변화시키고 해체시킬 수 있는 힘들이다. 현실의 로컬은 내부의 '하나'와 이질적인 것들 사이의 관계 양상에 따라, '단단한 하나'를 유지하는 로컬과 내부의 이질적인 것들이 언제든지 자리바꿈할 수 있는 유연한 로컬 사이에서 다양한 질적 차이를 보이며 존재한다.

로컬의 속성인 로컬리티는, 인간을 포함한 다양한 구성요소들의 상호접촉을 통해 생성된다. 이런 점에서 로컬리티는 복합적이고 중층적일 뿐만 아니라, 구성요소들이 매개되는 양상에 따라 끊임없이 변화하는 운동성을 지닌다. 로컬리티가 갖는 복합적, 중층적인 특성과 지속적인 운동성은, 로컬리티 연구가 분석 시각에 따라 '세계관, 장소성 (장소정체성), 사회적 관계양상, 가치' 같은 다양한 연구로 확장될 수 있는 배경이다. 따라서 로컬리티는 실체가 아니라, 어떤 분석시각에 서 어떤 관계 양상을 살피느냐에 따라 다양하게 구성될 수 있는 담론 적 구성물이다.

이와 같이 로컬이 다양한 관계 속에 존재하는 관계적 존재라는 점, 로컬리티가 담론적 구성물이라는 점 등을 통해 볼 때, 로컬리티에 대 한 논의는 국가와 중앙, 자본 같은 거시적 관점에서 작동하는 단일한 원리로 파악하는 것은 한계를 가질 수밖에 없다. 로컬에 대한 논의는 구체적 관계를 바탕으로 그 속에서 드러나는 로컬의 관계맺기 양상을 통해서라야만 올바르게 이해될 수 있다.

2) 로컬리티의 양상과 미시적 연구

인간 삶의 근원지인 로컬에 대한 재사유를 통해 인간다운 삶의 의 미와 가치를 회복하고자 하는 지향성을 지닌 로컬리티 연구에서는, 기존 학문의 틀에서 축적되어 왔던 로컬 관련 연구성과들을 수용하는 한편 이들을 비판적 관점에서 재검토함으로써 새로운 논의의 틀을 마 련하고자 했다.

로컬리티 연구에서는 현실세계에서 나타나는 로컬의 타자화가 중 심의 동일화 원리의 작동 때문이라는 진단과 함께 중심의 원리 즉 거 시적 관점에서 작동하는 동일화 원리의 해체를 일차적으로 시도한다. 중심의 동일화 원리의 해체는 거시적 관점에서 미시적 관점으로의 전 환, 더 정확하게는 당사자적 관점으로의 전환이 전제된다. 거시적 차원에서 작동하는 동일화의 원리는 로컬의 개별적인 차이를 '쓸데없는 것'으로 치부하여 배제하고 은폐한다. 미시적 차원으로의 관점의 전환은 일차적으로는 이렇게 은폐되고 배제된 것들의 복원을 의미하고, 나아가서 이런 것들을 새롭게 의미화 시키는 과정으로 이어진다. 이런 과정을 통해, 로컬을 로컬답게 만드는 것, 다양한 것들의 의미가 되살아난다.

복합적이고 중층적인 특성을 지닌 로컬리티를 구체적으로 이해하기 위해서는, 총체적 접근보다 기술적으로 분리하여 인식하는 것이 적절한 방법이 될 수 있다. 로컬리티 연구에서 로컬리티를 기층적 로컬리티, 위계적 로컬리티, 인식 내지 가치의 로컬리티로 구분하여 이해하고자 한 것[7]도 같은 차원의 접근이다. 물론 복합적이고 중층적으로 생성, 발현되는 로컬리티는 세 가지 속성만을 가지는 것도 아니고, 이들 또한 상호분리된 것이 아니라 교착적으로 얽혀 교섭, 충돌, 변화하고 있다. 그럼에도 불구하고 로컬리티를 세 가지로 분류한 것은, 끊임없는 변화의 연속체인 로컬리티를 연구대상으로 삼기 위해서는 분절이라는 기술적 장치가 필요하기 때문이다. 로컬리티의 생성요인(내외부적 생성요인)과 두 종류의 로컬(물리적, 인식적 공간)이라는 이중적 기준을 통해, 로컬리티의 속성을 세 가지로 구별해 냄으로써 로컬리티를 구체화하고 체계화시키고자 한 것이다.

기층적 로컬리티는 일상이 영위되는 삶터이자 다양한 관계적 공간으로서의 물리적 공간/장소와 구성요소들의 상호작용을 통해 드러나

---

7) 이 글에서는 류지석(2009)에서 제시한, 로컬리티의 구분에 기초하여 논의를 확장시켜 전개한다.

는 로컬리티로 규정된다. 로컬리티의 복잡한 생성요소 중, 로컬 내부
구성요소의 작동을 생성요인으로 주목한 것이다. 내부의 구성요소들
을 통한 생성이라는 점에서, 기층적 로컬리티는 '로컬다움'과 관련되
며 주로 문화모형, 지역성, 장소성, 차이, 로컬의 다양성 등의 문제와
관련된다. 기층적 로컬리티 연구는 로컬의 '차이'와 '다양성'에 주목한
다. 추상적이고 거시적인 차원에서의 동일화 논리가 작동하면서, '쓸
데없는, 주변적인 것'으로 의미화 되어 왔던 로컬적인 '차이'와 '다양
성'을 로컬의 차원에서 재의미화 함으로써 가치를 복원시킨다. 로컬
의 가치를 회복하는 전제가 언표주체로서의 로컬, 로컬 시선의 회복
이라는 것을 확인시켜 준다.

예를 들어 문화모형 연구에서는, 삶터로서의 로컬과 로컬인, 정
치 · 경제 · 사회 · 문화와 같은 다양한 구조들의 상호작용이 어떻게
공유 인식으로서의 문화모형을 만들어내는지를 확인하고, 이를 통해
기층적 로컬리티 생성의 한 부분을 보여준다. 언어를 통한 문화모형
연구는 어휘분화의 양상과 기준을 통해 로컬의 공간적 특징이나 로컬
에서의 일상의 경험들이 인간들에게 어떤 방식으로 인지되고 표상되
는지를 보여준다. 또한 역방향으로 어휘소멸이나 삭제가 로컬의 환경
과 어떤 관련이 있는지 등을 보여준다. 이러한 과정은 로컬 언어의 어
휘가 로컬과 로컬인, 정치 · 경제 · 사회 · 문화 같은 다양한 구조들의
상호작용을 통해, 일상에서의 생활관여도가 높거나 의미의 강렬함 같
은 기준을 통해 사회문화적으로 의미를 획득하게 될 때 세분화된다는
것을 보여준다(차윤정, 2009: 200-207). 로컬 언어를 통한 문화모형
연구는 로컬 언어가 구체적인 로컬을 기반으로 생성되고 사용되는 일
상적인 언어라는 것을 확인시켜 준다.

하지만 국가라는 거시적 차원에서 보면 로컬 언어는 언어통일을 저해하고 세련되지 못한, 비표준적인 것이다. 표준어에 없는 로컬 언어의 어휘 분화는 '불필요한 것'이고, 표준어에는 있지만 로컬 언어에 없는 어휘는 빈칸으로 '부족한' 것이 된다. 그러나 당사자인 로컬인들의 관점에서 로컬 언어의 세분화는 일상에서 '필요한 것'이고, 로컬 언어에서 소멸은 빈칸이 아니라 '필요 없어서'이다. 로컬인들의 시선에서는 오히려 표준어의 어휘가 빈칸이고 잉여인 것이다.

이처럼 추상적이고 거시적인 관점에서 로컬적인 것들을 바라보는 것은 로컬의 타자화로 이어지지만, 당사자인 로컬의 관점에서 바라보면 로컬적인 것들은 올바른 가치[8]를 드러내게 된다. 결국 기층적 로컬리티 연구는 로컬적인 것들의 의미를 로컬의 관점에서 재의미화 함으로써 다양성 인정의 근거를 제시한다고 볼 수 있다. 이처럼 기층적 로컬리티 연구는 당사자로서의 로컬을 언표주체로 복권시키기 위한 기본적인 논의이고, 이는 미시적 관점으로의 전환을 전제로 한다.

로컬리티의 생성은 로컬 내부만이 아니라 외부와도 다양하고 중층적인 관계를 맺고 있다. 공간에 구현되는 중심의 일원성과 통일성은 구체적 공간과 그곳에 사는 인간을 지배하는 삶의 틀로 작동하면서, 로컬적인 것들을 위계적으로 배치한다. 로컬이 중앙, 국가, 글로벌에 종속되는 위계관계 속에서 규정되면서, 위계적인 것들은 로컬리티를 특징짓는 하나의 속성으로 자리 잡았다. 위계적 로컬리티는 중심이 배치시킨 주변으로서의 로컬이 보여주는, 동일성으로의 포섭과 저항,

---

8) 물론 이러한 논의가 '로컬, 로컬적인 것'들을 '최선'으로 삼으려는 것은 아니다. 현실의 로컬은 내부적으로 '이질성'과 '하나'의 관계 양상에 따라, 또 외부 타자와의 관계 양상 따라 다양한 질적 차이를 보이며 존재하기 때문이다.

갈등, 조정 등 다양한 양상으로 드러난다. 위계적 로컬리티는 로컬의 '역동성', '중심지향성' 등의 문제와 관련된다.

위계적 로컬리티 연구는 근대화 시기 중앙의 동일화 논리에 따라 위계화 되고 타자화 된 로컬과 급속한 글로벌화의 진행 속에서 글로벌과 국가, 로컬의 힘들이 경합하는 최전방의 장소로서의 로컬에 주목한다.

통합이 강조되던 국민국가 시기에 거시적, 추상적 관점에서 본 로컬은 국가의 동일화 논리에 따라 위계화 되고 거대서사에 가려진 비가시적 공간이었다. 이 시기 타자화된 로컬은 국가에 철저히 복속되고 위계 관계를 내면화한 로컬이다. 또 따른 중심인 글로벌을 최상위에 두고 글로벌-국가-로컬의 위계 관계 속에서 최하위에 자리한다. 로컬은 중첩된 타자화를 경험하는 공간이 된다. 하지만 이러한 위계 구조는 한편으로는 사실이지만 사실이 아니기도 하다. 로컬의 관점에서 보면, 국민국가 시기나 글로벌 시대에 로컬은 일방향적으로 국가나 글로벌에 동화 되고 타자화를 내면화하지는 않기 때문이다. 로컬의 관점에서 볼 때, 로컬에서 작동하는 힘의 역학 관계는 '글로벌-국가-로컬'의 위계적 구조를 항시적으로 승인하지는 않는다. 로컬은 어떤 국면에서, 그리고 정치, 경제, 사회 분야가 어떻게 매개되는지에 따라 '글로벌-국가-로컬' 사이의 다양한 역학 구조가 생성된다. 다양성과 차이를 생성해 내는 장소로서의 로컬은, 하나의 동일성으로 추상화된 공간이 아니기 때문이다.

기층적 로컬리티 연구에서 차이와 다양성으로 가득 찬 구체적 삶들이 이루어지는 장소로서의 로컬에 주목하였다면, 위계적 로컬리티 연구에서는 국면마다 사안마다 동일화 논리에 다른 방식의 로컬적 대응

을 보이고 '글로벌-국가-로컬'의 위계적 구조를 뒤집기도 하는 변화
무쌍함을 보이는 로컬적 특성에 대해 논의해 왔다.

특히 중심의 원리에 따른 위계적 구조를 둘러싼 '글로벌-국가-로
컬'의 다양한 역학 관계와 이를 둘러싼 인간들의 구체적 삶의 양상을
확인하기 위해서는, 글로벌이나 국가 같은 단위가 아닌 로컬 단위에
서의 접근이 필요하다. 로컬리티 연구에서 마을이나 공동체에 주목
하는 것도 이러한 이유에서이다. 로컬리티 연구에서 스케일의 조정과
함께 로컬적 관점에서 논의를 전개하는 것은, 거시적 관점에서의 동
일화를 견제하기 위한 장치이다.

로컬적 관점으로의 전환을 통해 '글로벌-국가-로컬'의 위계구조가
매개되는 힘의 역학 관계에 따라 변화하며, 위계 관계를 둘러싼 힘들
은 경합 과정에서 포섭과 저항, 조정이 끊임없이 이루어진다는 것이
발견된다. 즉 로컬은 중심의 원리를 내면화하고 이에 포섭되는 중심
지향성을 보이기도 하고, 로컬이 지닌 차이와 다양성을 근원으로 조
정이나 저항을 보이기도 한다. 로컬이 지닌 차이와 다양성은 중심이
지향하는 동일성으로부터 끊임없이 탈구하려는 힘의 원천이며, 로컬
이 가진 역동성의 원천이다. 그런데 이러한 로컬의 역동성은 구체적
삶의 장소인 로컬, 특히 사소하지만 복잡하고 다양해서 동일성에 포
획되지 않는 로컬인들의 행위와 삶을 잘 보여줄 수 있는 장소를 통해
서 생성되는 것이며, 그리고 그들의 관점을 통해서 구체적으로 확인
가능하다. 구체적 삶이 이루어지는 장소인 로컬과 로컬적 관점을 통
해서 지금까지 획일화된 거대서사에 가려져 배제되고 은폐되어왔던
것들을 드러냄으로써, 차이와 다양성을 바탕으로 역동성을 지닌 로컬
을 확인할 수 있다.

그런데 로컬리티의 위계적인 요소는 근대의 이분법적 논리구조가 물리적, 제도적 공간의 경계 지움에 그치지 않고, 동시대를 살아가는 인간의 인식이나 사고방식에 투영된 인식적 범주로 확산될 수 있다. 즉 다수와 동일성의 논리에 따라 소수와 이질적인 것들을 배제하고 억압하는 중심 지향적 사고는 공간적인 이분법적 구도를 '다수와 소수', '주체와 타자' 등으로 특징지어지는 인식의 요소로까지 확장될 수 있다. 이러한 관점에서 보면 로컬리티 연구는 소수성, 타자성, 일상성 등 중심지향적인 근대성의 원리에 의해 배제되거나 억압되어 온 가치들에 대한 관심으로 이어질 수 있다. 로컬리티 연구에서는 인식적 측면에서의 위계구조에 근거하여 소수자, 다문화, 젠더 등에 관한 논의들을 인식의 로컬리티 영역으로 구분하여 논의한다.

4. 일기 텍스트를 통한 로컬리티 연구

일기 텍스트는 개인의 소소하고 잡다한 일상을 장기간 기록한 텍스트이다. 일기 속에 드러나는 잡다한 일상은 구체적인 맥락 속에 자리하는 것으로, 그동안 거시적 추상적 관점에서 논의되어 왔던 인간의 삶이나 사회적 변화 등을 새롭게 조명할 수 있는 자료로 활용될 수 있다. 그런데 이 새로운 조명은 관점의 전환을 전제한다. 잡다하고 구체적인 일상의 기록은 거시적 추상적 관점에서 획일화시키기 어려울 뿐만 아니라, 오히려 기존의 획일화된 원리를 거스르는 것들이 대부분이다. 이러한 점에서 일기 연구는 미시적 관점으로의 전환이 요구된다. 로컬리티 연구에서는 거시적 관점에서 중심화를 지향하는 근대성의 논리가 획일화시킨 것들의 봉인을 해제하기 위해, 미시적 관점으로의 전환을 필수적인 연구방법으로 사용한다. 뿐만 아니라 거시적 관점에서 획일화시킨 원리를 해체시키기 위해, 획일화된 원리가 수렴하지 못함으로써 은폐시키고 배제했던 사소하고 잡다한 일상에 주목하여, 이를 통해 중심의 논리를 해체시키는 근거를 구성하고자 한다. 이런 점에서 로컬리티 연구는 일상을 기록한 일기 텍스트를 중요한 연구 자료로 삼는다. 다음에서는 로컬리티 연구의 사례를 통하여 일상의 장기간 기록인 일기 텍스트 중 『창평일기』와 『대천일기』를 대상으로, 일기 텍스트가 로컬리티 연구에서 어떻게 활용되고 있는지를 살펴보고자 한다.

1) 『창평일기』 속의 시간과 로컬리티 연구

로컬리티 연구에서 시간은 공간, 사유, 표상, 문화와 함께 로컬리티를 구성하는 구성요소이다. 시간이 다른 구성요소들과의 상호작용을 통해 상이한 로컬리티를 형성하기 때문이다. 그동안 로컬리티 연구에서는 시간이라는 구성요소가 매개되는 방식에 따라 변화하는 로컬리티의 양상에 대해 다양한 논의를 시도해 왔다. 특히 로컬리티 연구가 관점의 전환을 통해 미시적 연구방법을 사용한다는 점에서 거시적 관점의 국가적 시간이나 글로벌적 시간이 아닌, 로컬의 시간과 개인의 시간에 관심을 가져왔다. 하지만 이렇게 시간의 켜를 가른 분석이 가능하기 위해서는 시간의 단위를 분절하는 치밀한 절차적 과정이 필요할 뿐만 아니라, 시간에 대한 다양한 분석이 가능할 정도의 충분한 시간적 흐름과 시간의 흐름이 불러오는 맥락의 변화를 담고 있는 자료가 필수적이다. 그런데 이처럼 시간에 대한 논의가 가능할 정도의 충분한 내용을 담고 있는 자료를 찾는 것은 쉽지 않은 일이다.

 이런 점에서 개인적 삶의 과정을 담고 있는 장기기록으로서의 일기는, 시간적 변화와 그 변화의 맥락을 읽어낼 수 있다는 점에서, 미시적 관점에서 다양한 시간의 단위를 분석하고 이를 통해 로컬리티 연구에 접근할 수 있는 중요한 자료이다. 이는 사회적 존재인 개인의 삶이 공동체나 사회와 분리되어 영위될 수 없다는 점, 개인의 삶은 자신이 속한 공동체나 사회와 끊임없는 상호작용을 일으킨다는 점과 관련된다. 이런 점에서 개인을 관류하는 시간 역시 개인의 시간만으로 독자적으로 존재하는 것이 아니라, 자신이 속한 공동체와 사회의 시간과 지속적으로 교차하고 상호작용을 일으키며 변화 조정된다고 할 수 있다.

 따라서 개인적인 삶의 과정을 기록한 일기가 일차적으로 보여주는 시간은, 개인적인 일상이나 사건 같은 개인의 시간이지만, 이것은 다시 그가 속한 공동체나 마을, 지역, 국가 같은 차원에서 작동하는 시간과 상호작용하는 시간이다. 사회적 존재인 인간은 그와 관련된 시간을 다양한 층위로 분리해서 사고할 수 있는 근거가 된다. 그러므로 사회적 존재로서의 삶을 장기간의 기록으로 담고 있는 일기는 다양한 층위의 시간들을 읽어낼 수 있는 자료이다.

 일기자료를 활용한 로컬리티 연구의 관점에서 볼 때 차철욱(2016)은 『창평일기』[9]에 나타난 개인의 일상을 미시적 관점에서 고찰함으

---

9) 『창평일기』는 전라북도 임실군 창인리에 살았던 최내우(1923년 생)에 의해 1969년부터 1994년까지 쓰여진 것으로, 한국 근대화 과정에서의 농민들의 삶과 경험을 잘 드러내 준다.

로써 시간을 개인 시간, 로컬 시간, 국가 시간으로 분류하고 로컬 시간의 형성, 그리고 로컬 시간과 국가 시간의 충돌을 통해 나타나는 다양한 양상에 대해 논의하고 있다. 이러한 논의는 로컬리티를 구체화하기 위한 방편으로써 로컬리티를 구분한 세 가지 양상 중, 기층적 로컬리티와 위계적 로컬리티의 측면에서 다시 재구성해 볼 수 있다.

시공간을 사회적 생산물로 보는 르페브르의 시간 구분을 원용할 때, 시간은 자연적 시간과 노동에 의해 만들어지는 사회적 시간으로 구분된다. 개인, 가족, 친족, 마을, 국가라는 다양한 단위 내에서 발생하는 노동, 관계, 사건 등을 기록한 『창평일기』의 시간은, 기본적으로는 최내우의 개인적인 일상의 리듬으로서의 시간이다. 하지만 그의 시간은 이웃한 다른 사람들과 관계를 맺으며 상호작용한다. 사람별로 다르게 경험하는 시간들은 동일한 공간인 로컬 안에서 '상호작용'을 하며, 이 상호작용을 통해서 리듬의 공유가 발생하게 되고 그것이 '로컬 시간'의 자격을 획득한다. 로컬 시간에 대한 이해는 로컬 사람들 사이의 유기적 관계를 밝히는 작업이 필수적인데, 이러한 과정은 일상을 기록한 일기를 통해서 접근 가능하다.

『창평일기』에 나타나는 1970년대 농촌현장은 로컬 시간의 형성 사례를 잘 보여준다. 최내우의 일기에서 나타나는 일 년을 기준으로 한 농사의 순환은 로컬의 자연 시간과 노동 시간의 상호작용을 통해 형성된 최내우의 개인 시간이기도 하지만, 대부분의 마을사람들이 농업를 주업으로 한다는 점에서 로컬 시간이 되기도 한다. 또 로컬 시간은 개인 시간과 마을사람들 시간의 상호작용을 통해 형성되기도 하는데, 일기를 통해 그러한 로컬 시간의 형성을 잘 보여준다. 이앙과 추수, 보리갈이 같이 집중적으로 노동력이 투입되는 상황이 해매다 반복되고, 이와 관계된 모든 사람들은 이 노동의 순환시간을 공유하는데, 이 것이 곧 사회적 시간, 즉 로컬 시간의 구성으로 해석될 수 있다.

이처럼 개인의 시간을 기록하고 동시에 자신이 속한 공동체, 마을, 국가와 관련한 일상을 담고 있는 일기는 그 속에 등장하는 마을 사람들과의 상호작용을 통해 개인의 시간이 어떻게 로컬 시간으로 재구성되는지를 확인시켜줄 수 있는 자료이다. 일기를 통해 로컬을 둘러싸고 작동했던 개인 시간과 로컬 시간의 형성을 확인하는 것은 기층적 로컬리티의 한 부분을 보여주는 것이다.

로컬 시간으로서의 농업시간이 보여주는 로컬리티의 한 양상은 화폐거래를 통해서도 드러난다. 창평에서는 1970년대 말까지 토지거래나 채무상환에 현금보다 백미가 많이 사용되어 화폐 거래가 지연되는 현상들이 나타나는데, 이는 마을의 시간인 농업시간의 영향으로 생각된다. 마을사람들에게는 즉시 상환 방식인 화폐보다 농산물 생산 시기에 맞춘 현물거래가 일상의 리듬에 부합하는 거래였기 때문이다(차철욱, 2016: 273-276). 이러한 모습은 급속한 근대화 속에서도, 마을사람들이 오랫동안 반복되는 시간 속에서 체화된 삶의 방식을 유지하고 살아가는 흔적이라고 할 수 있다. 이러한 흔적은 위로부터의 제도의 시행이 로컬 차원에서 어떻게 진행되는지, 그리고 이것이 로컬의 삶과 어떤 관련이 있는지를 보여주는 하나의 사례라고 할 수 있다.

로컬 시간은 다양한 리듬들의 상호작용에 의한 조화를 통해 형성되기도 하지만, 이 상호작용이 항상 조화를 이루는 것은 아니다. 내외부적으로 존재하는 이질적인 시간의 개입은 조화로운 리듬에 변화를 가져오고, 이를 통해 새로운 시간의 재구성을 유발시키기 때문이다. 『창

평일기』는 근대 국민국가 시기의 '시간 통치'가 어떻게 마을의 시간
과 충돌하고 로컬 시간을 변화시키는지, 로컬인의 대응은 어떠한지를
보여준다. 한국 근대화 과정에서 '성과주의'로 표상되는 국가 시간은
'양곡 수집정책'을 통해 대표적으로 드러난다. 농사의 시간을 일률적
으로 앞당기려는 '時限營農'이나 특정 시기에 일률적으로 양곡을 수
집하려는 국가의 기획은 농촌 현장에서 자연스럽게 생성된 시간을 기
반으로 한 정책이 아니라 국가에서 획일적으로 기획한 추상적 시간을
기반으로 한 것이다. 이처럼 국가의 시간과 개인이나 로컬의 시간이
충돌할 때, 일기를 통해 확인되는 농촌의 일상은 국가의 강제된 시간
에 포섭되기도 하지만 개인적 이익이나 필요에 따라 이를 위반하기도
하는 등 다양한 양상으로 나타난다(차철욱, 2016: 276-279). 일기 속
의 농촌의 일상을 통해 확인되는 이러한 다양성은 미시적 관점을 통
해 읽어낼 수 있는 위계적 로컬리티를 보여주는 것이다.

　이처럼 미시적 관점에서 일상을 살피게 될 때, 『창평일기』는 거시
적 관점에서는 읽어낼 수 없었던 시간이 매개된 로컬인들의 삶의 모
습이 드러난다. 로컬의 환경에 맞게 자연스럽게 구성된 로컬 시간과
권력을 기반으로 외부로부터 강제되는 추상적인 국가 시간이 접촉할
때, 로컬에서는 시간을 중심에 둔 포섭과 위반, 조정과 저항의 다양
한 모습들을 보인다. 그런데 이 위반과 조정, 저항의 기반이 되는 것
은 로컬을 배경으로 생성된 시간이다. 이것이 곧 기층적 로컬리티에
서 살폈던 공유된 리듬으로서의 로컬 시간이다. 이와 같이 위계적 로
컬리티에서 확인되는 위계에 대한 저항은 로컬을 기반으로 생성된 것
이다. 기층적 로컬리티와 위계적 로컬리티가 교착적으로 얽혀 있는
이러한 양성은 로컬리티의 복합성을 보여주는 것이다. 이처럼 일기를

통한 미시적 관점으로서의 일상에 대한 접근은 다양한 로컬리티의 양
상을 확인시켜 준다.

2) 『대천일기』 속의 언어와 로컬리티 연구

특정 로컬에서 사용되는 언어는, 로컬의 물리적, 사회문화적 환경
을 배경으로 한 로컬 사람들의 경험이나 의식 세계를 표상하는 표상
체계이자 소통 체계이다. 로컬리티 연구에서는 언어를 로컬리티의 구
성 요소인 표상 범주에 포함시키고 있다.

표상체계로서의 언어가 사용자의 의식 세계를 반영한다고 할 때,
농촌인 대천마을에서 농사를 짓던 윤희수가 기록한 『대천일기』[10]에
서의 언어 사용 방식은 일상생활에서의 그의 관심을 자연스럽게 드
러내 준다. 『대천일기』는 날씨 관련 기록이 특징적인데 표제항목뿐만
아니라 본문 내용에서도 날씨 관련 기술이 자주 등장하며, '午前 雨
曇 相伴 午後 曇 晴 相伴, 昨夜부터 아침에 雨 後 曇, 부설비가 오다마
다, 曇 晴 相伴 0下 5度'와 같이 상세한 날씨의 변화는 물론 온도까지
기술하는 등 날씨에 대해 자세히 기술하고 있다. 또 다양한 변화를 보
이며 등장하는 많은 비관련 어휘들[11]이나 감정 표현을 절제하는 윤희

---

10) 『대천일기』는 부산시 북구 화명동에 위치한 대천마을을 배경으로 윤희수(1925년
   생)가 1954년부터 지금까지 쓰고 있는 일기이다. 초기의 『대천일기』는 농업일기
   의 성격을 띠지만 근대화 시기부터는 마을과 문중 활동에 적극적이었던 그의 활
   동을 중심으로 내용이 변화한다. 또한 도심 주변의 농촌마을이라는 대천마을의
   위치적 특성은, 급격한 도시화를 통한 마을의 변화와 함께 그곳에 거주하는 사람
   들의 삶의 변화를 잘 보여준다.
11) 『대천일기』에 나타나는 비 관련 어휘들 '갈방비/가랑비, 송나구(송나구비)/소낙
   비/소내기/소나기, 부설비/부슬비, 이설비/이슬비, 큰비, 暴風雨, 颱風雨, 봄비, 가

수가 수해나 한발에 관한 기록에서 감정 표현을 드러내고 기술 분량
이 많아지는 것 역시, 날씨에 관한 그의 관심을 드러내는 것이다. 일
기의 언어 사용에서 나타나는 이러한 특징은 농촌 마을에서의 일상을
배경으로 형성된 윤회수의 날씨에 대한 특별한 의식을 보여주는 것으
로, 일기 언어를 통해 확인되는 기층적 로컬리티의 한 사례이다.

하지만 일기 언어를 대상으로 한 논의와 관련하여, 일기가 개인
기록이라는 점에서 개인어인 일기 언어는 로컬 언어 연구의 대상이
될 수 없다는 시각이 존재한다. 이에 대해 차윤정(2016)은 라보프
(Labov)와 라스(Lass)의 이론을 원용하여 로컬리티 연구에서 일기언
어가 갖는 의미를 재규정한다. 언어 사용은 근본적으로 사람들 사이
에 벌어지는 상호적 행위이므로 상대방이 허용하지 않을 경우에는 사
용될 수 없다는 점에서 개인어란 없으며, 이런 점에서 개인의 기록인
일기에 사용된 언어 역시 사회적으로 소통되는 언어라는 점에서 로컬
언어를 이루고 있는 하나의 부분이라고 보고 있다.

이와 함께 로컬 언어는 단일하게 상정되는 어떤 추상적인 원형이라
고 볼 수 없으며, 각 개인들이 사용하는 변이로서의 로컬 언어들이 모
인 개체군이라고 새롭게 해석한다. 로컬 언어를 단일한 원형이 아닌
변이들의 무리로 보는 관점은 로컬리티의 원형을 설정하지 않고, 로
컬리티를 지속적으로 변화하는 것으로 파악하는 것과 같은 맥락이다.
로컬 언어를 추상적인 하나의 원형으로 생각하는 기저에는 거시적 관
점의 언어관이 자리하고 있다. 이러한 언어관 아래 로컬에서 실제로
사용되는 수많은 언어들은 일반성, 보편성을 담보할 수 없다는 이유

올비, 겨울비, 七夕비, 장마, 暴雨, 참비, 떡비, 단비' 등이다.

로 연구 대상에서 배제되거나 그 가치가 평가절하되어 왔다. 하지만 개별적으로 사용되고 있는 로컬 언어에 대한 논의가 전제되지 않는다면 대표형으로서의 로컬 언어[12]에 대한 연구가 이루어지기 어렵다. 뿐만 아니라 언어 변화와 같이 오랜 기간을 두고 변화를 고찰해야 하는 경우는 자료 자체가 거의 부재함에 따라 일반화할 수 있는 방법이 없어 연구 자체가 이루어지기 힘들다. 이런 점에서 개인의 기록인 일기에서 사용된 언어 역시 로컬 언어 연구의 대상이 될 수 있다. 특히나 오십여 년이라는 긴 시간 동안 로컬 언어가 변화하는 모습을 담고 있는 자료가 거의 존재하지 않는다는 점에서 『대천일기』는 로컬 언어의 변화 양상을 살피는 데 중요한 의미를 갖는 자료라고 할 수 있다.

로컬은 개인과 공동체, 마을, 국가, 글로벌 등의 다양한 힘들이 경합하는 장이다. 이러한 힘들은 서로 접촉하고 경합하면서 갈등, 조정, 포섭, 저항 등의 다양한 양상을 보이는데, 언어 역시 로컬이라는 장을 두고 서로 경합을 벌인다. 표준어 중심의 위계구조가 형성된 상황에서 표준어와 로컬 언어 사이의 언어접촉에서 나타나는 언어변화에 대해 거시적 관점이 아닌 로컬적 관점에서 보았을 때, 우리는 새로운 논의가 가능하다. 『대천일기』에 나타나는 '비' 관련 어휘의 변화는 이러한 논의의 한 예다.

『대천일기』에서 표준어와의 접촉 시 나타나는 '비' 관련 어휘의 변화 양상은, 세 가지 유형으로 나누어 설명할 수 있다. 첫째, '드러난 위

---

12) 로컬 언어를 원형으로 보는 것과 대표형으로 보는 것은 관점의 차이가 존재한다. 원형으로 보는 관점은 로컬 언어를 추상적으로 상정한 단일한 모습으로서의 언어를 상정하는 것이다. 이에 대해 대표형으로 보는 것은 다양한 로컬 언어의 변이들을 상정하고, 이들의 공통점을 통해 대표형으로 구성된 것을 로컬 언어로 보는 것이다.

세'를 지닌 표준어가 '로컬 언어'를 대체함으로써 로컬 언어가 소멸되고 언어적 포섭을 보이는 경우인데, 많은 로컬 언어들이 이러한 변화의 양상을 보이고 있다. 둘째, 이식되는 표준어를 그대로 받아들이는 것이 아니라 로컬 언어에서 나타나는 음운현상을 적용하여 표준어를 변형시키는 경우이다. 로컬 언어에서 일반화 된 음운현상이 적용되어, 표준어 '소나기'가 '소내기'로 바뀌는 것 같은 예들이 이에 속한다. 셋째, 표준어와의 경쟁에서 로컬 언어가 우위를 차지하고 현재까지 유지되는 경우이다. 표준어 '부슬비'가 '부설비'에 의해 밀려나고, '부설비'가 사용되는 것이 이러한 예이다. 이는 로컬 언어에서 'ㅡ'가 대체로 'ㅓ'로 발음되는 현상과 관련된다. '드러난 위세'를 지닌 표준어가 '숨겨진 위세'를 지닌 로컬 언어와의 접촉에서 밀려나는 이러한 현상은, 이에 포함된 로컬 언어의 특성이 로컬 언어 내에서 보편성과 일반성을 강력히 확보하고 있는 경우이다(차윤정 2016: 290-299).

이러한 논의는 '위계구조에서 하위 언어가 위세언어로 포섭된다'는 거시적 관점에서 일반화된 논의가, 로컬 언어의 관점에서 보았을 때 상위언어로의 일방적 포섭이 아닌 로컬적 변용과 저항의 모습을 보인다는 것과, 이러한 변화에 개입하는 것이 삶터인 로컬을 통해 형성된 로컬적인 것이라는 점을 구체적 사례를 통해 보여주는 것이다. 그리고 일기 속에서 구체적 자료로 등장하는 다양한 로컬 언어의 현상들이, 거시적 관점에서 위계화 시킨 구조에 균열을 가하는 역동성으로 작동한다는 것을 밝힘으로써 위계적 로컬리티를 구체화 시키고 있다.

이처럼 개인 일상의 장기 기록인 일기 텍스트를 대상으로 한 로컬리티 연구는, 로컬에서의 일상을 통해 형성된 로컬 사람들의 의식의 세계를 언어 사용의 측면에서 확인함으로써 기층적 로컬리티를 구체화할 수 있다. 또한 연구방법으로서의 관점의 전환은 미시적 관점을 통해 다양한 언어 변화의 양상을 드러냄으로써 거시적 관점에서 획일화 시켰던 언어 변화의 원리를 해체시킨다. 그리고 다양한 변화 방식을 로컬의 관점에서 해석함으로써 로컬적인 것을 재의미화한다. 이로부터 로컬의 역동성을 확인함으로써 위계적 로컬리티의 모습을 읽어낼 수 있다.

3) 『대천일기』속의 여성과 로컬리티 연구

인식의 로컬리티는 로컬리티의 위계적인 속성이 주체와 타자, 다수와 소수 사이의 인식의 위계로 확장될 수 있다는 점에 근거하여, 근대 중심성의 원리에 의해 배제되었던 소수성, 타자성, 일상성, 다양성 등의 가치들을 로컬리티 연구의 관점에서 논의하는 것이다.

앞에서 논의된 『창평일기』, 『대천일기』는 모두 남성들이 자신의 일상을 기록한 자료들이다. 이 남성들이 일기를 통해 자신들의 삶을 드러냄으로써 당시대인의 삶의 전형을 남성의 삶으로써 구성해냈던 데 반해 같은 시공간에 존재하였지만 자신의 삶을 기록으로 남기지 못한 여성들의 삶은 그저 남성들의 삶 속의 그림자처럼 주변적인 존재로 위치 지어져 왔다. 하지만 남성 중심으로 기술된 일기 속에도 주변적이지만 여성은 자리 잡고 있다. 일기를 통해 드러나는 일상은 남성 중심의 것이지만 사회적 존재로서의 남성은 여성과 관계 맺고 가족, 친족, 마을, 국가와의 관계 속에서 일상을 영위하기 때문이다. 이 때문에 소외되고 주변적인 자리이지만, 일기 속의 일상에는 여성의 삶도 등장하고 여성들이 남성, 가족, 친족, 마을과 일상에서 어떠한 관계

맺기를 하는지도 드러난다. 이런 점에서 일기 텍스트는 주변적이고 타자화 된 것에 관심을 갖는 로컬리티 연구의 관점에서 새로운 해석의 가능성을 담고 있는 자료이다. 미시적 관점의 전환을 전제로 하는 로컬리티 연구는 근대성의 원리와 남성의 시선에 따른 인식적 위계구조 속에 배치된 여성들의 삶을 남성 중심의 시선이 아닌 당사자적 관점인 여성의 관점에서 재구성할 수 있게 한다.

양흥숙 공윤경(2016)은 『대천일기』를 통해 근대화 시기 여성의 일상을 경제활동, 의례 풍속으로 나누어, 기존의 남성 시선에서 본 노동이나 문중 문화의 보조적 역할 수행자로서의 여성이 아닌 적극적 행위자로서 여성의 가능성을 탐색하고 있다. 일기에서 나타나는 여성은 농업노동과 유통 판매자로서 경제적 역할을 수행함으로써 남성노동의 보충, 보조 역할이 아니라 노동을 공동 분담하는 인력이었으며, 양육과 돌봄 노동, 가사노동 등의 재생산노동을 통해 가족의 유지와 마을 구성원의 존속에 기여했다. 또 일상적인 의례와 풍속에서는 노동, 음식 등의 부조로 가족, 친척들의 일생의례에 참여하여 화합, 교류함으로써 마을에 대한 애착이나 공동체의식의 고취에 기여해 왔다는 점에서 여성은 단순한 조력자의 역할을 넘어서고 있다. 1980년대 이후 이런 일생의례와 관련한 풍속은 거의 사라지고 외부에서 유입된 인구의 증가로 이웃들과의 관계도 변했다. 하지만 문중에서 여성의 역할이나 관계는 (현재에도) 여전히 유지되고 있다.

『대천일기』를 통해 드러나는 여성의 역할에 대한 논의는, 기존의 남성 중심의 노동이나 문중 문화에서 보조자로서 위치 지어졌던 여성들을 적극적 행위자로 자리매김함으로써, 젠더가 매개된 인식의 위계적 배치를 해체시키는 인식의 로컬리티의 한 양상을 보여준다.

『대천일기』는 남성의 일상을 중심으로 기록된 자료이다. 하지만 사회적 존재로서의 남성을 둘러싼 소소한 삶의 기록에는, 개인으로서의 남성은 물론 그와 관계 맺는 여성과 가족, 공동체, 마을, 국가와 관련된 일들이 구체적으로 기록되어 있다. 이렇게 구체적이고 잡다한 일상의 기록은 연구자가 어떤 관점에서 무엇을 읽어내려고 하는가에 따라 다양한 것들을 읽어낼 수 있는, 열려있는 텍스트이다. 남성 중심으로 기록된 텍스트를 통해 여성의 삶을 재구성하고 새롭게 의미화하는 작업도 이러한 사례가 될 수 있다. 기존의 거시적 관점, 중심화 된 사고에 따라 남성 중심의 기록이라는 점에 초점을 맞추어 자료를 해석하게 되면 남성의 시선에서 타자화되고 주변화 된 여성의 삶과 역할을 그대로 받아들이게 된다. 하지만 미시적 관점으로의 전환을 통해 여성의 관점에서 접근할 때 남성의 관점에서 잘 드러나지 않았거나 왜곡되었던 여성의 삶과 역할이 새롭게 드러나고 재의미화 된다. 특히 일기가 장기간의 기록이라는 점에서 여성의 행위나 역할이 반복적으로 등장하는 경우들이 있는데, 이러한 반복은 여성의 삶과 역할을 재구성해 볼 수 있는 기회를 제공한다. 이처럼 장기간의 일상을 기록한 일기텍스트는 미시적 관점으로의 전환과 일상에 주목하는 로컬리티 연구를 통해, 인식의 장에서 위계적으로 배치된 것들의 관계를 해체시키고 새롭게 의미화 하는데 다양하게 활용될 수 있다.

5. 결론

이 글은 개인의 일상을 기록한 일기 자료의 연구방법으로, 로컬리티 연구가 어떻게 활용될 수 있는지를 구체적인 사례를 통해 밝히고, 일기자료의 새로운 연구 방법론으로서 로컬리티 연구를 제안하는 것을 목적으로 한다. 이를 위해 먼저 일기 자료의 특성을 '개인', '일상', '장기기록'이라는 핵심어를 통해서 살피고 '개인'과 '일상'을 관통하는 관점으로서 '미시'에 주목하였다. 그동안 국가, 사회적 차원에서의 기술이 거시적 관점을 통해 일방향적으로 이루어짐으로써 로컬은 은폐되고 삭제되어 왔다. 이런 점에서 타자화된 로컬의 가치회복은, 미시적인 로컬적 관점으로의 전환을 요구한다. 관점의 전환은 은폐되었던 것들을 드러냄으로써 기존과는 다른 새로운 논의 방향을 제시할 뿐만 아니라 대상에 대한 다각적이고 총체적인 접근을 가능하게 한다.

로컬리티 연구는 로컬적 관점이라는 당사자적 관점으로의 전환과 반복과 차이로 나타나는 일상에 주목한다. 그리고 이를 통해 위로부터의 동일화에 대한 저항점의 역할을 해왔던 로컬적인 것들을 찾아서 그것이 가진 역동성을 밝히고자 한다.

일기 텍스트를 활용한 로컬리티 연구의 사례로 '시간, 언어, 여성'이라는 세 가지 주제에 대한 논의를 살펴보았다. 『창평일기』에서는 일상의 반복과 미시적 관점으로의 전환을 통해 개인의 시간과 로컬 시간을 다루고, 개인 시간이 어떻게 로컬 시간으로 구성되는지를 살핌으로써 기층적 로컬리티의 형성을 알아보았다. 그리고 로컬 시간과 국가 시간의 충돌을 통해 시간의 재구성 과정에서 나타나는 갈등과 조정, 타협, 저항 등을 살핌으로써 위계적 로컬리티를 살펴보았다. 『대천일기』를 통해서는 언어와 여성을 통해 드러나는 로컬리티의 양상을 살펴보았다. 언어적 측면에서는 날씨 관련 어휘와 표현, 로컬 언어의 특성을 통해 기층적 로컬리티를 살펴보았다. 그리고 외부로부터

이식되는 표준어와 로컬 언어의 언어접촉 상황에서 나타나는 언어변화 양상의 고찰을 통해, 위계적 로컬리티에 대해 살펴보았다. 그 결과 표준어로의 일방적인 포섭이 아니라 로컬 언어에 기반한 차이를 바탕으로 조정과 저항의 양상이 나타난다는 것을 확인하였다. 또한『대천일기』에 반복적으로 등장하는 여성의 노동을 통해 여성의 삶과 노동을 재구성하고 여성을 노동과 문화 유지의 보조자가 아닌 적극적 행위자로 재의미화 함으로써 인식적 로컬리티를 살펴보았다.

　로컬리티 연구는 미시라는 관점의 전환과 일상에 대한 주목을 통해, 거시적 관점에서 동일화의 원리에 의해 은폐되고 배제되어 왔던 사소한 일상을 미시적 관점에서 재의미화하는 한편 이를 통해 동일화의 원리를 해체시키는 근거를 구성하고자 한다. 구체적 맥락 속에 존재하는 일상의 기록인 일기 텍스트는 이런 점에서 로컬리티 연구의 중요한 자료로서 활용될 수 있다. 그런데 이는 역으로 로컬리티 연구가 일기자료를 연구하기 위한 새로운 방법론으로 제시될 수 있음을 보여주는 것이기도 하다.

참/고/문/헌

• 곽차섭. 2002. "'새로운 역사학'의 입장에서 본 생활사의 개념과 방향."『역사와 경계』, 45.

• 류지석, 2009. "로컬리톨로지를 위한 시론."『한국민족문화』, 33.

• 박재환. 1994. "일상생활에 대한 사회학적 조명."『일상생활의 사회학』. 한울아카데미.

• 백인호. 2001. "김응종,『아날학파의 역사세계(아르케, 2001)."『서양사론』, 69.

• 양홍숙 · 공윤경, 2016. "일기를 통해본 농촌 여성의 일상과 역할."『한국민족문화』, 61.

• 이향천, 2015. "언어 변화의 양상과 원인."『배달말』, 57.

• 우인수, 1999. "조선시대 생활사 연구의 현황과 과제."『역사교육논집』, 23 · 24.

• 조태린. 2009. "국어생활사 연구의 사회언어학적 요소."『문법교육』, 10.

• 차윤정. 2009. "로컬 언어 다시 보기."『한국민족문화』, 33.

_____. "로컬리티 연구의 관점에서 본 언어접촉과 지역어 변화의 양상."『호남문화연구』, 60.

• 차철욱. 2016. "1970~80년대 농촌근대화와 로컬 시간의 재구성."『지방사와 지방문화』, 19(2).

• 최효진 · 임진희, 2015. "개인 일기의 연구 자료로서의 가치와 전망-'5월 12일 일기컬렉션'을 중심으로."『기록학 연구』, 46.

제**2**부

동아시아 일기연구의 현황

제3장

해방 후 한국 일기연구의 흐름과 과제

이정덕

1. 서론

　개인기록은 일기, 자서전, 일지, 사진, 편지, 메모, 가계부, 인터넷 글, SNS 등 개인이 공적인 목적으로 기록한 것뿐만 아니라 스스로를 위해 작성한 모든 기록을 말한다. 블로그, 카페, SNS가 폭증하고 있어 개인 기록의 양이 크게 급증하고 있고 또한 개인기록을 통해 분석할 수 있는 내용도 크게 많아지고 있다. 예를 들어 요즈음 크게 증가하고 있는 빅데이터 분석도 온라인에 남아있는 개인기록들을 광범위하게 검색해서 자료를 분석하는 것이다. 이제 편지는 대체로 이메일로 쓴다. 일지나 메모나 가계부도 온라인에 쓰는 경우가 많아졌다. 젊은층에서 블로그, 카페, 게시판, 댓글, 카톡, 트위터, 메모 등으로 기록하고 의사를 표현하는 경우가 급증하여 글자로 직접 써서 기록을 남기는 경우가 줄어들고 있다. 장기간의 일기는 대체로 손으로 쓰는 경우가 많다. 일기나 자서전 같은 글로 쓰는 개인기록은 보통 사회의 상층사람들이 일기나 자서전을 쓰는 경향을 더 많이 보여주고 있다. 점점 중하층사람들에게 퍼지지만 상층에 비교하여 그 숫자가 적다. 남성들의 일기가 주로 출판되고 출판된 여성일기의 수는 제한되어 있다. 따라서 일기를 통해 사회적 체험을 재구성할 때 이러한 점이 고려되어야 한다.

일기는 대체로 "보통 1인칭 시점으로 특정 사건 또는 행위가 일어난 시점에서 당일 또는 하루 이틀 지나 즉시적으로 기록된다"(최효진 임진희 2015: 97). 일기는 자기가 주체가 되어 바로 바로 작성되는 즉시적 성격을 가지고 있어 매우 생생하며 장기간 기록되면 가장 체계적으로 일상생활을 보여주며 당대의 사회적 맥락이 어떻게 일상생활에서 체험되고 생각되는가를 분석하는데 가장 적절한 자료로서의 역할을 하고 있다. 노출시킬 생각을 하지 않고 쓰는 경우가 많아서 "일기는 사람들의 삶과 경험을 가공하지 않은 채로 접근할 수 있도록 해준다. 당대의 사회를 생생하게 그날그날 체험하고 생각한 내용을 드러내준다. 따라서 당대 사회의 다양한 맥락들이 반영되어 있고, 장기간에 걸쳐 수많은 내용을 쓰기 때문에 당시의 사회생활이나 생각에 대한 다양한 정보를 제공해준다"(이정덕, 2014: 122). 같은 개인기록이지만 시간이 한참 지난 후에 기록하는, 그리고 대체로 타인에게 보여주려고 쓰는, 자서전이나 회고록과 크게 다르다. 또한 일기라는 제목을 붙였지만 날짜를 적지 않고 여러 에피소드나 작은 이야기들을 엮어 출간하는 경우도 많지만 이들은 일기라고 볼 수 없다.[1]

---

1) 교단일기, 의사일기, 변호사일기, 독서일기, 기도일기, 여행일기, 육아일기, 요리일

"일기는 개인이 매일 한 일과 느낌을 문자로 작성하는 것으로 개인의 가장 사적인 기록이다"(쉬쉬에찌, 2014: 8). 따라서 개인의 쓰는 내용에 대한 취사선택이 심하게 개입되어 있으며, 가치판단도 작동하고 편향된 관점이나 기억도 작동한다. 이러한 편향은 자서전이나 회고록 또는 어떤 개인기록에서도 나타난다. 또한 "어떤 사람은 시간에 따라 순서대로 기록하고, 어떤 사람은 핵심을 선택하여 기록하며, 또 어떤 사람은 특별한 느낌이 있을 때만 기록하는 등 그 형식과 내용은 너무나 다양하다"(쉬쉬에찌, 2014: 8). 따라서 일기를 쉽게 분류하기 힘들다. 이곳에서는 일기 자체를 분류하기 보다는 일상적 체험과 활동을 영역별로 분류하여 시대적 흐름이 어떻게 일기에 나타났는가를 이해하고자 한다. 일기는 다양한 형태로 쓴 개인의 사적인 기록이지만 동시에 시대적 체험이며 시대적 흐름이 배어있어 개인들의 일상적 체험과 활동을 사회적 영역으로 분류하여 이해할 수 있을 것이다.

일상적인 체험은 우리의 사고와 표현의 기본이며 여기에서부터 은유화되고 추상화되어 우리 개념화와 행동에 질서를 부여하고 구조화된다. 이러한 체험적 은유들을 통해 세상을 이해하고 해석하고 경험하게 된다. 체험적 은유들은 문화마다 다르기 때문에 이에 기반을 둔 개념화도 문화마다 다르다(레이코프 존슨, 2006: 7). 이러한 접근을 체험주의(experientialism, 경험주의라고도 번역할 수 있다)라고도 부르는데, 이러한 관점에서는 "우리의 모든 사고와 이해의 뿌리가 우리의

기, 생활일기, 산행일기, 창업일기 등의 경우, 날짜를 적고 쓴 것이 아니라 자신이 경험한 각종 에피소드나 각종 작은 이야기나 생각들을 묶어 일기라는 명칭을 붙여 출간하는 경우가 많다. 일상의 기록과 성찰보다는 단순히 영어를 개선하기 위해 쓰는 경우, 일기라고 보기 어렵다.

신체적 활동에 있으며, 보다 복잡하고 추상적인 사고는 신체적 활동을 토대로 하는 은유적 확장을 통해 이루어진다는 것이다"(레이코프 존슨, 2006: 8). 체험주의에 따르면 서구의 개념화와 질서는 서구인의 일상적 활동과 체험에 기반하고 있다. 따라서 동아시아의 일상적인 활동과 체험이 어떻게 은유화되고 추상화되어 개념화되는지를 자세하게 이해할 수 있게 되면, 서구에서 도입된 학문개념과 세계관이 동아시아의 일상적인 활동과 체험에 기반한 개념화와 어떠한 괴리가 있는지를 찾아낼 수 있을 것이다. 조혜정(2000)은 이를 삶과 앎으로 표현하여 설명하고 있다. 즉, 삶에 기반하여 앎(지식)이 나타나는데 한국인의 삶과 다른 서구의 앎(지식)을 지식인들이 무비판적으로 도입하여 한국인의 삶과 괴리된 식민지 학문 또는 겉도는 말을 하고 있다고 비판하고 있다.

이러한 괴리를 극복하기 위해서는 일상적인 활동과 체험이 어떻게 은유화되고 개념화되는지를 분석하여야 한다. 일기는 이러한 일상적인 활동과 체험을 가장 잘 드러내고 있다. 따라서 일기연구는 서구와 동아시아의 일상적 활동, 일상적 체험, 체험적 은유, 개념화를 가장 잘 드러내주는 수단이다. 추상적인 개념들이 얼마나 일상적인 활동과 체험과 연결되어 있는지 그리고 일상적인 활동과 체험으로부터 어떻게 은유화, 개념화되었는지를 가장 잘 분석할 수 있는 수단이다. 즉, 동아시아의 일기분석은 동아시아의 시대적 상황에서 나타나는 일상적인 활동과 체험을 분석하는 수단일 뿐만 아니라 더 나아가 추상적인 개념, 학문적인 개념들이 어떻게 일상적인 활동과 체험으로부터 괴리되어 있는지를 가장 잘 보여줄 수 있다.

물론 이러한 분석에 도달하려면 충분한 일상적인 활동과 체험에 대한 연구 그리고 이들의 은유화와 개념화에 대한 연구가 축적되어 있어야 할 것이다. 이를 위해 다양한 일기를 수집하여 분석하는 것이 필요하다. 이를 위한 기초작업으로서 여기에서는 해방 후 한국에서 어떠한 일기들이 출판되었고 어떠한 방향으로 연구되는지를 살펴보고자 한다. 출판되고 연구되어진 일기들은 대부분 한 개인이 장기간에 걸쳐 일기를 써서 시대적 흐름에 따른 일상적 활동, 체험, 성찰의 변화를 잘 추적하는 데 도움을 준다. 한 개인이 오랫동안 계속 써온 일기는 시대적 흐름과 시대적 영향을 풍부하게 해석 해낼 수 있는 많은 자료를 담고 있기 때문이다.

이에 비하여 짧은 단편적인 일기로는 시대적 흐름과 연관시켜 개인적 체험과 활동을 이해하는 데 한계가 있다. 물론 짧고 단편적인 일기도 특정 주제와 관련하여 그 수가 많다면 충분히 시대적 흐름과 연관시켜 분석하는 데 많은 도움을 주지만 소수의 짧은 일기는 사회적 맥락화가 어렵다. 따라서 짧은 일기에 대한 연구는 한국에서도 거의 행해지지 않았다. 드문 사례지만 〈한국국가기록연구원〉은 2013년 이후 5월12일 하루의 일기를 다양한 방법으로 수집하여 육필일기, 전자문서, 디지털사진/영상, 음성녹음 등의 다양한 일기 2천여 건 이상을 수집하였다. 이렇게 많은 일기가 수집되면 짧은 일기라도 다양한 주제에 대해 사회적 맥락화가 가능해진다. 연령, 지역, 직업 등의 맥락을 고려한 분석이 가능해지기 때문이다(최효진 임진희, 2015). 보통 장기간의 일기는 그 일기의 주인공 개인을 사회적 맥락에서 분석하는 것이라면 이렇게 다량의 짧은 일기는 연령, 지역, 직업에 따른 주제의 사회적 분석이 더 강조된다.

특히 다수의 개인에게 사회적 책임이 부과되던 근대에 일기를 쓴다는 것은 대량생산한 종이공책(일기로 만들어진)에 다수의 국민에게 개인적인 성찰을 요구하며 개인으로서 자신의 시간을 관리하고 행동을 주체적으로 규율하도록 하는 근대국민국가의 출현과 관련되어 있다. 국민을 교육시키는 장치로서 일기가 국가에 의해 널리 장려되었다(니시카와, 2013). 한국에서도 일기가 국민학교 또는 초등학교에서 스스로를 성찰하고 규율하는 훈련으로 숙제로서 부과되었다. 초등학생에게 국민으로서 합리적으로 생각하고 성찰하는 이성적 내면을 만드는 수단이었다. 따라서 일기를 통하여 다양한 행동과 체험을 살펴볼 수 있을 뿐만 아니라 내면을 들여다보는 렌즈이기도 한다.

2. 농촌일기와 연구

3권으로 구성된 『평택일기로 본 농촌생활사-평택 대곡일기, 1-3』는 평택시 청북면 대곡마을에 거주했던 신권식(1928-)이 1959년부터 2005년까지 46년간 써 온 일기를 정리하여 입력하고 해제하여 출판한 것이다(지역문화연구소 편, 2007, 2008, 2009). 날짜 그대로 입력한 것이 아니라 주제에 따라 재분류하여 개관, 경제생활, 의식주생활, 사회생활, 고잔리민속 등으로 분류하여 실었다. 원보영(2009)는 『평택 대곡일기 1-3』를 활용하여 일제 강점기에서 압축성장기(~1980년대)까지 현지조사를 보충하여 의료민속이 어떻게 변하였는가를 추적하여 조선말의 의료민속과의 차이 그리고 그 변화를 추적하여 전통의료민속이 어떻게 근대의료체계로 변하여왔는가를 보여주고 있다. 김영미(2013)는 『평택 대곡일기 1-3』를 활용하여 새마을운동 이전의 동회와 마실방으로부터 공론장이 어떻게 작동되는가를 분석하고 있다. 원래 장 노년층이 장악했던 동회는 5.16 쿠테타 후 정부가 통제를 하게 되고, 마실방이라는 자율적인 공론장을 만들어나가게 되었다. 공식권력에서 소외된 젊은층이 마실방에 모여서 같이 라디오 뉴스도 듣고 신문도 보고 같이 일하고 놀고 소통하게 된다. 쿠테타 후 젊은층을 내세워 동회를 장악하게 된다. 안승택(2015)은 위의 일기를 분석하여 일상의 맥락에서 농민이 지닌 비와 바람에 대한 민속지식이 어떻게 나타나고 어떻게 변하였는지를 근대과학지식과의 관계, 특히 그 혼종성의 맥락에서 밝히고 있다.

박진환(2001)은 2000년 하사용의 농가를 방문하여 3000여회에 걸쳐 새마을강사로 출강한 내용을 기록한 3권의 기록일지를 확보하여 새마을운동이 어떻게 전개되었는지, 새마을정신이 어떻게 내면화되었는지를 분석하였다. 하사용은 1970년 11월 11일 대통령이 참석하는 대회에서 농어민소득증대 성공사례를 발표하였다. 원예, 비닐하우스, 농업기술의 개선으로 4계절 내내 돈을 벌게 되었고 소득이 년 100만원에 이르게 되었다고 발표했다. 이 대회에 참석한 박정희대통령은 "하사용씨 같은 분은 우리 농촌의 등불이요 국민 모두의 스승이다. 우리나라 농촌의 빈곤도 하사용씨와 같은 정신만 있다면 승리할 수 있다" 등의 찬사를 하였고 하사용 부부는 청와대로 초청되었다. 정부는 이미 33,000개의 농촌마을에 각각 시멘트 300포대를 지원하는 등의 국가가 주도하는 농촌개조운동을 실시하고 있었다. 이를 효과적으로 진행하기 위해 전국적으로 새마을지도자 교육을 시켰고 성공사례를 전국적으로 퍼트리고 있었다. 대통령과 장관들에게도 매달 성공사례를 듣도록 하였다. 장차관도 새마을지도자연수원에 새마을지도자와 같이 합숙훈련을 받도록 하는 등의 범정부적인 추진정책을 실행하였다. 끊임없는 정신교육이 실시되었는데 핵심은 박정희 대통령이 "농민들의 근면과 자조와 협동하는 정신자세는 정부의 모든 시책들의 선행조건으로 되어야 한다."고 말한 것에서 볼 수 있듯이 농민들이 먼저 스스로 부지런해지고 스스로 길을 찾아야 한다는 것이었다. 이 논문은 하사용씨의 일대기를 통하여 스스로 노력하고 개선하고 절약하여야 성공할 수 있으며 이러한 성공사례를 국가는 전국적으로 유포시켜 농촌개조운동(새마을운동)으로 활용하는 것을 보여주고 있다.

임실 『창평일기 1-5』는 최내우(1923-1994)의 일기(회고록 포함하여 1927년부터 1994년까지를 다루고 있다)를 입력하고 분석하고 있다(이정덕 외 8인, 2012, 2013). 압축적 근대화(특히 60-80년대)를 배경으로 농촌이 어떻게 변하고 있는가를 분석하고 있다. 연초에 계획을 세우고 열심히 노력하여 목표를 달성하려고 하는 태도는 국가가 근대화를 위해 국민들에게 권장하는, 낭비와 놀이는 나쁜 것으로 낙인을 찍고 근면과 생산을 강조하는 태도였다.[2] 국가는 '조국근대화'를 위해 어떻게 농촌을 동원하면서(농업근대화, 농촌정책, 농촌개발, 새마을운동), 한편으로 해체하고 또 한편으로는 재구축하는지(물질생활, 시공간변화, 조직, 노동, 비시장교환, 가족, 친족, 조상숭배, 생활권역, 언어생활, 일기쓰기)를 해제들을 통하여 보여주고 있다. 국가는 적극적인 동원체제로 농촌을 재편성하며 이에 따라 국가가 직접적으로 마을을 통제하는 수직적 통합이 이루어진다. 이러한 과정에서 국가는 다양한 공적인 조직들을 만들고 동원하여 국가가 원하는 교육과 심성

---

2) 물론 이런 태도는 조선시대의 일기에도 나타나는 경우가 있다.

을 길러내고 자원과 인력을 동원하도록 만들어나간다. 마을 내의 사회적 조직과 관계들이 변하며 주민들은 더욱 더 외부로 나가며 젊은층은 일자리를 찾아 도시로 이농을 하고 친족과 전통의례가 약화되고 소비물품이 바뀌며 생활도 바뀐다. 국가가 적극적으로 동원하고 변화를 추동하는 것을 압축적 근대화로 이해하고 이러한 과정이 마을의 압축적 변화를 일으키는 것으로 보고 있다(이정덕 외 8인, 2012, 2013). 위의 『창평일기』 1권에 포함된 회고록 '월파유고'를 분석하여 이성호(2013)는 반공을 국시로 하는 국가가 어떻게 좌익운동을 하던 사람들을 '비국민'으로 만들어 사회적으로 배제하는가를 보여주고 있다.

　김천에 거주하는 권순덕(1944년~)의 『아포일기1-5』(1969년-2000년)는 1900년대 초부터 경부선 철도가 지나가고 1960년대 경부선 고속도로가 건설되고 1960년대 후반부터 급속하게 구미공단이 커지는 상황에서 도시화와 농업이 교차하는 일에 중독된 도시화된 농민의 삶을 보여주고 있고, 동시에 이에 대한 다양한 해제(지역환경, 일기쓰기, 생애과정, 노동, 농민충분해, 농가경제, 농업, 보건의료, 결혼, 가족, 친족, 여성, 자녀교육, 마을신앙, 근대적 가치관, 일기쓰기 등)를 포함하고 있다(이정덕 외 7인, 2014a; 이정덕 외 12인, 2015).

　청주 부근에서 평생 교육에 종사하며 살았던 곽상영(1921-2000)의 『금계일기1-2』(1937년-1970년)은 농촌에서의 교사와 교장생활을 드러내고 있다. 작은 규모이지만 경작을 하면서 주로 농촌의 초등학교 교장으로 살았던 농촌 교사의 체험과 활동과 성찰을 보여주고 있다. 해제에서는 근대화와 압축성장의 맥락에서 지역환경의 변화와 곽상영의 생애사, 교사생활, 일상생활, 여행경험, 가족, 친족을 분석하고 또한 토픽모델링으로 각종 주제어들을 분석하여 가족, 학교, 생활,

일기쓰기, 교육관을 분석하고 있다(이정덕 외 14인, 2016).

   그동안『창평일기1-5』나『아포일기1-5』를 활용한 여러 연구들이 진행되었다. 이 일기를 입력한 연구팀이 이들 일기와 관련된 다양한 논문과 책을 저술하였다. 관련된 책으로는『압축근대와 농촌사회』(이정덕 외 7인, 2014b),『동아시아 일기연구와 근대의 재구성』(이정덕 안승택 편, 2014)을 출판하였다. 이들 책은 일기분석에서 더 나아가 동아시아의 세계경제의 맥락에서 동아시아의 근대를 살펴보고 동아시아의 압축근대화의 맥락이 일기에서 나타난 체험과 활동을 분석하고 있다. 또한 이러한 동아시아 압축근대화가 국민만들기와 일기쓰기에 미치는 영향을 한국, 일본, 대만을 중심으로 설명하고 있다. 이 연구팀뿐만 아니라 다른 연구자들도 이들 일기를 활용하고 있다. 예를 들어 이송순(2016)은『대곡일기』,『창평일기』,『박래욱일기』,『아포일기』를 이용하여 1970년대 대중의 감성적 '반공국민' 정치의식을 유도하여 경제개발과 성장을 최우선가치로 하는 독재체제에 대한 수동적 동의를 이루는 과정을 다루고 있다. 차철욱(2016)은『창평일기』를 이용하여 농민의 생활리듬이 성과주의적 국가시간과 어떻게 충돌하며 포섭되고 변화되고 병존하는지를 다루고 있다. 최효진 임진희(2015)는 일기의 연구가치에 대한 논문에서『창평일기』와 관련 해제와 연구논문들을 검토하고 있다. 또한『창평일기』는 지역의 현대사에서 나타나는 일상체험을 드러내는 잡지의 글의 재료로 사용되고 있다(김규남, 2012, 2013).

3. 도시일기와 연구

오타(2013)는 해방 직후 인천의 전기공의 일기를 분석하였다. I씨는 식민지 시기에 교육을 받고 인천에서 전기공으로 일했는데 1945-1947년 사이에 일기를 썼다. 그는 인천에서 1941년부터 경성전기 지점의 전기공으로 일했고, 신문, 라디오, 구전 등을 통해 알게 된 해방 직후 미군의 진입과 선전활동을 적고 있다. 또한 시민들의 환영행렬 등을 적으며 해방의 기쁜 마음을 드러내고 있다. 미군정이 경성전기도 접수하여 미군이 지휘하고 한국인 간부가 운영하는 회사가 되었다. 일본인 대신 조선인이 왔지만 직업불안정성과 인플레에 대한 걱정을 표하고 있다. 종업원조합이 조직되었고 중급관리층이 협동조합을 만들어 대립하게 되었다. 노조 갈등과 파업이 일어났는데 I씨도 파업에 참여하여 승급도 했지만 파업이 정치투쟁화된다며 탈퇴하였다. 업무와 식량배급에 대한 기술이 많은데 배급물자가 부족하여 인플레가 심했다. 휴일에는 야유회, 관악산 등반을 하고 서울에 가서 쇼핑, 창경원 구경, 영화관람을 했다. 미국풍이 유행하여 영어공부에 동참했다. 해방정국에서 해방을 즐기면서 일상생활을 헤쳐나가고 미국풍이 유행하는 모습을 보여주고 있다.

한평생 인천시 송현동에서만 살며 주로 한전의 변전소에 일을 하다가 퇴직하여 가게를 열고 통장 일을 한 이광환(1926-2000)의 일기에 대한 이현식(2008)의 연구는 인천 거주민이 어떻게 일상생활의 어떠한 과정을 거쳐 국민이 되며 일상생활과 여가생활이 어떻게 나타나는가를 보여주고 있다. 전기공 이광환의 1945-1970년까지의 일상사는 〈이광환 일기展〉으로 수도국산달동네박물관에서 전시되었다

(2007.5.4~10.31). 이곳에서는 일기와 더불어 관련 유물이 전시되었다. 회충약 복용, 산아제한방법으로 공급받은 콘돔, 봉급내역, 물건 가격 등을 자세하게 기록하여 그 기록이 이와 관련된 유물과 함께 전시되었다. 또한 해방 후 정치상황이나 자신이 좋아하는 영화나 사교댄스에 대해서도 꼼꼼히 기록하고 있다.

한약사인 박래욱(1938~)이 국립민속박물관에 기증한 일기는 2008년 국립민속박물관의 전시주제였다. 〈내 삶의 감초, 55년간의 일기〉전시회는 『박래욱일기』(1950년~2005년), 금전출납부(1961년~), 처방전(16권)을 바탕으로 여러 주제로 나누어 전시하였고 도록이 출간되었고(국립민속박물관 2008), 일기내용은 먼저 책으로 출간되었다(박래욱 2003). 또한 그 일기가 한국연구재단 기초교육 학문 자료센터에 입력되어 검색할 수 있게 개방되었다. 한약과 거래에 대한 다양한 내용뿐만 아니라 압축근대화 과정의 부정선거, 새마을운동, 경부고속도로, 경제성장이 나타나 있고, 여러 가지 직업의 진전(농사꾼, 공장기사, 외판원, 한약사), 여가생활(술, 영화, 유행가, 명절 등), 가족과 친족 등 다양한 일상생활을 담고 있다. 원보영은 이 일기를 바탕으로 압축근대화 시기(20세기 후반)에 민간의료생활이 어떻게 변하는가를 분석하는 박사논문(2010 단행본으로 출간)과 논문(2009)을 작성하였다.

홍순범(2008)은 인턴생활을 하면서 기록했던 수첩들을 정리하여 『인턴일기』라는 책으로 출간하였다. 전문직의 직업훈련과정을 생생하게 묘사한 드문 일기이다. 의과대학생이 새내기 의사로 만들어지는 전 과정을 경험한 그대로 기록하여 전문가가 어떻게 만들어지는가를 생생하게 보여준다. 동시에 병원의 여러 행태나 의사들끼리의 책임회

피 등의 일상사들도 나타나고 있다. 현대 한국에서 나타나는 전문직 훈련뿐만 아니라, 병원이 어떠한 관계를 매개로 작동하고 있는지를 보여준다.

4. 압축근대화의 정치와 경제

이곳에서 압축근대는 빠른 산업화로 농업사회의 전통이 산업사회의 다양한 속성과 혼합되어 있는 상태를 지칭하고자 한다. 물론 선진국들도 전통이 현대와 혼합되어 있다. 압축근대에서는 압축적인 성장으로 전통이 충분히 변화할 시간이 없어서 그러한 혼합의 정도가 훨씬 심하다는 의미이다. 근대의 압축을 위해서는 철저한 계획과 저돌적인 추진력이 작동하게 되고 이를 추동하는 것은 국가와 그 조직이고 이를 지휘하는 사람은 대통령이다.

박정희 대통령은 1972년부터 일기를 쓰기 시작해 1979년 죽을 때까지 썼다. 박정희(2006)의 연설문, 저서, 일기 등이 포함된『한국 국민에게 고함』에 일기가 게재되어 있다. 압축성장을 주도한 대통령으로서 반공과 근대화에 대한 집념을 드러내고 있고 10월 유신을 "능률 극대화와 국력조직화를 가장 효율적으로 발휘할 수 있는 제도"로 표현하고 있다. 박정희의 재무부장관, 경제기획원장관, 경제담당 특별보좌관으로서 70년대 경제성장정책을 주도한 남덕우(2009)는『경제개발의 길목에서』라는 회고록을 발간하였다. 그는 외국을 나갈 때는 순방일지를 썼다고 한다. 주로 성공적으로 고동성장을 이룩한 경제정책을 어떻게 펼쳤는지에 대해 긍정적 관점에서 적고 있다. 압축성장

시기에 자신이 어떻게 관료로서 또는 사업가로서 무엇을 했는지에 대한 자서전이나 회고록은 여럿 출판되어 있다.

압축성장, 조국근대화, 반공, 국가폭력이 국력조직화에 도움이 되었고 일사불란하게 경제성장을 추구할 수 있어서 선진국으로 진입할 수 있는 기틀을 만들 수 있었다고 유신의 측에 있었던 사람들이나 이를 지지하던 사람들은 주장한다. 경제성장이 이루어져야 다른 것도 개선될 수 있기 때문에 민주주의에 대한 탄압이나 인권유린과 같은 부작용들은 참을 수 있는 것이라고 생각하고 경제가 발전하면 그러한 문제들도 점차 해결될 것으로 주장한다. 후발자본주의가 빠르게 성장하려면 어쩔 수 없다는 것이다. 이러한 과정을 거쳐야 근대화를 통해 선진국에 접근하였다고 주장한다(조이제 카터 에커트, 2005). 위에서 언급하였듯이 그러한 관점에서 기록된 일기와 회고록들이 있다(예, 남덕우, 2009; 박정희, 2006).

이와 반대의 시각에서는 민중의 희생이 기록된 일기가 있다. 1960년대 서울 평화시장에서 재단사로 일하다가 열악한 노동실태에 저항하고 절망하여 "근로기준법을 준수하라"고 외치며 1970년 분신한 전태일(1948-1970)의 일기(노트 7권 분량), 유서, 모임의 회칙과 회의록, 노동환경 조사 설문지 등을 전시한 〈우리들의 전태일 전〉이 2004년 서울 배재빌딩에서 개최되었다. 전태일의 일기와 수기는 15살 정도의 대체로 농촌에서 쏟아져 들어온 2만 명이 하루 15-16시간동안 90원-100원을 받고 일하는 평화시장의 봉제공장의 생생한 모습과 자발적인 노동운동의 모습과 문제의식을 보여주고 있다. 전태일은 "벌레보다 못한 인생이지요. 주인 있는 개보다도 천한 인간입니다"라고 썼다. 봉제공장의 견습공과 재단사로 일하면서 쓴 일기와 해고된 이후에 쓴 수기를 기반으로 조영래(1983)는 『전태일 평전』을 썼다.

이러한 저항을 정경유착과 국가폭력체제로 억누르며 냉전적 지배 논리와 약육강식으로 국가도덕의 부재상황이 초래되어 지도층의 비리, 공무원 범죄, 부정부패, 편법, 무질서가 만연되었고, 이에 따른 저항과 불만을 막기 위한 방법으로 국가숭배주의와 반공을 바탕으로 한 국가폭력을 행사하는 방식이 한국의 근대화 과정에서 이루어졌다는 점을 드러내는 기록들이 있다(김동춘, 2000). 지배엘리트들이 상상하는 근대성이란 "강력한 군사력과 첨단 기술에 기초한 높은 생산성" 이다. 이런 군사화 된 근대성은 "반공국가인 근대국가를 건설하는 것, 국가 구성원들을 충성스러운 국민으로 만드는 것, 징집제를 산업화하는 경제조직으로 통합하는 것"을 기초로 한다(문승숙, 2005:15). 이를 통해 강압적이고 군사주의적인 동원체제에 기반을 둔 근대국가로 작동한다. 이러한 군사주의적 근대체제에서 나타나는 국가폭력과 그 공포가 일부 일기들에서 잘 나타나고 있다.

앞에서 언급한 『평택 대곡일기』, 『창평일기』, 『아포일기』 등에서도 농촌을 조직적으로 지배하는 정권, 정권과 유착된 농촌엘리트, 부정선거 등이 일상생활이나 선거에서 작동하고 경험하는 모습이 나타나고 있다. 1960년 4.19 당시 고등학생이었던 이재영(2011)의 일기가 『4·19 혁명과 소녀의 일기』로 출판되었다. 1959년 8월부터 1960년 8월 27일까지의 일기로 1960년 3.15 부정선거에서 4.19로 이어지는 과정에서 시위에 적극 참여했던 한 여학생이 생생한 부정선거 이야기와 이에 대한 항의시위와 상념을 날마다 적고 있다. 이 일기에서는 당시의 부정선거, 폭압적 진압, 혁명적 열기를 생생하게 보여주고 있다. 1980년 5.18당시 여고생이던 주소연이나 초등생이었던 김현경의 일

제3장 해방 후 한국 일기연구의 흐름과 과제 **93**

기가 수집되어 광주항쟁 기록물로서 2011년 유네스코 세계기록유산으로 등재되어 5.18민주화운동 기록관에 전시되어 있다. 당시의 치열한 저항과 공수부대의 폭압을 기록해놓고 있다.

한맹순(1917~)의 『맹순할매 기도일기』(2013)는 어린 시절, 결혼 초기, 어린 자식들을 키우며 궂은일을 하던 시기는 회고문으로 실었고, 1970 80년대 권위주의 정권 시절 직접 보고 겪은 시국 사건 당시 적은 일기도 고스란히 담겼다. 정치적 자의식이 강한 할머니가 정치적인 사건들이 일어날 때마다 자신의 진솔한 감성을 드러내고 있다. 아들이 빈민운동을 하느라 정치적인 억압을 많이 받아 평생을 가슴 졸이며 살아야 했던 국가폭력의 공포가 드러난다. 고은(2012)이 쓴 『바람의 사상』도 유신시절의 일기장이다. 1973년부터 1977년까지의 일기로서 유신체제가 폭력화되어가는 과정이 드러나고 있다. 문인들이 술을 마시고 글을 쓰는 모습들이 나타난다. 이러한 문인적인 감성이 독재체제의 국가폭력과 긴장할 수밖에 없는 상황이 곳곳에 나타나고 있다. 하지만 도시일기에 대한 사회적 성격연구가 아직 제대로 이루어지지 못하고 있다.

5. 성찰일기 등

『이오덕 일기』는 학교 교사이던 이오덕(2013)이 1962년부터 2003년 죽을 때까지 쓴 일기이다. 5권으로 되어 있는데 당시 국가에서 벌어졌던 사건들(예를 들어 박정희 시해사건, 12.12 사태, 5.18광주 민주화운동, 폭압적 5공화국 등)이 일기에도 잘 기록되어 있다. 또한 학교의 비정상적인 상황(예를 들어 장학사나 교육장이 오면 돈봉투를 주어야 하고 학생들은 청소에 집중하고, 각종 이유로 학생들로부터 얼마씩 걷는 일이 수없이 반복되고 등)에 대한 기록이 빈번하게 나타나고 있다. 3권부터는 1986년 퇴직 후 아동문학가와 글쓰기 운동을 하면서 지속적으로 사회와 교감하는 내용을 담고 있다.

『행복한 책읽기-김현의 일기 1986-1989』는 김현 작가가 죽기 6개월 전까지 쓴 3년간의 독서일기이다(김현 1992). 날짜를 적고 그날 읽은 책에 대한 감상을 적었다. 책을 읽으면서 저자의 글쓰기나 사상에 대해 평가하고 저자들 또는 책들 사이의 유사성이나 영향을 평하기도 하고 이를 통해 자아성찰도 하는 서평에 가까운 글들의 모음이다. 또는 자신의 생각을 담은 에세이를 쓰기도 하였다. 일기는 자신을 수련시키는 역할을 한다.

박근혜(1993)의 1990-1993년의 일기를 발췌하여 출판한 『평범한 가정에서 태어났더라면』는 인생의 교훈, 마음 수련, 평화, 단상을 적고 있다. 있는 그대로의 일기를 출판한 것이 아니고 상당한 검열을 하고 좋은 말을 위주로 드러내고 있어 추상적인 자아성찰로 가득 차 있고, 구체적인 자신의 실제 삶과 생각을 치열하게 드러내지는 않는다.

일기는 자신의 체험과 활동을 적을 뿐만 아니라 이를 통해 성찰도 한다. "일기. 지금 보관하고 있는 열다섯 권의 일기장은 주로 82년부터 95년 사이의 기록이다. 투병 초기에는 쓰는 것이 힘들어서 뜸했고, 96년 독립 이후 일을 하고 나서는 일기를 쓰지 않고도 살만해서 뜸했다. 일기는 그 당시 유일한 출구였다. 쓰지 않고서는 살 수가 없었다. 학교에 다닐 때는 일기장에 시도 베끼고 명언도 베끼고 해서 국어 선생님께 혼이 난 적도 있는데, 아픈 동안에는 하루에 몇 번씩도 썼다.

친구들도 하나 둘 결혼을 했고, 형제들도 각기 가정을 꾸렸다. 친구가 보고 싶을 때도, 미래가 불안할 때도 일기를 썼다. 책을 읽고도 일기를 썼고, 영화를 보고도 일기를 썼다. 날씨가 좋아도, 비가 오고 바람이 불어도, 꽃들이 만발해도 단풍이 곱게 물들어도, 눈이 내려도, 통증이 심해도, 엄마한테 죄송해도, 아버지가 미울 때도, 뉴스를 보고도 일기장에 내 맘을 털어 놓았다." 그래서 자신에 말하는 내용을 자주 포함하고 있다. "나의 자유는 그 누구에 의해서가 아니라 나 자신에 의해 구속당하고 있다. '自己로부터의 해방' 나에게 너무도 절실한 問題이다. … 돌파구를 찾지 못하고 있다. 무엇이 잘못되었을까. 답답하기만 하다.(84. 1.25)."[3)]

많은 사람들이 쓰고 있고 어떻게 쓸 것인가가 가장 널리 출판되고 있는 영어일기는 자아성찰보다는 영어실력을 높이는 것이 주목적이다. 초등학교에서의 일기 숙제는 날마다 자아성찰을 하지만 동시에 글쓰기 훈련을 시키기 위한 노력이다. 날마다 일기를 검사하며 학생의 내면을 점검한다. 방학숙제로 날마다 일기를 쓰도록 하는 숙제를 내기도 한다. 일기를 쓰게 하면 자아성찰을 하게 되고 글쓰는 능력이 좋아지며 보다 바람직한 국민으로 성장할 할 것으로 생각한다. 이연수(2016)는 대학생들에게 날마다 자신이 체험한 일을 바탕으로 솔직하게 감사의 이유, 동기, 근거를 밝히면서 감사일기를 써서 제출하게 하였다. 나, 너, 관계, 세계에 감사를 느끼고 삶에 감동, 애착, 나와의 대화, 성찰, 긍정을 느끼게 된다고 내용을 분석하였다. 결국 일기를 쓰는 사람에게 긍정적 마인드를 형성한다고 통계분석하였다. 한승

---

3) 출처: http://bookdramang.com/558

록 원지영(2011)는 수강생이 모둠별로 온라인상에 성찰일기를 쓰도록 숙제를 내주고 이것이 미치는 긍정적인 영향을 파악하였다.

공부일기나 육아일기도 여럿 출판되어 있지만 이는 타인에게 기술을 전수하는 의미가 강한 출판물이다. 다른 사람의 일기를 통하여 나의 공부기술이나 육아기술을 이해하고 개선하는 역할을 한다. 육아일기는 일기공책에도 쓰지만 인터넷에도 올리는 경우가 많다. 육아일기를 쓰는 일기책이 맘스다이어리로 출판되거나 육아 어플리케이션으로 나와 있어 이 틀에 맞추어 육아일기를 쉽게 쓸 수 있다.

7. "5월 12일 일기 프로젝트"[4)]

명지대 디지털아카이빙연구소가 2013년 5월 12일 일기를 수집하는 이벤트를 개최한 이후 매년 5월12일에 유치원생에서부터 80대까지 육필(그림)일기, 전자문서, 디지털사진/영상, 음성녹음 등 다양한 유형으로 생산된 일기를 수집하여 3년 동안 2천여 건을 수집하였다. 학교에서 학생들의 일기를 집단으로 수집하고 중장년층이 손으로 쓴 일기를 제출하고, 2030대는 전자문서로 작성하여 글과 사진을 제출

---

4) 영국의 서섹스대학 인류학자들이 국왕 조지6세의 대관식이 있던 1937년 5월12일, 일반인의 삶은 어떠할까에 궁금증을 느껴, 일반시민들에게 일기를 작성하게 했다. 1955년까지 일기를 수집했고, 다시 2010년부터 같은 행사를 부활하였다. 시민들로부터 기증받은 일기를 일상아카이브 특별 콜렉션으로 관리하고 있다. 영국인의 일상사를 연구하는 중요한 자료로 인정받고 있으며, 국가문화예술유산으로 지정되었다. 명지대 디지털아카이빙연구소가 서섹스대학과 협약을 맺어 한국인 일상의 기록을 아카이빙하고 있다(최효진 임진희, 2015: 46).

한다. 스마트폰 등에 메모장 기능으로 써서 이미지파일로도 보낸다. 이를 주제별로 정리하여 온라인으로 전시한다. 2014년 일기의 주제는 맛있는 하루, 특별한 하루, 가족과 함께, 친구와 함께, 사랑한 기억, 진로 고민들, 직업별 일상으로 나뉘어 전시되었다. 동시대의 다양한 사람들이 같은 날짜에 기증한 사적 기록이라는 점에서 한 개인의 일기보다 사적인 체험과 활동의 사회적 맥락을 더욱 잘 이해할 수 있다. 공통적 사적인 체험과 활동을 파악하여 시대적 공통성과 경향성을 더 잘 파악할 수 있다(최효진 임진희, 2015: 46-47). 이 일기프로젝트는 아직 본격적인 연구로 나아가지는 않고 있다.

8. 나가는 말

일기는 아주 사적이지만 그 시대적 배경과 흐름이 스며들어 있듯이, 일기연구도 그 시대의 문제의식과 맞물려 이루어지고 있다. 조선시대와 해방 이후의 현대 일기가 많이 남아 있는데, 이들에 대한 연구는 한 개인이나 사회적 성격을 연구하는 데까지 나가고 있지만 이러한 연구를 종합하여 시대적 특성을 정리하는 데까지는 아직 나아가지 못하고 있다.

해방 후 1960-1900년대는 가장 압축적인 경제성장이 이루어졌고 사회의 전 성격이 변화하고 재편성되는 압축근대화의 시기였다. 장기간 쓴 현대의 일기들은 이러한 급속한 사회 변화, 삶의 변화, 사고의 변화를 잘 보여주고 있다. 특히 가장 압축적으로 성장한 시기인 1970-1997년 사이의 박정희, 전두환 통치시기에는 일기들에서 경제개발계획, 국가동원, 강압행정, 국가폭력 등에 대한 묘사들이 빈번하게 나타나고 있다. 통치자나 기업가들에서는 일기의 출간은 아주 소수만 이루어지고 있고 출판되어도 검열을 통해 일부만 출판하고 있다. 대신 회고록이나 자서전이 많은 편인데 적극적인 경제발전 노력과 전략에 대해 자부심을 가지는 식으로 많이 정리되어 있다. 이에 비해 서민들의 일기는 삶의 어려움에서부터 정치적 이벤트에 대한 불만들이 잘 드러나고 있다. 농촌에서의 일기들은 농촌개발을 주도하는 유지들이 주로 썼다. 도시에서는 다양한 계층이 쓰고 있고 내용도 다양하다.

일기는 일상생활의 내용을 생생하게 적고 있을 뿐만 아니라 자아에 대한 성찰을 포함하고 있다. 내면세계를 성찰하며 자아를 뒤돌아보고 스스로 수양하는 것이다. 고등학교에 이르기까지 일기숙제를 통하여 자신의 체험의 기록과 성찰을 요구하고 있다. 이러한 숙제의 목적은 근대적 주체의 육성과 강화이다. 이러한 근대성, 압축근대의 동아시아적 성격이 어떤지, 각각의 국가들이 근대나 압축근대의 성격이 어떻게 다르게 또는 유사하게 진행되는지를 이해하기 위해서는 이러한 일기의 흐름의 비교를 통한 국가별 일기의 비교연구가 필요하다.

참/고/문/헌

- 고은. 2012.『바람의 사상』. 한길사.
- 국립민속박물관. 2008.『기억, 기록, 인생이야기 : 학호박래욱선 생의 일기 인생』. 국립민속박물관.
- 김구. 2002.『백범일지』. 도진순 역, 돌베개.
- 김규남. 2012-2013. "주먹 심 뻣뻣한 놈이 장땡여!."『열린전북』, 160: 57-62 등의 잡지글(2년간 게재).
- 김동춘. 2000.『근대의 그늘』. 당대.
- 김영미. 2013. "『평택 대곡일기』를 통해서 본 1960~70년대 초 농촌마을의 공론장, 동회와 마실방."『한국사연구』, 161: 383-416.
- 김현. 1992.『행복한 책읽기: 김현 일기 1986-1989』. 문학과지성 사.
- 남덕우. 2009.『경제개발의 길목에서』, 삼성경제연구원.
- 니시카와 유코. 2013.『일기를 쓴다는 것』. 임경택 이정덕 역, 신 아출판사.
- 레이코프, G 존슨, M. 2006.『삶으로서의 은유』. 박이정.
- 문승숙. 2005.『군사주의에 갇힌 근대』. 이현정 역, 또 하나의 문 화.
- 박근혜. 1993.『평범한 가정에서 태어났더라면』. 남송문화사.
- 박래욱. 2003.『학호일기』. 삶과 꿈.
  _____. 2008.『기억, 기록, 인생이야기: 학호 박래욱선생의 일기 인생』. 국립민속박물관.

• 박정심. 2007. "한국 근대지식인의 '근대성' 인식 1 -문명, 인종, 민족담론을 중심으로." 『동양철학연구』, 52: 111-139.

• 박진환. 2001. 『독농가 河四容씨의 성공사례와 1970년대의 새마을 운동』. 농협대학 농촌개발연구소 보고서.

• 박정희. 2006. 『한국 국민에게 고함』. 동서문화사.

• 쉬쉬에찌(許雪姬). 2014. "대만의 일기 연구 회고와 전망." 제2회 일기 국제학술대회 발표문집, 『일기와 다양한 근대』, 고려대 민족문화연구원, pp. 7-37.

• 신권식. 2009. 『평택 일기로 본 농촌생활사 1, 2, 3』. 경기문화재단.

• 안승택. 2015. "농민의 풍우인식에 나타나는 지식의 혼종성: 『평택대곡일기』(1959-1979)를 중심으로." 『비교문화연구』, 21(2): 249-290.

• 원보영. 2009. "한약사 박래욱일기로 본 20세기 후반의 민간의료생활." 『민속학연구』, 25: 251-283.

_____. 2010. 『민간의 질병인식과 치료행위에 관한 의료민속학적 연구』. 민속원.

• 오타 오사무. 2013. "해방 직후 어느 노동자의 일상생활," 정병욱, 이타가키 류타 편, 『일기를 통해본 전통과 근대, 식민지와 국가』. 소명출판사, pp. 363-406.

• 이광환. 2007. 『이광환의 일기』. 수도국산달동네박물관 자료.

• 이성호. 2013. "반공국가 형성과 지역사회의 변화." 『지역사회연구』, 21(1): 1-24.

• 이송순. 2016. "1970년대 한국 대중의 정치의식과 '반공국민'으로 살아가기: 개인일기 4종을 통해 본 1970년대 대중의 정치의

식."『민족문화연구』, 71: 41-88.

- 이연수. 2016. "초등 예비고사 감사일기 쓰기 사례연구."『초등도덕교육』, 53: 179-202.
- 이오덕. 2013.『이오덕 일기 1-5』. 양철북.
- 이재영. 2011.『4 19 혁명과 소녀의 일기』. 해피스토리.
- 이정덕. 2014. "한국에서의 일기연구와 근대성." 이정덕 안승택 편,『동아시아 일기연구와 근대의 재구성』. 논형.
- 이정덕 외 8인. 2012.『창평일기 1, 2』. 지식과 교양.
- 이정덕 외 8인. 2013.『창평일기 3, 4』. 지식과 교양.
- 이정덕 안승택 편. 2014.『동아시아 일기연구와 근대의 재구성』. 논형.
- 이정덕 외 7인. 2014a.『아포일기 1, 2』. 전북대 출판문화원.
- 이정덕 외 7인. 2014b.『압축근대와 농촌사회』. 전북대 출판문화원.
- 이정덕 외 12인. 2015.『아포일기 3, 4, 5』. 전북대 출판문화원.
- 이정덕 손현주 편. 2016.『아시아의 개인기록, 문서 그리고 생활변화』. 논형.
- 이정덕 외 14인. 2016.『금계일기 1-2』. 지식과 교양.
- 이정덕 이성호 편. 2016.『아시아의 압축근대, 성장 그리고 사회변화』. 논형.
- 이현식. 2008. "이광환 일기와 인천의 일상문화."『황해문화』, 61: 366-394.
- 정병욱. 2013. "책머리에." 정병욱 이타가키 류타 편,『일기를 통해본 전통과 근대, 식민지와 국가』. 소명출판사, pp. 3-8.
_____. 2013b. "식민지 농촌청년과 재일조선인 사회." 정병욱

이타가키 류타 편,『일기를 통해본 전통과 근대, 식민지와 국가』,
소명출판사, pp. 263-312.

• 조영래. 1983.『전태일 평전』. 돌베개.

• 조이제 카터 에커트 편저. 2005.『한국근대화, 기적의 과정』. 월
간조선사.

• 지역문화연구소 편. 2007.『평택일기로 본 농촌생활사(I): 평택
대곡일기(1959~1973)』. 경기문화재단.

_____편. 2008.『평택일기로 본 농촌생활사(II): 평택
대곡일기(1974~1990)』. 경기문화재단.

_____편. 2009.『평택일기로 본 농촌생활사(III): 평택 대곡일기
(1991-2005)』. 경기문화재단.

• 조혜정. 2000.『탈식민지 시대 지식인의 글 읽기와 삶 읽기 2』. 또
하나의 문화.

• 차철욱. 2016. "1970~80년대 농촌근대화와 로컬시간의 재구성."
『지방사와 지방문화』, 19(2): 216-289.

• 최효진 임진희. 2015. "개인일기의 연구자료로서의 가치와 전망:
'5월12일 일기컬렉션'을 중심으로."『기록학연구』, 46: 95-46.

• 한맹순. 2013.『맹순할매 기도일기』. 굿플러스북.

• 한승록 원지영. 2011. "위키 기반 협력적 성찰일기를 통해 본
예비교사들의 성찰적 사고 탐구."『학습자중심교과교육연구』,
11(3): 297-318.

• 홍순범. 2008.『인턴일기 - 초보의사의 서울대병원 생존기』. 글
항아리.

제4장

주제, 관점과 방법:
중국 일기연구에 대한 회고와 성찰

왕쉬후이(王旭輝)

1. 문제제기

"일기"와 서신(書信), 회고록, 개인 전기(傳記)와 같은 문헌자료들은 흔히 사인성(私人性) 문헌이나 개인적 기록자료(Personal Documents)로 통칭된다. 그 중에, 일기는 사밀성(私密性, privacy)이 상당히 높거니와 비(非)공공적 작성이나 전파하는 특성을 지녀, 역사를 기술(記述)하고 연구하는 자료로서 독특하고 심지어 대체할 수 없는 가치가 있다(鄒振環, 2005). 전 세계에서 일기자료의 접근 가능성과 연구영역은 끊임없이 증가할뿐더러 "신사학", "추적연구", "빅데이터 연구" 등 연구 패러다임과 연구방법의 혁신 덕에 일기연구는 1950년대 이후부터 상당히 발전해왔다. 한편 중국은 일기를 작성하는데 유구한 전통을 가질 뿐만 아니라, 관련 일기 문헌들도 풍부하게 축적

되어왔다. 그럼에도 불구하고 일기연구를 시작한 시간은 상대적으로 늦었다. 중국에서 일기 연구가 시작된 것이 한 세기가 넘었지만, 1970년대 말 이후에야 본격적으로 발전되었다(鄒振甫, 2005; 解亞珠, 2016a). 객관적으로 말하자면, 문학 논평, 언어 교육, 자료 고증에 주목하는 기존 연구를 제외하면, 중국에서 일기자료를 바탕으로 진행한 사회과학적 연구는 매우 미흡한 실정이다(程紹榮, 2000). 한편 程紹榮(2000)이 언급한바와 같이, 중국 역사에서 매우 풍부한 일기자료들이 남아있으며, 특히 중국 사대부(士大夫) 계급들은 일기를 기록하는 전통이 유구하여, 대략 2000년 전, 서한(西漢) 시대까지 거슬러 올라갈 수 있다. 이들 문헌자료는 상당히 가치가 있음이 틀림없다(程紹榮, 2000). 송(宋)나라 시대부터 중국에서 일기를 작성과 보존하는데, 번영한 발전 단계로 진입하여, 일기의 형식과 유형도 나날이 다양해졌다[1](母中華, 2006). 청나라 시대 및 중화민국 시기에는 중서(中西) 문화교류 및 문화변용, 그리고 민족주의를 증가하면서, 일기를 기록과 보존함에 있어 절점에 올라섰다(孔祥吉, 2008; 解亞珠, 2016b).[2] 신해혁명(辛亥革命)이 발생하고, 중화인민공화국이 건립되면서, 중국에서 일기 작성은 관례화(Routinization), 체제화 단계로 발전되었다. 수많은 청년 학생과 교육을 받은 일반 시민들은 일기를 쓰기 시작하였다. 뿐만 아니라 일기쓰기는 국민교육의 방법으로서, 특히 국어나 외국어에 대한 중요한 교육 수단으로 여겨졌다(張劍, 2014). 따라

---

1) 母中華는 송나라 시대의 일기발전 상황을 요약하여, 이를 바탕으로 송나라 시대의 일기는 환유(宦游), 출사(出使), 일상생활, 사사(史事)로 5가지 형식으로 세분하였다.
2) 시대상으로 아득히 멀지 않기에 일기작품에 보존 상태가 비교적 좋았고, 아울러 관련 자료도 상대적으로 풍족하기 때문에, 기존 연구에서 청나라나 민국 시대의 일기 문헌 자료를 활용한 연구들이 상당한 비중을 차지고 있다.

서 일기에의 접근 가능성과 일기 소재 및 내용에 관한 뚜렷한 시대적 특성 때문에 학계에서는 송나라, 청나라 그리고 중화민국시대의 일기에 대하여 정리, 분석하는데 열중하고 있는 실정이다(尹德翔, 2009). 한편 일기는 보존과 전파하기가 어렵고, 정통적 역사관의 한계, 작성 과정에 개인적 "가공" 등 문제로 인하여 개인 일기 자료를 활용하는 관련 연구는 매우 제한적으로 진행되고 있다. 중화민국 건립부터 1978년 개혁개방 전까지 일부 학자들의 일기에 접근한 시도들이 있었으나 대체로 역사적 문헌 자료가 아닌 문학작품으로 다루었다. 그리고 소수에 불과한 일부 일기연구들은 대체로 문헌 고증, 개인의 창작적 행위, 그리고 창작 예술에 대해 분석함에 그치었다.

그럼에도 불구하고 중국 일기연구는 100년에 가까운 발전 과정을 경험한 점을 감안하면, 그의 발전맥락에 대하여 탐구할 가치가 있다. 이러한 발전 맥락은 대략 3가지 상이한 연구 단계로 구분할 수 있다. 각 연구 단계에서 연구 패러다임은 차이가 존재하였다. 따라서 중국의 일기 연구의제, 이론적 관점, 연구 방법은 다양해질 뿐만 아니라, 연구의 초점, 분석틀에 변화도 있었다. 한편 일기연구에 영향을 미치는 요소들이 많아, 일일이 정리하기 어려울 실정이다. 그러나 일기문헌의 일반적 특성(사밀성, 세목성(細節性), 지속반복성, 성찰성(反思性)(Bolger et al., 2003))에 대해 고려할 수 있다. 아울러 일기를 기록하는 집단, 기술하는 매체(載体), 일기자료의 내용, 그리고 일기연구자의 접근 방법 등 측면[3]으로 중국 일기연구의 발전과정 및 학문 분

---

3) 한편 일기연구에 대하여 아래와 같은 측면에서 정리할 수도 있다. 곧 일기의 기록자 및 그의 특성(Writers and Their Characteristics); 일기의 매체, 형식 및 내용(Forms and Contents of Diaries); 일기자료에 대한 연구자 및 그들의 접근 방법

야에 대하여 분석함을 시도할 수 있다.

더군다나 약 100년간의 발전과정에서 중국 일기 연구에 관련된 문헌자료와 자료의 가용성도 상당히 달라졌으며, 연구자들은 일기연구의 특성, 범위, 그리고 일기연구에 적용하는 연구의제 및 분석 관점 등 측면에도 현저한 인식적 차이가 있었다. 따라서 일기 연구에 관한 연구의제, 패러다임, 분석틀, 그리고 분석방법 등 측면에서도 역시나 변화하고 있다. 이것은 본 연구에서 중국 일기연구에 대하여 정리와 논의하는 기본적인 단서이다. 그리고 본 연구는 일기를 기록하는 집단의 범위와 특성, 일기자료의 주요 기록매체 및 형식, 국가가 일기 기록에 대한 선도와 구성 등 측면을 함께 고려하여, 중국의 사회문화 배경에서의 일기 기록과 일기연구에 대하여 분석하고자 한다. 따라서 본 연구는 의제, 과점 그리고 분석방법을 단서로써 중국 일기연구의 발전과정에 대하여 체계적으로 정리, 논의하고자 하다. 이를 통하여 중국 일기연구의 총체적 특성을 규명하여, 향후에 연구 방향을 제시하고자 한다.

2. 일기연구의 주요 의제 및 학과 맥락

1) 중국일기연구의 전형적 의제

본 연구는 중국지망(中國知网, www.cnki.net)에서 "일기연구", "일

(Researchers and Their Research Approaches) 등의 측면이 있다.

기"를 키워드로 학술지 논문, 학회 논문, 그리고 석·박사 학위논문을 포함하는 600편 관련 논문이 검색되었다[4]. 이들 논문뿐만 아니라 현재 출판된 중국어 일기연구에 관한 전문 저작도 30여 권이 있었다[5]. 기존 연구에서 대체로 4가지 의제는 출현된 빈도나 비중이 비교적 높았으며, 이들은 중국일기연구의 전형적인 의제이기도 하다.

첫째는 거대 역사적 과정이나 국가 제도 및 정책에서 개인의 반응 및 발전에 대한 연구(陸發春, 2004; 熊燕, 2012)이다. 예컨대 과거(科擧)제도 개혁과 "지식인(讀書人)"의 명운, 문화대혁명에 개인의 연루와 참여 등이 있었다(關曉紅, 2005; 胡鳴, 2012). 그리고 앞서 의제와 밀접하게 관련되는 개인이나 집단의 생애과정과 성찰적 성장 및 발전에 대한 연구도 일부 존재하고 있다(余英時, 2007; 張高杰, 2008; 王挺之, 2002). 둘째는 중대한 역사 사건에의 핵심적인 참여 주체, 책략을 결정하는 과정 그리고 원인 및 결과에 대한 연구이다. 특히 중일전쟁 시기에 책략 결정과 대응방안의 선택, 그리고 핵심적 참여 주체에 대하여 연구들이 대부분이었다(楊天石, 2001). 셋째는 중국 기층(基層, grass-roots) 사회의 질서, 운영과 관리 메커니즘에 대한 연구이다(王振忠, 2006; 邱捷, 2010). 넷째는 중국과 외국이나 민족 간의 상호 교류와 인식, 그리고 태도에 대한 연구이다. 예를 들면, 18세기 朴趾源의 저서인 〈熱河日記〉에 의거하여 진행하는 연구들이 있었다(楊雨蕾, 2001; 布魯納等, 2005; 馬靖妮, 2007).

---

4) 2017년 1월 10일에 중국지망(www.cnki.net)에서 선형문헌에 대해 검색.
5) 중국 국가도서권의 중국어 도서검색 시스템을 통하여 우리는 공개적으로 출판한 개인 일기이나 일기 선집의 수량이 상당히 많으나, 일기 문헌자료를 바탕으로 하는 전문 저작의 수량이 매우 제한적임을 발견하였다.

앞서 언급한 4가지 전형적 의제는 중국 일기연구의 주요 초점일 뿐
더러 연구자의 학술적 관심 분야 및 분석 관점을 대체로 반영하고 있
다. 그러나 본 연구에서 이들 의제에 따라 정리하지 않고, 대신에 간
소화되는 다른 분석틀을 사용할 것이다. 그리고 중국 일기연구의 단
계적 변화가 보여주고, 아울러 각 단계에 일기 연구의 학문 분야와 사
회문화적 배경에 대하여 논의하기 위하여, 다음 절에서 3 가지 의제
와 그에 상응하는 3가지 발전 단계를 살펴봄으로써 중국일기 연구의
의제 변화와 학과 맥락에 대하여 논의하고자 한다.

2) 의제의 전환 및 학과적 배경

① 일기문학 및 일기 교육 연구

일기 문학 및 일기 교육에 관한 연구는 중국의 일기연구 분야에 차
지하는 비중이 가장 크다. 아울러 이들 연구는 중화인민공화국을 건
립하기 전부터 1978년까지 일기연구의 기본선이라 볼 수 있다. 이러
한 연구에서 일기는 작문과 교육 및 학습, 그리고 매체로 간주하여,
대체로 일기쓰기와 국문국어 교육, 외국어 교육에서 일기의 역할에
관련하여 연구하였다(陳左高, 1990; 王艶, 2007). 신해혁명(辛亥革
命) 이후에 중국에서 일기연구가 최초로 나타났을 때, 개성과 내면세
계를 선명하고 생동하게 표현함을 추구하는 일기문학, 그리고 작문
능력이나 국문국어 교육의 효과를 높이는 일기교육에 우선적으로 주
목하였다. 따라서 일기 문학의 형식, 교육 및 학습 방법에 대한 학술
적 논의를 활발하게 진행하였으며(程紹榮, 2000), 상당히 긴 역사에
서 이런 일기연구에 초점을 두고 진행하였다. 연구자들은 대체로 일

기의 특성과 기능에 초점을 두었으며, 아울러 주로 일기의 작성형식, 작성 과정, 문체 규범, 그리고 교육적 기능 및 교육 실천 등 측면에 관한 구체적인 실험연구를 진행하였다. 따라서 이 시기에 일기연구들은 대체로 문체학이나 문학 평론의 특성을 지니고, 아울러 교육 행동 연구의 흔적도 일부 존재하였다. 이들 연구는 역사적 발견, 사회현상에 대한 해석, 이론적 지식을 생산하는 데에 초점을 둔 후속 연구와 상당히 달랐다. 1990년대 이후에 중국의 교육연구 분야에서 성찰적 일기 쓰기를 바탕으로 한 교육실행연구들이 있었다. 어떤 의미에서 이런 연구는 일기문학 및 일기 교육 연구의 변형, 혹은 연장선으로 간주할 수도 있다. 이들 연구자는 학생이나 교사들이 일기를 작성하는 것, 특히 성찰적인 일기를 작성과 진술하는 것은 자신의 인식, 성찰과 발달하는 능력을 향상시키는 중요한 수단(仇曉春·甄麗娜, 2011)과 교육의 질을 효과적으로 높이는 방법(楊党玲·李彤, 2003)으로 왕왕 여겨질 실정이다.

　실은 이 시기에 고대(古代) 일기연구를 전공하는 陳左高와 소수 학자들을 제외하고, 역사문헌을 고증하거나 문헌자료를 분석하는 관점으로 중국의 역사적인 일기 문헌자료를 활용하거나 재정리하려는 시도들은 드물었다. 반대로 대부분의 연구자들은 일기체 문학저작 및 일기의 보조교육에 주목하여 연구를 진행하였다(樂秀良·程韶榮, 1991; 張劍, 2014). 따라서 20세기에 접어들어 일기 작성과 일기 문학은 상대적으로 잘 발전되어, 일기를 쓰는 집단의 규모도 지속적으로 확대되고 있었다. 그러나 대조적으로 일기 연구는 장기간 동안에 뒤처지고 있었다. 그리고 연구의 주안점도 일기자료에 의거하는 역사적 사실을 발견하고 사회현상이나 문제에 대해 탐구하기보다 일기의 작성이나 교육 형식에 있었다.

② 일기문헌에 대한 고증 및 사학 연구

일기문헌에는 수많은 역사 사건들의 발생과정 및 세부적 내용들이 기록되어 있었으며, 이는 정사(正史) 기록에서 부족한 부분을 보완해 줄 뿐만 아니라, 하나의 "진실 기록"인 문헌자료로서, 공식적 역사 자료와 상호 입증할 수 있다. 따라서 전통사학연구 패러다임에 속한 역사 연구자들은 역사 사건을 발생하는 시간, 원인 및 영향을 고증하는 중요한 자료로 흔히 여겨지고 있다(黃仁宇, 1998). 뿐만 아니라 연구자들은 일기자료를 공식적 역사자료와 대조하여, 기존 역사적 문헌을 바탕으로 도출한 어떤 판단이나 관점을 수정하고 역사 사건 및 진행 과정의 세부적 내용을 보충하는 경향도 있었다(劉楊, 2013; 解亞珠, 2016b).

1970년대 말부터 많은 중국학자들은 역사 연구에 일기기록의 문헌 가치를 인지하면서, 정치, 경제, 사회생활, 문화, 과학기술 등 다양한 내용을 포함하는 일기문헌 자료를 체계적으로 수집과 활용하기 시작하였다. 아울러 이들 자료는 중요한 사학 자료로 여겨졌다. 한편으로 연구자들은 문헌 고증의 관점에서 일기자료의 진실성, 역사 배경, 주체 내용, 기록자의 특성 및 기록 방식, 판본 및 인용 등 여러 측면에 체계적인 고증을 진행하였다. 뿐만 아니라 단대(斷代) 연구나 지역 연구 측면에서 특정한 시대 및 지역의 일기문헌을 총체적으로 고찰함으로써 일기를 작성하는 시대, 지역, 집단의 분포와 특성도 탐구하였다(解亞珠, 2016a). 이러한 연구들은 일기 문체의 근원을 추적하려고 시도하였으며, 이를 통하여 원시(原始) 문체의 의미와 형태를 확인하고, 각 시대나 집단의 일기문체 유형 및 특성을 규명하였다. 다른 한편에 연구자들은 고증을 걸쳐 신빙성이 있는 일기자료를 공식적 정사(正史)자료와 대조하여, 역사 사건의 발생 시간, 원인 및 영향을 확인하는데, 중요한 자료 기반으로 활용하고 있다. 이를 통하여 역사 사건의 사실 및 세부적 내용을 밝혔고, 거대 역사적 과정과 사회변천은 기층(基層)사회 및 개인에 미치는 영향을 규명하였다(羅以民, 2002). 예컨대 국내 일부 학자들은 장개석(蔣介石)과 같은 민국(民國)시기에 군(軍)·정(政)계의 유명인사가 작성한 일기에 의거하여, 국민당 고위층들이 대일관계 및 전략을 결정하는 과정과 세부적 내용에 대하여 고증하고 규명하였다. 이에 따라 전략결정에 영향을 미치는 사회 인식과 태도에 대하여 분석하였다(楊天石, 2001; 吳景平, 2010).

요약하자면, 앞서 연구들은 일기를 주요한 역사자료와 특수한 역사 기록 및 작성 방식으로 간주하여, 역사 자료가 부족하거나 상이한 출처의 자료가 필요한 연구 주제에 소중한 자료를 제공할 수 있다고 주장하였다(鄒振环, 2005). 따라서 연구자들은 일기의 신빙성과 텍스트 특성 및 기록 방식에 대한 고증하거나, 일기자료를 바탕으로 중대한 역사 사건에 대하여 진일보 판명(判明)이나 규명하였다. 이로써 기존의 통사와 공시적 정사의 일부 내용을 정정하거나 보충하는데 노력을 기울였다(周培翔, 2012). 다시 말하면 이들 연구자는 일기 텍스트의 진실성 및 그의 문헌 가치에 대한 고증과 관련 역사적 사실에 대한 재검증을 추구하는 것이다. 일기자료를 활용하는 사회학, 인류학 연구와의 주요한 차이점은 바로 여기에 있다.

③ 일기문헌을 활용한 사회학, 인류학 연구

일기문헌 고증과 사학 연구와 달리, 사회학 및 인류학적 일기연구에서 풍부하고 구체적인 일기자료가 사회문화 현상이나 이슈를 분석하는 경험적 자료로 여겨지고 있다. 이들 자료를 바탕으로 정태적 사회관계구조 및 질서, 혹은 동태적 사회변천에 대하여 분석하고 있다. 이것은 또한 본 연구에서 기존 연구들이 사회학, 인류학 연구 범주인지를 분류하는 기본 전제이다. 초기에 중국과 한학(漢學)을 연구하는 일부 외국 학자들은 이러한 연구를 선도 및 추진하였으며, 이는 사회사, 생활사를 포함하는 신사학 패러다임(신역사주의)과 신미시사 패러다임의 영향을 받았다(柯文, 1989; 柯文, 2000; 王挺之, 2002). 대조적으로 중국 국내의 연구자들은 이런 연구 의제에 늦게 합류하였다. 약 1980년대 말 이후에야 국내학자들은 일기를 포함하는 개인 기록 자료들이 사회과학연구에서의 독특한 가치에 주목하여, 이를 정태적 사회관계구조, 사회질서와 동태적 사회현천을 분석하는데, 중요한 경험적 자료기반으로 여겨지기 시작하였다.

비록 일기연구를 처음으로 시작할 때부터 이런 문제에 주목하는 국내 연구자가 드물게 있었으나, 1980년대 이후에야 비로소 하나의 연구 유형이나 연구 패러다임으로 본격적으로 출현되고 발전되었다(鄒振环, 2005). 따라서 사회학, 인류학과 위주로 수많은 타 전공 분야의 연구자들은 일기연구에 역력을 기울여, 각기 상이한 연구 문제, 연구 방법 및 이론적 관점으로 일기연구의 지평을 넓혔다. 실은 중국에서 관련 연구의 실태를 살펴보면, 일기연구에서 활용되는 기초자료들은 일기 문헌자료만 한정되는 것이 아니라 다양할 수 있다. 예컨대 일기자료의 활용가치와 일기연구의 정의 및 범주에 대한 연구들이 있다.

이들 연구에서 일기문헌은 활용자료로서의 보조적인 가치가 참자 발견되고, 중요시해지고 있다(劉洋, 2013; 解亞珠, 2016b).

중국 사회에서의 총체적 복잡성, 지역사회의 다원화, 국가와 사회 간 관계의 독특성(王東杰, 2013), 그리고 중국의 "이원화 관리"(費孝通, 2011), "간이 관리" 패턴(黃宗智, 2008)과 성찰적 사상문화전통 등 점을 감안하면, 기층사회나 지역사회의 문화질서 및 변천, 개인이나 집단의 성찰적 발전에 관한 사회학, 인류학적 연구주제를 다루는 데 일기 문헌자료의 가치가 상당히 큰 것이다. 일기연구는 거시적 국가제도, 역사발전과 미시적 사회, 개인 간의 관계에 관한 연구문제를 해결하는데 도움이 될 수 있다(關曉紅, 2005; 王振忠, 2006). 그리고 일기자료를 통하여, 기층사회의 실질적 운영 질서 및 특정 집단의 행위규범, 행동 논리를 기술하고 분석할 수 있어, 개인이나 집단의 발전과 거시적 제도, 국가 역사발전과정 및 사회구조변천 사이에 관계를 해석할 수 있다(陸發春, 2004; 楊秀麗, 2011). 뿐만 아니라 일기자료는 중국의 지역사회, 다민족문화의 다양성 그리고 상호 간의 문화교류 및 문화변용의 양상을 밝힐 수 있다(王曉秋, 1989; 閆存庭, 2008). 예컨대 邱捷은 청라나 동치(同治)와 광서(光緒) 시기에의 광동(广東) 임주(任州) 현령(縣官)인 杜鳳治의 일기를 활용하여, 기층사회에서 관(官), 심(紳), 민(民)의 역할과 그들의 상호관계, 그리고 기층정부 관료의 근무방식에 대하여 상세하게 분석하였다(邱捷, 2008, 2010).

더불어 연구의 자료수집과 분석방법 측면에서도 내용과 범위를 진일보 확장하여, 연구자들은 일기 추적조사연구, 행동 및 개입연구, 빅데이터 분석 등 기법을 활용함으로써 일기연구의 지평을 넓혔다(宋

瑛·梁愛主, 1996; 陳宋軼, 2015; 喩國明, 2016). 한편 연구자들은 사회학적 현장연구(實地硏究)나 인류학적 현지조사(田野調査)를 진행할 때 지역사회문화에 관한 세부적 자료를 획득하기 위해서 흔히 비공개적인 일기자료를 통시적으로 발굴하였다. 심지어 구조화된 자기기입식 설문지에 거의하는 추적방식을 활용하여 개인일기자료를 수집하였다. 이를 통하여 기존 일기자료를 상당히 확충할 뿐만 아니라, 역사문헌에만 치중하는 한계를 극복할 수 있었다. 중국에서 통신 및 인터넷 기술을 급속히 발전하고 있다. 따라서 웹로그, 개인 블로그(Blogger) 및 웨이보(微博)[6]과 같은 신흥 일기 매체와 일기형식은 점차 발흥되어, 연구자에게 새로운 일기 자료원을 제공하였다. 아울러 연구자들은 웹 크롤러와 같은 기술, 도구로써 인터넷 공간에서의 거대한 양의 일기자료를 수집, 정리, 그리고 사용하게끔 추진하였다(張韜, 2007). 다른 한편에 연구자들은 담화분석, 상징적 분석, 내용분석 그리고 빅데이터 분석 등 새로운 분석기법을 활용하며, 더불어 정형데이터에 양적 분석기법을 통하여 일기문헌자료에 대하여 다원적인 발굴과 분석 작업을 실시하였다(趙勇·楊 朴羅格, 2009). 또한 일기는 자기표현, 인지조절 등 잠재적 기능을 보유하여, 심리학, 사회복지, 교육학 그리고 의학 등 여러 학과 영역에서 일기쓰기는 자아성찰과 개입의 주요 수단과 메커니즘으로 간주하고 있다. 일기기록, 자아성찰과 적절한 외부 개입을 통하여, 자기표현과 자기정화가 나타나게 만들며, 교육, 가정, 직장 간의 관계 개선을 실현할 수 있다(王艷, 2007; 張高杰, 2008).

---

6) 중국에서 대표적인 토종 SNS 중 하나이며, 일명 중국판 트위터로 칭하기도 한다.

3) 일기연구의 패러다임 발전 및 이론적 관점의 기초

앞 장에서 개진한바와 같이, 일기연구의제와 학과 맥락의 혁신, 그리고 패러다임, 이론관점의 변화는 서로 긴밀한 관계가 있다. 앞 장에서 중국 일기연구의제 및 내용에 대한 정리에 결합하여, 연구의 진행시간과 무관하게, 본 연구는 중국일기연구의 이론적 관점을 크게 4가지로 분류하였다. 정리하면 다음과 같다.

첫 번째는 역사고증 패러다임이며, 이들 연구는 일기 텍스트, 일기 창작 그리고 일기에서 기록된 역사 사건에 대한 거증, 규명하는 것과 아울러 다른 문헌자료와 상호 입증하는데 열중하고 있다(周培翔, 2012; 解亞珠, 2016a). 두 번째는 신역사주의적 사회학, 생활사 패러다임이다. 이런 연구들은 일기에서 기술된 대상의 생애과정과 거대 역사, 각 제도 및 조직 간의 밀접한 관계를 분석하여 행위자의 능동성과 구성성을 밝히는데 초점을 두고 있다(王挺之, 2002; 王東杰, 2013). 세 번째는 양적 연구 패러다임이며, 주로 두 가지 유형의 연구로 구성된다. 곧 일기식 조사연구(Tracking Dairy Survey)와 빅데이터 연구이다. 이들 연구는 구조화나 반구조화된 일기식 보고(설문조사) 방법으로 단기적, 반복적인 추적조사를 진행하거나, 웹 크롤러 도구로 인터넷 일기 데이터를 수집하여, 일반적인 통계분석(routine statistical analysis)이나 빅데이터 분석을 실행하는 것이다(田緒永, 2005; 喩國明, 2016). 네 번째는 실행연구와 개입연구 패러다임이다. 이런 연구들의 초점은 일기자료의 검증이나 분석보다 일기기록과 일기분석을 개인성찰, 자기조절과 외부 개입하는 중요한 수단으로 활용하는 데에 있다. 따라서 이런 연구들은 치료나 발달적인 경향이 두드러진 것이다(Bolger, Davis & Rafaeli, 2003).

한편 연구패러다임과 이론관점의 전환과 혁신 측면에서 살펴보면, 20세기 중반부터, 특히 최근 30년 동안 연구자들은 "신역사주의(New Historicism)" 패러다임에 대하여 점차 수용, 선도하고 있다. 그리고 장대한 역사 서사(敍事) 및 구조화 분석에 대한 불만 때문에 연구자들은 일기자료를 포함하는 개인기록 자료의 가치에 대하여 갈수록 주목하고 있다(Luo, 2009; 薛國軍, 2014). 또한 연구자들은 사회사, 생활사 사관, 개인적 반응과 행동주의 관점(Perspective of Individual Reaction and Activism), 그리고 사회적 구성주의 관점을 점차 채납하고 있다. 이에 의거하여 각 유형의 일기 문헌자료에 대하여 정리, 분석하고, 사회학과 인류학적 연구문제를 설명하는 경향이 있다(羅以民, 2002; 劉云杉, 2002). 본 연구에서는 이런 연구패러다임과 이론관점의 변화에 대하여 3가지 측면을 나누어 구체적으로 논의하겠다.

첫째로 역사관 및 역사 연구 패러다임의 변환이다. 1950년대부터, 특히 1970년대 이후에 주로 전통 "한학(漢學)"에서 파생된 "중국학"을 연구하는 서구 학자들은 신역사주의의 영향을 받아(崔玉軍, 2010), 연구 관점을 거시에서 미시로, 그리고 객관적 역사 법칙을 제시하는데서 일상생활 논리와 의의를 설명하는 것으로 전환하였다(覃德淸, 1999). 배타적인 정통 사관에 대한 비판과 도전이 증가함에 따라 연구자들은 공식적인 텍스트로 역사를 기록, 재현(再現)과 해석하기보다 기층사회의 현실과 일상생활세계의 사회사에 접근하는데 점차 치중하고 있다. 뿐만 아니라 연구자들은 생활사 사관에 대해서도 나날이 중요시하면서, 생활세계에 대해서 세밀하게 서술과 분석을 하려는 경향이 커지고 있다(Bertaux, 1981). 연구대상에서도 엘리트(상층사회) 집단에서 중하층 집단으로 전환하고 있다. 연구자들은 엘리트, 의사결정 집단을 연구하면서도 하층인사와 일반 집단에 더욱 주목할 뿐만 아니라, 다양한 사회문화체계와 변화하는 사회 환경에서의 구체적 사회관계, 제도규범과 주체의 행위에 대하여 분석하고 있다(薛國軍, 2014). 따라서 패사(稗史), 민간설화와 개인적 역사문헌 자료에 대한 발굴을 통하여 역사자료의 범위와 연구의 자료원이 대대적으로 넓혀졌다. 이로써 일기와 같은 개인적 기록 자료는 연구자의 시야에 들어오게 만들어, 중요한 경험적 근거 기반이 되었다(柯文, 1989).

그 다음으로 개인적 반응과 행동주의 관점(Perspective of Individual Reaction and Activism)에 대한 이입과 강조이다(王挺之, 2002). 중국어 문맥으로 "일기"는 일상을 생동하게 서술하고 개인의 경험, 감지와 성찰을 직관적이고 풍부하게 기록하는 것이다. 아울러 일기는 공시적 문헌을 제외하고, 또 다른 역사적 기록이며, 공시적 문헌자료가 포착되지 못한 미시 역사적 과정, 사건의 세부적 내용, 개인의 심리, 행위의 동태적 변화와 같은 다양한 정보들이 일기에 포함되고 있어, 개인이 받은 제도적 압력과 자신의 대응들은 충분히 보여줄 수 있다(鄒振环, 2005). 따라서 국가정책, 거대 역사적 과정 등 외부적 요소의 영향을 제외하는 폐쇄적 분석 틀과 다를 뿐만 아니라, 국가정책, 문화전통 등 환경이나 조건적 요소의 영향력을 과도하게 강조하거나, 심지어 이를 과장하는 거시적 역사분석틀과도 달리, 개인적 반응과 행동주의 관점은 개체의 발전을 역사과정, 구조적 조건, 그리고 국가정책과 관련시켰다. 아울러 분석적 초점도 미시생활세계로 전환시켜, 역사적 사건과 개인적 의지, 능동적 선택, 전략적 반응은 생애과정에 미치는 영향에 주목하였다. 이로써 개인과 집단이 외부적 제약과 환경적 조건에 적극적으로 행동하는 능동성과 구성성이 어떠하였는지를 규명할 수 있었다(Luo, 2009; 楊秀麗, 2011). 이러한 일기연구는 개인이나 집단, 특히 중대한 역사적 사건이나 과정에 결정적 영향을 미치는 의사결정자들을 분석대상으로 삼고, 정신분석이론, 생애주기이론, 생활세계이론과 같은 주체의 능동성과 의미를 설명하는 이론적 관점으로 일기자료를 분석하였다. 그리고 행위자의 인식, 이해, 태도와 행동전략에 대하여 중점적으로 분석함으로써, 개인의 생활환경, 능동적 반응, 그리고 개체와 국가제도, 사회문화 체계 간의 상호 구성을 규명하였다(柯文, 2000; 薛國軍, 2014). 예컨대,『帝國權力實踐下的教師生命形態(제국의 권력 실천에서 교사들의 생애 실태)』란 劉云杉의 연구는 劉大鵬이 기록하는 『退想齋日記(퇴상재 일기)』를 분석대상으로 과거제도가 폐지되기 전후에 글방교사의 생애과정과 그들이 국가, 사회 권력과의 관계에 대하여 심층적으로 분석하였다(劉云杉, 2002).

마지막으로 일기 텍스트와 일기 기록 행위에의 사회구성주의 (Social Constructivism)다. 사회구성주의 관점은 대체로 3가지 구체적 측면이 있다. 이들 측면은 3가지 상이한 문제의식 및 연구접근을 반영하는 것이다. 첫째, 연구자는 역사와 사회 현실의 구성성(建構性)을 바탕으로 객관역사에 대하여 분석하였다. 이러한 연구들은 거대 역사적 영향에서의 차별화된 미시 역사적 과정에 주목할 뿐만 아니라 개인이나 집단들이 역사과정에서의 주체 참여와 구성에 대하여 분석하는데도 초점을 두고 있다(王挺之, 2002; 熊燕, 2012). 둘째, 연구자들은 거대 역사가 개인, 가구와 기층사회 등 측면에 미치는 구체

적인 영향에 주목할뿐더러, 의미를 해석하는 관점으로 미시적 행위주
체는 사회변천 및 국가제도에 대한 인지와 이해를 탐구하고, 역사과
정에서 개인, 가구 등 주체들의 인지, 정서와 태도와 같은 사회심리상
태에 주목하고 있다(胡鳴, 2012). 셋째, 연구자들은 국가권력과 사회
문화가 일기 기록, 보존 및 전파에 미치는 영향에 초점을 두어, 일기
기록, 전파 행위 뒤에 사회문화적 요인의 제약에 대하여 탐구하며, 특
히 국가제도와 문화전통이 발휘하는 인도(引導)나 규제적인 영향에
대하여 규명하고 있다. 예를 들어, 신 중국을 건국한 후에 정부는 교
육(특히 언어 교육) 측면에서 일기쓰기를 추진하고 있고, 아울러 일
기의 자기보고, 성찰 및 모니터링 기능을 통하여 대중의 자기 교육과
사상 개조를 강화시켰다(吳艶紅 · Knottnerus, 2007).

4. 일기연구의 주요 방법 및 새로운 발전

일기연구의 전환 및 발전은 일기자료를 축적, 보존 및 전파하는 데
에 의존하며, 일기자료에 대한 수집, 정리와 분석방법에도 밀접한 관
련이 있다. 그리고 상이한 일기자료에 대한 수집과 분석방법은 제각
기 특정한 연구문제와 연구 아이디어와 상응하는 것이다. 따라서 본
장에서 일기연구방법과 그의 새로운 발전(鄒振环, 2005)에 대하여
논의하고자 한다. 예컨대 개인적 창작물로서의 일기는 상당히 높은
사밀성(私密性)을 갖는다. 그렇다면, 이런 일기자료를 공개적 연구
자료로 변환시키는 방법은 무엇이고, 전환 범위는 어디까지인가? 일
기자료의 신빙성과 사용가능성을 어떻게 측정하는가? 이들 문제는

일기를 연구하는 데에 있어 관건이라 할 수 있다(周培翔, 2012). 유사하게, 미시적 역사과정, 일상생활의 세부적 내용과 사사로운 감정을 기술하는 일기자료의 경우, 개인 이야기체란 국한에서 어떻게 벗어날 수 있으며, 어떻게 하면, 이런 일기자료를 광범위한 사회문화체계와 관련시켜, 거지, 중간, 미시적인 차원을 상호 결합하는 체계적인 분석을 진행할 수 있는지? 이와 같은 연구방법과 관련된 문제들에 대해서도 고려할 필요가 있다(張劍, 2014).

연구의제와 이론적 관점의 다양성과 유사하게, 일기를 작성하는 집단이 나날이 다양화, 대중화되고 있다. 아울러 일기의 형식과 내용(웹로그, 웨이신 펑요췐, 일기식 조사 자료을 예로 들 수 있다)도 많아지고 있다(田緒永, 2005). 따라서 연구자들은 역사적 일기 문헌자료를 바탕으로 하는 질적 연구에 국한하지 않고, 더욱 다양한 자료수집과 분석방법을 활용하고 있다. 실은 일기의 형식, 매체, 내용과 전파 방식은 날로 다양해질 뿐만 아니라 연구 주제와 이론 관점도 꾸준히 확장되고 있다. 따라서 추후의 일기연구방법은 다양화해질 추세가 더욱 두드러지고 있다(解亞珠, 2016a). 앞서 내용에 비추어, 본 연구는 기존 일기자료의 보존과 사용 가능성, 일기자료 수집방법, 일기자료 정리 및 분석 방법 등 3가지 측면으로 중국 일기 연구방법의 개발에 대하여 정리하고자 한다. 더 나아가 중국 일기연구의 발전과정에서 연구방법의 변화와 새로운 진전에 대하여 논의하고자 한다.

본 장에서 중국일기 연구방법에 대하여 4가지 측면을 나누어 구체적으로 논의할 것이다. 첫 번째, 기존의 일기자료 기반 및 그의 시대, 그리고 지역과 집단 분포 상황에 대하여 살펴보면, 초기의 일기연구는 대체로 엘리트의 일기자료를 활용하여 역사적 비교 연구를 진행

했으나, 일기쓰기가 보급되고, 아울러 블로그, 웨이신(微信)[7] 등 새로운 일기매체를 발흥(발견)함에 따라 일기연구의 자료기반이 상당히 확대되었다. 그러나 현재 중국일기연구의 기존 자료기반은 "삼다(三多), 삼소(三少)"란 구조로 되어 있다. 이러한 구조는 기존 연구들이 주목하는 이슈와 사용하는 연구방법에 상응되고 있다. 우선, 기존의 연구자료는 역사적으로 오래된 고대의 일기문헌들이 많다. 연구자들은 주로 이를 바탕으로 일기연구를 진행하였으나, 현대에 수집 보존되어 있고, 경험적 연구에 활용할 수 있는 일기자료가 상대적으로 부족하다. 일기연구자들은 직접적으로 수집하고 정리하는 전형적인 일기 자료와 인터넷 일기(Internet Diary Literatures) 자료의 양이 제한적이며, 일기연구에서 역사적 연구의 비중이 크다는 원인도 여기에 있다. 다음으로, 정치적, 문화적 엘리트 등 상층사회에 속한 인물들의 일기자료가 상대적으로 많고, 연구자들도 이에 많은 관심을 기울였지만, 일반 민중, 사회 중, 하층 계급집단의 일기자료에 대한 보존이 부족하여, 연구자들은 일반 중국인의 일상생활에 관한 분석이 부족할 실정이다. 마지막에 흩어지고, 단기적인 일기자료들이 매우 풍부하지만, 완전하고, 장기적인 일기자료는 상당히 적고, 공개적으로 출판되거나 데이터베이스화된 일기자료가 더욱더 드물다. 따라서 연구자가 이런 일기자료로 연구 목적을 단독적으로 달성하기는 어려울 것이다.

두 번째, 중국일기연구의 자료수집방법과 관련된 내용들이다. 기존 연구의 자료수집 방법은 크게 비개입적 연구(Unobtrusive Research)

---

7) 웨이신(微信)은 중국 인터넷 기업 텐센트가 운영 중인 모바일 인스턴트 메신저 서비스이다(네이버 지식백과).

와 개입적 연구(Obtrusive Research)로 나눌 수 있다. 전자의 경우, 연구자가 연구대상을 직접적으로 접근하지 않고, 주로 문헌연구법과 인터넷 추적조사를 통하여 역사적 일기문헌(Historical Diary Literatures)이나 인터넷 일기자료(Internet Diary Literatures)를 수집하는 것이다. 후자는 연구대상과 직접적인 접촉을 통하여, 현실생활에 개입하고, 추적식 설문조사나 현지조사방법(Time-series Diary Study)으로 일정 기간의 일차적 일기자료를 수집하는 것이다(Jeffrey, 1998). 본 연구에서 최근에 출현 및 사용하고 있는 추적식 일기조사, 인터넷 추적 조사에 대하여 진일보 논의하겠다.

추적식 일기조사는 최근에 발전되는 단기적이고 통시적 연구방법이다. 연구자들은 양적인 설문지나 개방적 인터뷰 개요로 매일, 혹은 일정한 시간 간격을 두고 소규모 대상자에게 자기보고식 반복측정 조사를 진행한다. 이를 통하여 연구대상의 정보를 매일 기록하여, 사용자의 제품 체험, 정서나 관계변화, 건강관리와 같은 세밀한 변화 및 반응에 초점을 두고 연구를 진행하는 것이다(Bolger et al., 2003; 王芳·許燕, 2003). 현재 외국에서 이런 연구방법은 광범위하게 활용하고 있다. 그러나 중국에서 이런 방법에 대한 활용은 매우 제한적이며, 주로 교육관리, 심리치료, 위기개입, 그리고 개인 행동방식에 대한 연구에 집중되고 있는 실정이다(林丹瑚等, 2008; 張姝玥·許燕, 2013; 喩國明, 2016). 한편 인터넷일기 플랫폼과 인터넷 일기자료를 급속히 증가함과 아울러 자료에 접근 가능성을 높아짐에 따라 인터넷추적조사는 발전되었다. 연구자들은 주로 검색 포털사이트와 웹 크롤링과 같은 도구와 기술을 활용하여, 수많은 일기자료를 수집하고 있다. 거대한 양이 되는 인터넷 일기자료를 바탕으로 빅데이터 분석을 진행하는 것이다. 그리고 종이매체로 기록된 일기와 달리, 인터넷 일기는 공개성을 지니며, 기록, 교류, 전파 등 다양한 기능을 융합되어 있다. 또한 일기의 독자들도 댓글로 같이 참여할 수 있다(田緖永, 2005). 이런 상호작용적인 특성 때문에 연구자들은 일기기록자뿐만 아니라 다른 참여자에 관련 자료도 함께 수집할 수 있다. 이로써 연구자들은 대인관계, 사회 네트워크에 관련 주제에 대해서도 분석할 수 있다.

세 번째, 자료 분석 측면에서, 자료원과 자료의 특성과 같이, 자료를 분석하는 방법도 다양해지고 있다. 일기연구는 텍스트를 분석하는데 질적 분석방법만 의존하지 않고 질적, 양적 자료 정리와 분석 방법을 종합적으로 사용하고 있다. 그리고 질적 일기자료를 분석하는데 담화분석, 상징분석, 내용분석 등 다양한 분석 전략과 구체적 방법을 투입하였다(Kaun, 2010). 한편으로 중국에서 조기의 일기연구와 비교하면, 최근의 연구자들은 일기연구 자료를 분석하는데, 담화분석과 상징분석 등 새로운 분석 기법을 주로 사용하고 있다. 이는 일기자료에 대한 질적 분석방법을 다소 확장시키는 것이다. 예컨대, 鄭凌霄(2014)는 주(駐)중국 독일대사관 대사의 부인 伊丽莎白 · 冯 · 海靖(엘리자베스 · 펑 · 하이징)이 중국에서 쓴 일기에 의거하여, 담화 분석함으로써 대사 부인의 시각으로 본 중국의 이미지와 이런 이미지 뒤에 있는 정치 및 문화적 요인들이 무엇인지에 대하여 탐구하였다. 다른 한편에 양적인 분석 방법의 이입과 사용함에 있어, 연구자들은 일기식 설문조사 데이터에 대한 데이터 베이스화와 통계적 분석뿐만 아니라 일기자료에서 회계장부와 같은 기록된 숫자에 대한 채취, 정리와 분석, 그리고 기존 질적 일기연구에 대한 양적인 처리와 분석 등 다양하게 접근하고 있다. 수많은 연구자들이 활용하고 있는 내용분

석방법은 바로 전형적인 예로 들 수 있다(趙勇·朴羅格, 2009; 黃媛
等, 2013). 전술한 인터넷 추적조사와 상응하여, 일부 연구자들은 빅
데이터 분석 방법으로 인터넷 일기자료에 대하여 질적이나 양적인 분
석을 진행하였다. 더불어 구체적인 분석 과정에 있어, 사회네트워크
분석, 의미 분석 등 상세한 분석전략과 방법을 종합적으로 사용하였
다(Stafford, 2009; Kaun, 2010). 네 번째, 실행연구(action research)
와 같은 특수한 연구의 경우, 자료를 분석하는 초점과 분석하는 방법
이 다르다. 실행연구는 일기자료에 대한 기록, 분석과 행위자의 인식,
정서 및 행위의 변화를 관련시키는 것이다. 이런 연구는 일기 기록자
의 자기성찰, 자기 변화(self-change)와 그들의 내적인 정신역동성,
외적인 사회적 지지 시스템 등 관련 정보에 더욱 주목하고 있으며, 이
들에 의거하여 개입을 진행하는 것이다(宋瑛·梁愛主, 1996). 동시에
연구자들은 자료를 수집하는 과정에서 통제집단과 실업집단을 비교
분석하는 실험설계를 통하여, 개입수단으로서의 일기쓰기와 성찰의
순효과를 확인하기도 한다(王艷, 2007). 현재 중국일기연구의 실태에
따르면, 실행연구는 대체로 심리치료 및 개입, 건강교육 및 관리, 교
사교육 및 발전 등 영역에서 활발하게 진행하고 있다(周愛花·黃墾,
2005). 주의하여야 할 점으로, 이러한 연구는 앞서 언급한 교육 및 학
생 교양과 관련된 일기 작성 연구와 달리, 개입의 목적은 작문 의식과
능력을 키우는 데에만 있지 않다. 이들 연구는 일기쓰기가 자아의식,
사회 인식과 태도를 변화시키는 매체로 간주한다. 개입과정에서 행위
자로 하여금 일기로 자아 모니터링과 자기 성찰을 하게끔 인도하여,
대상자의 특정 인지적이나 행동적인 측면에 재구성을 도모하고 있다.

5. 결론

요컨대 일기는 상이한 분류 기준과 다양한 유형이 존재하나, 사밀성(私密性), 지속성과 성찰성과 같은 문헌자료로의 특성을 지니고 있다. 아울러 중국의 문자문화에서 일기는 특별한 개인적 기록 자료로서, 개인표현과 성찰, 문화감상과 역사자료 등 다양한 기능이나 가치가 존재한다(鄒振环, 2005). 이는 역사 심리학, 개인 생애주기와 거시 역사적 과정에 대한 개인의 반응과 같은 일기연구에 적용하는 주제와 상응할 뿐만 아니라 이론 관점과 연구방법에 특수성이 있음을 의미하는 것이다.

따라서 중국일기연구에 대하여 회고와 성찰을 위하여, 본 연구는 밀접한 관련이 있는 두 가지 단서로 기존 일기연구에 대하여 총체적으로 논의해봤다. 한편으로 본 연구는 연구의제, 이론적 관점과 연구방법의 발전과 혁신을 단서로 과거 100년간에 중국 일기 연구가 진화되는 맥락과 3가지 발전 단계에 대하여 살펴봤다. 다른 한편으로 본 연구에서 일기기록자의 유형 및 그의 사회문화적 특성, 일기를 작성하는 형식 및 내용, 일기 연구자의 학과 배경 및 연구적 접근의 변화 등 측면과 일기의 다양한 기능 및 연구 자료로서 일기의 특수한 의미를 결합시키며, 이로써 중국일기연구의 발전과정 및 전공분야에 대하여 체계적으로 논의하였다. 이에 본 연구는 선행 연구의 분석과 구체적인 관점을 재정리하는데 초점을 두지 않고, 중국일기연구의 특별한 가치, 연구의 한계점, 기존연구에 대한 총체적인 성찰에 대하여 진일보하게 논의하였다.

일본, 한국 등 동아시아 국가들과 같이, 중국일기연구도 서구 연구와 다른 특수성 및 중요성이 있다. 이것은 또한 최근 몇 년 간에 국내 · 외 연구자들이 일기자료를 수집, 정리와 분석하는 데에 점차 중요시해지는 주요 전제이다. 게다가 중국 일기연구의 특수한 가치에 대한 인식을 통하여, 풍부한 일기자료를 심도 있게 발굴하도록 추진시킬 수 있다. 이로써 중국일기의 의제, 이론적 관점 및 방법을 명료케 할 수 있을 뿐만 아니라, 특정한 사회연구문제를 해결과 규명함에도 도움이 될 수 있다. 한편 중국은 급격한 사회변화를 경험하고 있다. 따라서 현재 중국에서 전통 농경사회, 현대 산업사회와 후기 현대 사회들이 서로 겹쳐지고 있는 압축적 근대성과 다중근대성 문제가 상당히 두드러지는 실정이다. 이런 변화과정에서 사회 각 집단들의 처지, 심리상태와 개인반응에 대하여 분석하는데 일기연구는 다른 것으로 대체할 수 없는 가치가 있다(Chang Kyung-Sup, 2010). 다른 한편으로 현재 중국은 "강국가-약사회"란 관계 구조 및 "간이관리"와 같은 역사적 전통이 존재하며(黃宗智, 2008), 사회의 발전추세는 날로 차별화되어지고 다양해지고 있다. 이런 상황에 직면할 때, 단원 발전 패턴, 이데올로기와 다원사회, 다양화 표현 간의 내적 모순을 어떻게 바라보고 해결하느냐(王東杰, 2013)에 대한 논의는 현실적이거나 이론적인 측면에 모두 매우 중요하다. 일기연구는 이런 의제에도 상당이 적절한 것이다.

전술한바와 같이, 중국일기연구는 3가지 발전 단계를 경험하여, 초기의 일기문학, 일기교육에 관한 연구 영역과 일기문헌에 대한 역사적 고증 패러다임을 뛰어넘었다. 게다가 일기자료의 독특한 가치와 다양한 분석적 접근 가능성에 주목하는 사회과학 연구자들은 갈수록 많아지고 있다. 그러나 최근 중국에서 광범위하게 각광받고 급속히 발전하고 있는 구술사(口述史) 연구(Oral History Studies)와 비교하면, 일기연구는 여전히 뒤처지고 있으며, 자료수집, 정리, 분석하는 방법에서도 적잖은 한계에 직면하고 있는 실정이다. 첫째, 역사문헌이나 연구자료로 보존되거나 수집과 정리해낸 일기자료는 여전히 제한적이다. 아울러, 현재 국내에서 일기 연구자료를 전문적으로 수집과 분석하는 연구기관이나 학술 팀도 매우 드물다. 따라서 일기자료를 적극적으로 수집, 정리와 공유할 필요가 있고, 이를 통하여 일기자료의 사용 가능성을 충분히 발굴한다. 둘째, 기존 일기자료는 역사문헌과 엘리트 인물의 일기가 많으나, 일차적 일기자료, 일반인의 일기가 매우 적은 총체적인 구조로 되어 있다. 연구자들은 보다 화제가 되고, 문학적이거나 역사적으로 중요한 일기자료에 더욱 주목할 경향이 왕왕 있다. 이는 연구대상과 연구의제를 결정함에 있어, 한계를 초래할 수 있을뿐더러 엘리트의 일기자료에 의거하여 일반인의 인식과 생활세계에 대하여 추론하게 만든 것이다. 이런 실마리들은 중대한 역사적 사건이나 역사적 과정과 관련된 일기연구에서 쉽게 찾을 수 있다(張劍, 2014). 셋째, 일기는 사밀성, 자기중심성과 서술 방식의 자유성을 지닐 뿐만 아니라, 국가나 사회적 영향력은 일기를 기록하는 방식과 내용 구성에 영향을 미칠 수 있다(吳艷紅·Knottnerus, 2007). 따라서 우리는 출처가 다른 자료와 상호 입증, 그리고 통합적 연구에 의거하여, 일기의 객관성과 사용 가능성에 대하여 항상 신중하게 고려하고 평가할 필요가 있다(劉楊, 2013). 그러나 이런 과정을 온전히 지키는 일기연구들은 아주 많지는 않다.

따라서 중국일기연구의 발전을 추진하기 위하여, 일기자료의 특성, 자료의 기존 축적, 그리고 자료를 기록하는 시간 및 공간과 집단분포

등을 구체적으로 규명할 뿐만 아니라, 일기자료에 대하여 체계적으로 수집, 정리와 공유를 강화할 필요가 있다. 더불어 국가제도, 지역사회 문화 시스템과 개인의 사회경제적 지위가 일기를 작성하는 방식과 내용의 구성성에 미치는 영향에 주목할 필요도 있다. 아울러 연구자들은 일기자료의 객관성, 신빙성을 신중하게 대할 필요가 있다. 이로써 개인적 역사 서술이 거대 역사나 사회변천 자체를 대체하는 것을 예방할 수 있다. 한편 일기에서의 인물과 그들이 제각기 속한 계급의 사회 시스템을 관련시키고, 더불어 출처가 다른 자료들과 다른 특성을 지닌 연구 자료들을 상호 입증함에 주목하여, 확장사례연구법과 같은 접근방법으로 통합적 일기연구를 진행할 수 있다(Burawoy, 1998; 李 劍, 2014). 물론 웹로그, 일기식 추적조사 등 새로운 일기 자료원과 자료 형식뿐만 아니라 엘리트 중심에서 서민 중심으로의 일기연구 대상의 대중화와 일기 내용에 상호작용이 이루어지는 표현에 대한 관심도 갖을 필요가 있다.

참/고/문/헌

- 布鲁纳 · 费正清 · 司马富著. 2005. 『赫德与中国早期现代化－赫德日记(1863－1866)』. 陈绛译, 中国海关出版社.
- 陈宋轶. 2015. 『教学反思水平的分析研究－基于一所小学教师的反思日记』学. 浙江师范大学硕士学位论文.
- 陈左高. 1990. 『中国日记史略』. 上海翻译出版公司.
- 程韶荣. 2000. "中国日记研究百年." 『文教资料』, 2.
- 崔玉军. 2010. "略论美国中国研究的两条路向－兼论汉学与中国学之勾连." 『汉学研究』, 12.
- 费孝通. 2011. 『乡土重建』. 岳麓书社.
- 耿云志. 1992. "七七事变后胡适对日态度的改变." 『抗日战争研究』, 1.
- 关晓红. 2005. "科举停废与近代乡村士子－以刘大鹏、朱峙三日记为视角的比较考察." 『历史研究』, 5.
- 胡鸣. 2012. 『革命与生活－以一份"文革"期间的家庭日记为例』. 中国人民大学硕士学位论文.
- 黄仁宇. 1998. 『从大历史的角度读蒋介石日记』. 中国社会科学出版社.
- 黄媛 · 李蓓蓓 · 李忠明. 2013. "基于日记的历史气候变化研究综述." 『地理科学进展』, 10.
- 黄宗智. 2008. "集权的简约治理－中国以准官员和纠纷解决为主的半正式基层行政." 『开放时代』, 2.
- 柯文. 1989. 『在中国发现历史－中国中心观在美国的兴起』. 中华

书局.

_____. 2000『历史三调：作为事件、经历和神话的义和团』. 江苏人民出版社.

• 孔祥吉. 2008.『清人日记研究』. 广东人民出版社.

• 林丹瑚·王芳·郑日昌·蒋奖. 2008. "高校教师工作家庭关系的日记式追踪研究."『心理科学』, 3.

• 刘杨. 2013. "当代文学私人性文献史料刍议."『汉语言文学研究』, 4.

• 刘云杉. 2002. "帝国权力实践下的教师生命形态——个私塾教师的生活史研究."『中国教育：研究与评论』, 2.

• 陆发春. 2004. "转型时期的教育变革与新型知识分子的塑造——新发现胡适澄衷学堂丙午日记的解读."『华东师范大学学报(教育科学版)』, 3.

• 罗以民. 2002. "日记与史学(代序)."『书屋』, 12.

• 马达汉. 2004.『马达汉西域考察日记1906－1908』. 王家骥译, 中国民族摄影出版社.

• 马靖妮. 2007.『热河日记中的中国形象研究』. 中央民族大学博士学位论文.

• 母中华. 2006.『宋代日记研究』. 四川大学硕士学位论文.

• 朴趾源著. 1997. 朱瑞平校点.『热河日记』. 上海书店出版社.

• 覃德清. 1999. "海外汉学人类学：方法抉择与价值取向从"汉学"到"中国研究"之变."『广西民族大学学报(哲学社会科学版)』, 1.

• 邱捷. 2008. "同治、光绪年间广东首县的日常公务－从南海知县日记所见."『近代史研究』, 4.

_____. 2010. "同治、光绪年间广州的官、绅、民－从知县杜凤

治的日记所见."『学术研究』, 1.

• 仇晓春 · 甄丽娜. 2011. "教师反思日记的分析方法."『教育理论与实践』, 11.

• 史为民等. 1996.『知青日记选编』. 中国社会科学出版社.

• 宋瑛 · 梁爱主. 1996. "日记与心理治疗."『临床心身疾病杂志』, 1.

• 孙丽萍. 2000. "曾国藩与祁寯藻往事辨疑－并析曾文正书信日记的真实性."『晋阳学刊』, 2.

• 田绪永. 2005. "网络日记: 年轻人的网络新宠."『中国青年研究』, 4.

• 王东杰. 2013. "多文明共生的中国与"多史叙述"之可能."『学术月刊』, 6.

• 王芳 · 许燕. 2003. "日记式追踪研究高校教师职业枯竭的产生原因及内部关系."『心理学探新』, 4.

• 王立民. 2006.『叶昌炽<缘督庐日记>研究』. 复旦大学硕士学位论文.

• 王挺之. 2002. "社会变动中的群体与个人－新微观史学述评."『史学理论研究』, 2.

• 王晓秋. 1989. "清末政坛变化的写照－宣统年间『汪荣宝日记』剖析."『历史研究』, 1.

• 王艳. 2007. "自主学习中的行为与成效研究."『外语与外语教学』, 11.

• 王振忠. 2006. "从"应星日记"看晚明清初的徽州乡土社会." 载『社会科学』, 12.

• 王政尧. 1999. "18世纪朝鲜利用厚生学说与清代中国:『热河日记』研究之一."『清史研究』, 3.

• 吴景平. 2010. "蒋介石与抗战初期国民党的对日和战态度－以名人日记为中心的比较研究."『抗日战争研究』, 2.

• 吴艳红 · J. David Knottnerus. 2007. "日常仪式化行为的形成：从
  雷锋日记到知青日记."『社会』, 1.

• 解亚珠. 2016a. "近三十年中国古代日记文本研究综述."『江苏科
  技大学学报(社会科学版)』, 3.

  _____. 2016b. "近三十年历史研究中的日记文献利用."『常州工
  学院学报(社会科学版)』, 4.

• 熊燕. 2012. "面对政治：一个女艺术家的参与和疏离－萧淑芳
  1950年代日记研究."『湖南人文科技学院学报』, 5.

• 薛国军. 2014. "生活史视域下教师研究的三个转向."『现代中小学
  教育』, 11.

• 闫存庭. 2008.『马达汉西域考察日记1906 - 1908』清末的新疆社
  会,『贵州师范大学学报(社会科学版）』, 1.

• 杨党玲 · 李彤. 2003. "日记研究在英语教师专业发展中的作用."
  『陕西师范大学学报(哲学社会科学版）』, 5.

• 杨天石. 2001. "卢沟桥事变前蒋介石的对日谋略－以蒋氏日记为
  中心所做的考察."『近代史研究』, 2.

• 杨秀丽. 2011. "日常生活的历史书写－从『农民日记』窥视当代中
  国乡村生活."『中国农业大学学报(社会科学版)』.

• 杨雨蕾. 2001. "韩国『热河日记』研究综述."载黄时鉴主编『韩国
  研究』第5辑. 学苑出版社.

• 尹德翔. 2009.『东海西海之间－晚清使西日记中的文化观察、认
  证与选择』. 北京大学出版社.

• 喻国明. 2016. "现阶段城市居民媒介接触行为的全景图－基于日
  记卡调查数据的描述与分析."『新闻与写作』, 2.

• 余英时. 2007.『未尽的才情－从〈顾颉刚日记〉看顾颉刚的内心世界』. 台北联经出版公司.

• 乐秀良·程韶荣. 1991. "陈左高－日记学领域的一位开拓者."『江海学刊』第6期.

• 张高杰. 2008. "内心的文化冲突及其自救－吴宓前期日记研究."『兰州大学学报(哲学社会科学版)』, 3.

• 张剑. 2014. "日记的细读与整合研究."『华南师范大学学学报(社会科学版)』, 2.

• 张姝玥·许燕. 2013. "事件认知与生命意义关系的日记式追踪研究."『中国特殊教育』, 11.

• 张韬. 2007.『博客：私人日志的技术演进－以新浪博客和博客中国为例』. 云南大学硕士学位论文.

• 张研. 2011.『清代县级政权控制乡村的具体考察－以同治年间广宁知县杜凤治日记为中心』. 大象出版社.

• 赵勇·杨·朴罗格. 2009. "讲述数据：一个中国农民的日记分析."『中国农业大学学报(社会科学版)』, 3.

• 郑凌霄. 2014. 话语分析视角下探寻近代中国形象－读『德国公使夫人日记』,『黑龙江史志』11.

• 周培翔. 2012.『私人日记的证据能力问题研究』. 贵州民族大学硕士学位论文.

• 邹振环. 2005. 日记文献的分类与史料价值, 载 "复旦史学集刊"第一辑『古代中国：传统与变革』. 复旦大学出版社.

• Bertaux, D. 1981. *Biography and Society: The Life-history Approach in the Social Sciences*. Sage.

• Bolger N. A. Davis E. Rafaeli. 2003. "Diary Methods: Capturing Life as It is Lived." *Annual Review of Psychology*, 54.

• Burawoy Michael. 1998. "The Extended Case Method." Social Theory, 16(1).

• Burt, Christopher D. B. 1994. "An Analysis of Self-initiated Coping Behavior: Diary keeping." *Child Study Journal*, 24(3).

• Chang Kyung‐Sup. 2010. "The Second Modern Condition? Compressed Modernity as Internalized Reflexive Cosmopolitization," *The British Journal of Sociology*, 61(3).

• Luo Zhitian. 2009. "Change and Continuity in the Recent 30 Years of Research on Modern Chinese History: Some Unsystematic Reflective Thoughts." *Frontiers of History in China*, 4(4).

• Jeffrey R, Vitteng. 1998. "Craig S. A Time-series Diary Study of Mood and Social Interaction." *Motivation and Emotion*, 22(3).

• Jo McDonough et al. 2000. 『英語敎學硏究方法』. 外語敎學与硏究出版社.

• Stafford Frank P. 2009. "Emerging Modes of Timeline Data Collection: Event History Calendar Time Diary and Methods." *Social Indicators Research*, 93(1).

• Kaun Anne. 2010. "Open-Ended Online Diaries: Capturing Life as It Is Narrated." *International Journal of Qualitative Methods*, 9(2).

제5장

대만 일기연구의 과거와 현황

쉬쉬에찌(許雪姬)

1. 서론

대만일기라고 하는 것은, 일기를 쓴 사람의 국적과 상관없이, 일기가 대만에서 쓰여졌거나, 혹은 장소에 상관없이 대만사람이 쓴 일기를 가리키며, 본 논문에서 말하는 '대만인'은 1945년 8월 이전의 대만에 국적을 둔 사람을 말한다. 대만에서 역사적으로 가장 먼저 출현된 사적 자료는, 네덜란드 문자로 쓰여진 巴達維亞城日記이며, 이것은 또한 대만의 첫 번째 정권인 네덜란드가 동아시아를 식민지 삼았을 때 남겨놓았던 자료이기도 하다. 臺北帝國大學에서 교편을 잡고 있던 村上直次郎 교수가 자카르타 국립문서관에서 1624년~1669년 사이의 네덜란드 식민시기기간의 일본 대만의 사료를 번역했는데, 그 중 1624년~1661년 네덜란드 통치 시기의 대만사료를 포함하고 있었다.

1937년에 먼저 두 권의 『抄譯バタビヤ城日誌』가 출판되었고, 1970
년에 이르러 제3권이 추가되어 일본의 平凡社에서 『バタヴィア城日
誌』로 출판되었다[1].

　80년대 이전에 대만을 이해하기에 신빙성 있는 역사 사료의 시작
은 城의 일기로부터 시작된다고 할 수 있다. 네덜란드가 1622년[2]부
터 1661년까지 대만을 통치하고, 1624년부터 1642년까지 스페인이
북부지역을 통치하고, 1661년부터 1683년까지 鄭成功 가문이 통치
하였으며, 1684년부터 1895년까지 淸國이 통치하였고, 1895년에는
1945년까지 일본이 통치하였다. 1945년부터 지금까지가 중화민국시
기이지만 진정한 대만인의 정권은 2000~2008년이며, 2016년을 시
작으로 지금까지에 이른다. 외래통치정권이 교체되면서 나타난 대만
역사의 특색 중의 하나는 통치자가 기본적으로 통치입장에서 작성한
많은 양의 자료를 남겼다는 것이다.

　그러나 피식민자로서 대만본토인의 자료는 충분하지 못하다는 점
은 대만 본토의 입장에서 역사를 서술하는데 있어서 크고 어려운 문
제를 야기하고 있다. 淸朝, 日本, 中華民國의 관점이 만연된 상황에서,
어떻게 대만의 '歷史解釋權'을 되찾아 오는가는 대만인에게 매우 중
요한 일이다. 실제로 일본 통치를 겪었던 대만대학교 楊雲萍교수가
세계 2차 대전 후에 쓴 「紀念先烈」 중 한 문장에서, 일본에 의해 대만
의 '토비'라고 모함당했던 선열들을 위해 이러한 왜곡을 뒤집어야 한

---

1) 村上直次郎譯注, 中村孝志校注, 『バタヴィア城日誌』(東京 : 平凡社株式會社,
　1970), 9, 「東洋文庫版にあたって」.
2) 1622년에 네덜란드가 팽호를 점령하고, 1624년에 대만으로 이주해 온 뒤부터, 현
　재까지 대만 사학계는 대체로 1624년을 네덜란드의 대만점령의 해로 여기고 있으
　나, 아직 정확하지는 않다.

다고 강조하면서도, '그러나 적들의 기록을 제거하면 우리는 결국 실낱같은 사료도 남아있지 않게 된다'[3]고 탄식했다.

이러한 배경 때문에, 대만의 역사를, 비교적 자유롭게 날마다의 상황을 표현한 피통치자의 일기는 의심할 나위 없이 대만인을 위한 대만역사를 연구하는 데 아주 중요한 자료가 된다. 일기는 일기의 주인을 연구하는[4] 최고의 자료이며, 생활사 가족사 부녀사적인 연구에도 도움을 줄 뿐만 아니라, 일기는 또한 식민자 및 통치자와는 다른 관점으로, 일반인(엘리트 포함) 관점에서 역사의 자료와 소재를 제공해 주기 때문에 특별히 주목할 만한 가치가 있다. 이외에도 일기는 당시의 일을 기록하여, 나중에 기록하여 당시의 상황을 잊어버리거나 왜곡되는 경우가 많고 또한 자기를 좋게 표현하는 경향이 강한 회고록 자전 역사구술 등과 차별화된다.[5] 본 논문은 대만에서의 일기의 취득 저장 권한획득, 일기 자료의 특징, 일기의 연구, 일기 연구현황 등 4가지 부분에 대해 서술하고자 한다.

2. 일기의 취득과 저장과 권한획득

대만에서 일기가 사료로 중시받기 시작한 것은 20세기 말 부터이다. 20년 전부터 대만사 연구에서 일기가 사료로서 중시되기 시작했

---

3) 楊雲萍,「紀念先烈」,『民報』, 1945年 10月 10日
4) 吉成勇編,『日本「日記」總覽』(東京 : 新人物往來社, 歷史讀本特別增刊第21号, 1994), 凡例.
5) 許雪姬,「臺灣日記硏究」的回顧與展望」,『臺灣史硏究』, 第22卷1期(2015.3), 157-158.

지만, 일기의 취득이 쉽지 않았으며 권한을 부여받는 것에도 매우 어려움이 많았다.

1) 일기 취득의 어려움

① 일기 보존의 어려움

대만은 천재지변이 많아서 일기의 보존에 여러 문제가 있다. 대만에서는 죽은 사람의 유품을 버리거나 불태워 없애는 풍속이 있어 개인의 물건을 보존하는 데 어려움이 있다. 더구나 일기는 더 쉽게 불태울 수 있고 보존하려고 생각하지도 않아 보존이 잘 안되어 있다. 중국의 국민당과 공산당의 내전 이후 국민당이 대만을 접수하면서 대만에서는 대만본토인을 유혈로 진압한 2·28 사건이나 이후 계속된 독재정부나 여러 정치적 사건(1947~1991)을 겪었을 때, 발견된 일기는 종종 죄명을 꾸며대는 증거가 되었기 때문에, 가족들과 또는 기록자들이 겁을 내어 일기를 아예 불살라 버리거나 숨겨두는 경우가 대부분이었다.

예를 들면 문학가인 呂赫若(1914~1950)은 1942~1944년 기간에만 일기를 작성하였는데, 전쟁 후에 '반정부적 업무'에 종사하여, 가족들은 그가 남긴 일기나 원고 등이 가족에게 제2의 피해를 입힐까 염려하여 땅에 파서 묻은 후에, 그 위에 많은 물을 쏟아 부었다. 유일하게 남은 한 권의 일기는 그의 자녀의 출생년월일이 적혀있어 보전하게 되었기 때문에 남게 되었다.[6] 다른 예로는 吳新榮의사가 쓴 『吳

---

6) 呂芳雄,「後記：追記我的父親呂赫若」, 收入呂赫若著,鍾瑞芳譯,陳萬益主編,『呂赫

新榮日記』는 그가 2・28 사건 후에 본인에게 위험이 있을 것을 알고, 일기를 포장하여 야자나무 밑에 파묻었기에 보존될 수 있었다.[7] 감옥에서 출소한 이후에 파보니, 일기는 이미 습기로 인해 글씨가 희미해져 버렸다. 보수적인 부녀자로서는 매우 드문 陳岺(1875~1939)의 일기가 있는데, 그녀가 보관하던 1916년, 1918년의 일기를 큰 아들이 훔쳐가자, 보관하던 일기를 전부 불살라 버려서, 현재는 단지 1924년 일기 1권만 세상에 전해진다.[8] 이처럼 일기의 보존은 매우 어렵다.

② 일기사용의 어려움

일기는 극소수를 제외하고는 대부분 사후에 출판할 생각을 하지 않고 기록되는 것이다. 그래서 다른 사람들이 일기를 읽을 때 여러 어려움이 생긴다. 예를 들면 필적이 조잡하여 못 알아보는 경우가 많다. 특히 외국어 일기일 경우는 더욱 그렇다. 또는 인물을 기록할 때에 작자가 원래 상대방을 부르는 호칭 위주로 기록하지 실제 이름을 사용하지는 않는 경우가 많다. 이름만 있고 성이 없는 경우도 많고, 다른 사람에게 같은 이름을 사용하는 경우도 있어 누구를 지칭하는지 잘 구분해서 찾아내야 한다. 동일 인물을 여러 호칭으로 부르는 경우도 있어, 사정을 잘 아는 사람이 아니면, 두 사람 또는 세 사람으로 오해할 수 도 있다. 만약에 그 가족이나 주변 친구들을 잘 알지 못하면 이를 구분하기가 매우 어려워진다.

若日記』(臺南 : 國家台灣文學館, 2004), 第二冊(中譯本), 492.
7) 吳南圖,「序」, 收入吳新榮著, 張良澤總編纂,『吳新榮日記全集 1 (1933-1937)』(臺南 : 國家台灣文學館, 2007), 9.
8) 陳岺,「陳岺女士日記」, 1924年11月28日, 미출판원고. 이미 주석은 완성되어 2017년에 출판예정.

예를 들면 27년간 작성되었던 『灌園先生日記』(1927~1955, 중간
에 1928년과 1936년이 빠져있다)에서, '國城'은 두 사람인데 한 명은
藍國城이고 다른 한 명은 謝國誠이다. '聰明' 역시 두 사람인데, 하나
는 張聰明이고 다른 하나는 杜聰明이다. 그의 이종형인 林紀堂의 첩
을 어떤 때는 許氏悅로 쓰고, 어떤 때는 南街嫂(남가댁)라고 써서 또
다른 첩인 陳岑(일기 중에는 모두 彰化嫂(장화댁)이라고 불렀다)과
구별하였다. 그의 조카인 林六龍을 어떤 때는 陸龍이라고 쓰고 어떤
때는 涎生이라고 썼다.[9]

  앞에서 상술한 문제 이외에도 대만 일기의 語文은 다양하다. 앞
에서 말한 네덜란드 언어로 쓰인 『巴達維亞城日記』, 1842년 Robert
Gully와 선장인 Franke Dunham이 처형당하기 전에 쓴 일기는 영문
으로 되어있다.[10] 일본인이 대만에 남겨져 일본어 일기를 썼는데, 예
를 들면 경찰인 吉岡喜三郎일기는 글씨가 조잡하여 변별하여 인식하
기가 매우 어렵다. 이외에도 대만인의 일기에는 문어와 구어가 난잡
하게 뒤섞여 시대적 특성을 잘 보여주지만 해독하는 데 어려움이 생
긴다. 일본 통치시기의 日文을 사용하고, 일제 통치 시기가 끝나자 中
文을 사용하여, 가장 자주 보이는 漢文 중에 일본식 한문과 대만식 한
문(일상에서 쓰는 단어들)이 섞여 있고, 한문 중에 일본투가 많이 섞
여있는 것을 가장 흔하게 볼 수 있다. 그리고 영국 장로교회가 사용한
교회식 보통말(白話)을 사용하기도 했다. 이러한 말로 쓰여진 예를

---

9) 許雪姬,「灌園先生日記』的史料價值」, 收入林獻堂著,許雪姬主編,『灌園先生日記
  (一) 一九二七年』(臺北 : 中央研究院臺灣史研究所籌備處,近代史研究所, 2000),
  15.
10) Robert Gully et., Dunham Frank, Journal Kept by Mr. Gully and Captain Dunham
  during a captivity in China in the year 1842(London: Chapman and Hall, 1844).

들면『楊水心女士日記』[11]는 읽기에 매우 친근하다.

③ 일기의 취득과 저장

일기를 얻게 되는 통로도 많지만 사적인 인연이 일기를 취득하는데 가장 중요하다. 대만에서 학자들은 가족에게 위탁받아 가족의 역사를 쓰는 기회가 종종 있는데, 이러한 기회가 가족구성원의 일기를 얻는 가장 좋은 통로가 된다. 필자도 霧峰 林씨 가족의 부탁을 받아 그 가족의 역사를 연구하다가 두 쌍의 부부의 일기(林獻堂,楊水心, 林紀堂, 陳岑)와 부자지간의 일기(林痴仙,林陳琅)를 취득하게 되었다. 永靖成 美公堂의 魏家의 위탁을 받아 그 가족의 역사를 쓸 때,「魏達德先生日記」(1931)를 얻게 되었는데, 비록 일 년간의 일기이나 그것으로도 많은 것을 알 수 있었다.

두 번째 방법은 현장에서 조사작업을 진행할 때 얻어지는 것으로, 일본 동경대학 박사후보생 都留俊太郎은 대만의 二林사건을 연구하기 위해 彰化 二林에서 실제로 작업에 참가하면서 조사하고 연구하는 장기간의 조사작업을 진행하다가 그 지역의 문헌 연구자가 二林사건으로 인해 감옥에 가게 된 劉崧甫의 옥중일기를 제공해 주었다. 비록 1926년 한 해의 일기이나 그 가치는 매우 귀중하다.[12]

일기를 쓴 사람이나 가족이 나중에 제공하거나 기증하여 일기를 얻게 되는 경우도 있다. 2·28 사건 중에 죽은 吳鴻麒(1899~1947) 판

11) 楊水心著, 許雪姬編註, 『楊水心女士日記(一)一九二八年』(臺北 : 中央研究院臺灣史研究所, 2014), 4, 1928年1月2日.
12) 都留俊太郎이 2014年에 取得. 2017年2月8日 中央研究院臺灣史研究所에서 演講「二林蔗農事件」을 강연할 때 일기가 한문, 인문, 대만식 한문이 혼합되어 있다고 언급했다.

사의 일기(1945년 1월 1일~1947년 3월 11일)는 바로 그의 아들 吳和光이 제공해 준 것이다. 앞에서 언급한「吉岡喜三郎日記」는 그의 손녀가 먼 길을 마다하지 않고 중앙연구원 대만사연구소로 찾아와서 기증해 준 것이다.[13]

이 밖에도 문헌 연구자 또는 수집가들이 제공해 준 것도 있다. 예를 들면「陳懷澄先生日記」는 수집가인 郭双富선생이 무상으로 원본을 제공해 주고, 대만사연구소가 제작하여 대부분의 자료를 파일로 만들어 놓았다.[14] 또한 헌책방에서 구매한 것도 있다. 일본인 '灣生'(일본 식민시기의 대만에서 출생한 일본인을 가리킨다)인 等三代松添節也는 일본 神田 고서거리에서 이름을 알 수 없는 일본군이 1904년에 臺南에서 군인생활을 하면서 쓴 일기를 사게 되었다. 그는 이 일기를 대만식 한문으로 번역하여 臺南에서 먼저 출판을 했고, 중앙연구원에서 다시 2016년에 일문과 한문을 대조하는 방식으로 다시『駐臺南日本兵一九〇四年日記』을 출판하였다.[15] 지금은 일기를 디지털화하여 디지털 자료로 저장하는 경우가 많은데, 중앙연구원 대만사연구소가 가장 많이 보유하고 있으며, 대남의 대만역사박물관도 디지털 일기를 상당히 보유하고 있다. 이외에도 민간에 산재해 있는 일기도 적지 않아 더 많은 발굴과 수집을 기대하고 있다.

13) 吉岡喜三郎(1872-1948), 日本 千葉縣人, 1907年 봄에 대만 순찰에 뽑혀 대만으로 온 뒤 26년을 머물고, 일기는 1909년을 시작으로 1937년까지 있음(중간에 1912,1920년이 빠져있음)
14) 許雪姫,「編者序：關於陳懷澄先生日記」, 收入陳懷澄著,許雪姫編註,『陳懷澄先生日記(一)一九一六年』(臺北：中央研究院臺灣史研究所, 2016), 111.
15) 松添節也翻譯,『駐臺南日本兵一九〇四年日記』(臺北：中央研究院臺灣史研究所, 2016), XX.

④ 일기의 권한획득

일기의 내용은 매우 사적이고 은밀한 것으로, 공개적으로 출판하거나 자료 아카이브에 올리기 위해서는 반드시 일기 주인 본인 혹은 그 후대 자손의 동의를 얻어야 한다. 자손 중에서도 서명 권한을 가진 대표 신분이어야 하며, 이러한 권한을 얻기 위해 매우 신중하게 접근하여야 한다. 『灌園先生日記』27권과 『楊水心女士日記』4권은 두 사람의 장손인 林博正가 서명해주었다.

일기 연구 초창기에는 일기의 제공과 해독 시기에 출판만을 약속하는 서명으로도 충분했는데, 지금은 출판뿐만 아니라 아카이브에 집적하는 권한도 함께 확보하여야 한다. 검색을 할 때 제공자에 대한 정보도 제공하므로 제공자에 대한 정보제공도 동의를 얻거나 구매하여야 한다. 후대 자손의 감정을 고려하여 일기 주인의 후대를 찾는데 노력하여 그 자손으로 하여금 동의서에 서명하도록 해야 한다. 『陳懷澄先生日記』는 당사자와 후손의 서명을 이중으로 받아, 미래에 발생할 문제를 제거했다.

만약에 주석을 달아 출판하거나, 지식 아카이브 시스템에 집적하게 된다면, 주석에 참여한 사람의 권한도 획득하여야 한다. 일기 주인이 죽은 뒤 50년이 지나면 일기 주인의 후손의 동의를 거칠 필요 없이 일기를 사용할 수 있다. 다만 대만에서 2012년에 '개인자료보호법'을 공포하여 현재는 국가문서관리국이 비록 복제는 허가하나, 사생활 보호를 위하여 개인 신상정보의 노출에 엄격한 제한을 가하고 있으며, 학자가 인용할 때에 연구대상자의 이름 전체를 드러내거나 신상정보를 노출해서는 안 된다. 만약 이러한 각도에서 본다면, 미래에 일기가 전면적으로 공개할 수 있는지 얼마나 제한을 받을 것인지의 여부는 아직까지 낙관적이지 않다.

3. 일기의 분류와 서사

1) 일기의 분류

일기는 그 내용에 따라 분류할 수 있으며, 이는 일기의 성질을 쉽게 이해하는데 도움을 준다. 중국학자 馮爾康은 일기의 내용에 따라 일기를 생활일기, 학술일기, 출장일기로 분류하였고[16], 일본학자 佐藤進一則는 일기 주인의 신분에 따라 천황 황족의 일기, 세력가의 일기, 무가의 일기, 농민 상인의 일기로 분류하였다. 일기 주인의 직업에 따라 구분하면 정치가, 군인, 실업가, 작가 등의 일기로 나뉜다.[17] 대만인이 쓴 일기는 현존하는 것으로 대략 수십 편이 있다.

① 내용성질에 따른 분류

城의 일기(예를 들면, 『熱蘭遮城日記』』,「蕭壠陞城日記」) 여행일기(예를 들면, 李春生의『東遊六十四日隨筆』[18], 王達德의 「漫遊大陸日記」,「東遊鴻爪」[19]), 옥중일기(예를 들면, 「劉崧甫日記」, 『簡吉獄中

---

16) 馮爾康, 『淸代人物傳記史料硏究』(天津 : 天津敎育出版社, 2006年, 第二刷), 160.
17) 佐藤進一, 「日記の分類」, 收入吉田勇, 『日本「日記」總覽』, 38.
18) 李明輝等編, 『李春生著作集(4) : 東遊六十四日隨筆. 天演論書後』(臺北 : 南天書局有限公司, 2004), 169-228.
19) 王達德著, 王炯如主編, 『瘦鶴詩書集』(臺中 : 九荷山房, 1996), 243-317.

日記』[20]), 종교일기(예를 들면, 鍾平山의『敎會日知錄』[21], 白聖長老의
『白聖長老日記』[22]), 군사일기(예를 들면, 『駐臺南日本兵一九│ㅣ年日
記』) , 출장일기(예를 들면, 『吉岡喜三郎日記』), 생평일기(예를 들면,
『灌園先生日記』). 생평일기의 수량이 비교적 많다.

② 일기주인의 신분에 따른 분류

유지, 경찰, 관원(총독, 지사), 기자, 의사, 변호사, 문학가, 심지어
여성도 일종의 신분으로 볼 수 있다. 어떤 때는 한 사람이 여러 가지
의 신분을 가지기도 했다. 예를 들면, 黃旺成은 초기에는 공립학교의
교사였다가 후에는 기자였다. 그래서『黃旺成先生日記』는 각종의 직
업현장과 연관된 기재들이 있었다.

2) 일기 속의 기록

일기는 글쓴이의 필요에 의하여 기록한 것이므로, 기록한 것과 기
록하지 않은 것이 있다. 따라서 일기를 인용하여 연구할 때에는 이를
고려하면서 조사하여야 한다.

① 기록의 시간성

일반적으로 일기주인은 아침에 일어나서부터 밤에 잠들 때까지의

---

20) 簡吉著,簡敬等譯,陳慈玉校著,『簡吉獄中日記』(臺北：中央研究院臺灣史研究所,
2005)
21) 鍾平山,『敎會日知錄』(臺北：弘智出版社, 1985)
22) 白聖長老,『白聖長老日記(一)至(廿二)』(臺北：白聖長老紀念會, 2009年修訂再
版)

시간 사이에 발생했거나 진행된 일을 순서대로 기록하고, 부족한 부분에 대해서는 보충하여 기록한다. 시간성에 대해서 논하고자 할 때 반드시 고려해야 할 것은 일기주인이 하루 중 언제 일기를 썼는가 하는 점이다. 林獻堂은 다음날 아침에 어제의 일기를 썼는데, 회상하여 기록하는 방식으로써 전날의 일을 기록하였으므로 비교적 시간 흐름의 순서에 따른다. 黃旺成은 바쁘거나 출장을 갔을 때 기록할 틈이 없으면 하루나 이틀 뒤에 기록하였다. 어떤 일기주인은 일기장을 지니고 다니면서 수시로 그 날의 일들을 적었는데, 이러한 글쓰기 방식은 일기책으로 산 「當用日記」가 매일의 일기에 반 의 부여하여 이러한 공간에 맞추어 글쓰기가 어렵다.

② 일기의 내용

먼저 일기의 정해진 서식에 대해 논의해보자. 일기의 격식은 일기주인이 기록해야 할 항목이 무엇인지를 환기시킨다. 일반적으로 일기에는 년도와 요일, 날씨, 발신수신, 예정, 기상과 취침 등이 인쇄되어 있으며, 심지어는 독서, 사회, 잡무 등의 칸까지도 있다. 黃旺成과 같은 일기주인은 칸에 맞추어 글을 채워나간 반면 陳懷澄과 같은 일기주인은 마치 칸을 보고도 못 본 것처럼 채워 넣지 않았다. 일기의 내용으로는 태풍, 지진과 같은 천재지변을 기록한 것도 있고, 건강 상태나 매일 있었던 일과 주변 상황을 위주로 한 것도 있다. 일기주인이 중요시했던 일들이 다르므로 일기의 중점이 서로 다르다.

예를 들어 陳岺은 남편이 사망한 후 살림을 돌보아야 했기 때문에 수입과 지출 금액, 쌀값 등에 대해 기록하였고, 黃旺成은 일기 뒤에 날마다 장부를 적는 습관이 있었다. 이는 당시 가정의 지출, 물가를 이해하는데 도움이 된다. 어떤 일기주인은 먹고 마시는 것에 대해 모두 기술하여 당시의 음식과 음식점에 대한 기록을 남겼고, 어떤 일기주인은 민간종교의식에 대해 중요시하고 적어두었으므로 민간종교를 연구할 때 참고하지 않을 수 없는 일기자료가 되었다. 어떤 일기주인은 애정관계에 대하여 적지 않게 기록을 남겼는데 이는 보기 드문 것이다. 그러나 출판 시에는 이러한 내용을 어느 정도까지 출판해야 하는지의 문제가 발생한다.

어떠한 경우에는 가족들이 달관한 태도로 실상을 남기는 것을 원하며, 선대를 위하여 감추거나 하지 않았다. 예를 들면 張麗俊의『水竹居主人日記』에는 남녀의 사랑이야기가 기록되어 있어 출판 전에는 꽤 망설였지만, 한 사람으로서의 조부의 전부를 남겨야 한다고 손자가 주장하여 삭제하지 않았다. 또 어떤 일기에는 방탕한 노름과 남녀의 일이 적혀 있어 후대 자손들을 매우 주저하게 하였다. 그러나 이 일기가 매우 귀중한 것이었기 때문에 결국 그 부분을 지우고 출판하였다. 비록 완전성에 있어서는 아쉬운 점이 없지 않으나, 이 또한 최선의 방법이었다.

③ 기록 언어

대만 일기의 언어는 다양하다. 외국어로는 네덜란드어, 영문, 일문이 있고 한문 문형으로는 고전 문언문, 구어 등이 있다. 이밖에 일본식 한문이 있는데, 가장 대표적인 예로「貸切」(かしきり),대만 발음 (tāi-chhiat)이「大切」(tāi-chhiat)로 쓰였다. 이는 대만 발음과 같기 때문이었다. 또 예를 들어「勉強」라고 쓰고 때때로 일문의 용법으로 사용하였는데 이는 노력하다, 공부하다의 의미이다. 또 장로교회

(presbyterian church)의 白話字를 사용하여 쓰기도 하였다.

④ 부호

일기에 특정한 부호가 자주 보인다. 예를 들면『黃旺成先生日記』에는 ㄴ, ㅏ, ㅣ 나타나고,「陳懷澄先生日記」에는 △(삼각형)이 보이는데 모두 성관계의 부호이다.

⑤ 일기 자료의 제한성

일기주인이 일기를 쓸 때 기록한 부분과 기록하지 않은 부분이 있다. 그러므로 일기에 보이는 자료는 분명 한계가 있어 독자는 이들의 맥락을 잘 조사하여 이해하여야 한다.

일기 기록은 때로 너무 간략하기 때문에 다른 사람의 기록을 참고하여 보충하여야 한다. 예를 들어 1930년 4월 1일 오후에 林獻堂의 저택에서 제4회 櫟社壽椿會觴祝과 춘계총회가 열렸다. 모두 15명이 참가하였고 이틀 동안 열린 상당히 중요한 모임이었다. 이 모임에서 連雅堂, 林子瑾 두 명의 회원이 제명되었기 때문에 林獻堂과 張麗俊의 일기에 모두 기록되어 있다. 두 사람의 기록 모두 중요하며[23]『櫟社沿革志略』보다 상세하다[24]. 대체로 櫟社(대만 중부에서 가장 중요한 古典詩社)와 관련된 활동은 張麗俊에게 있어서 매우 중요한 사교활동이었기 때문에 일기에 자세하게 기록되어 있다. 그러나 교유관계

23) 傅錫祺,『櫟社四十年沿革志略』(臺中：莊垂勝發行, 1943), 17-18.
24) 林獻堂 저, 許雪姬,何義麟 주편,『灌園先生日記(三)一九三〇年』(臺北：中央硏究院臺灣史硏究所籌備處,近代史硏究所, 2001)(八)(臺北：中央硏究院近代史硏究所,臺中縣文化局, 2004), 193-195.

가 넓은 고위급 인사였던 林獻堂으로 말하자면 일상다반사와 같은 일이었으므로, 일기에는 그날 자신과 관련된 일이 아니면 간단하게 설명할 뿐이었다. 그러므로 櫟社를 연구하는 연구자는 張麗俊의 일기를 참고하는 것이 적절하다.

일기에 표현된 주관성이 강한 부분은 반드시 조심하여 사용하여야 한다. 일기에 주관적으로 제3자를 비평한 자료를 남기기도 하는데, 그 제3자가 결코 그렇게 나쁘지 않을 수도 있다. 그러나 일기주인의 주관적인 묘사는 독자로 하여금 비평받은 이에 대해 부정적인 견해를 가지도록 할 수 있다. 『蔡培火的日記』를 예로 들면, 그는 蔡惠如가 임종 시에 부인을 대하는 모습을 기록하였고[25], 『灌園先生日記』에서도 蔡培火의 말만 듣고 기록하여서[26], 蔡惠如의 후손들은 蔡惠如를 대신하여 해명하여야만 했다[27].

4. 일기 연구의 네 단계

이상에서는 일기 자료의 여러 외부적 특징들을 논하였다. 아래에서는 일기의 내외부의 연구에 대해 논하도록 한다.

---

25) 張漢裕 주편, 『蔡培火全集(一) : 家世生平與交友』(臺北 : 財團法人吳三連史料基金會, 2000), 94.

26) 林獻堂 저, 許雪姬,鍾淑敏 주편, 『灌園先生日記(二)一九二九年』(臺北 : 中央研究院臺灣史研究所籌備處,近代史研究所, 2001), 149.

27) 謝金蓉 편저, 『蔡惠如和他的時代』(臺北 : 國立臺灣大學出版中心, 2005), 111-112.

1) 입력, 구두점 및 교정

일기를 이용하기 위해서는 먼저 일기주인의 필적을 변별할 수 있어야 한다. 어떤 일기주인은 초벌로 쓴 후 새롭게 옮겨 쓰고 직접 인쇄한 종이를 사용하기도 한다. 필적이 깨끗하고 보기 좋아 변별에 문제가 없다. 이미 수집한 일기 중에는 『水竹居主人日記』가 가장 뛰어나다. 어떤 필적은 거칠어서 변별에 어려움을 겪는다. 만약 익숙하지 않은 인명이 나오면 몇 차례 식별하여도 정확하지 않을 수 있다. 예를 들면 『陳懷澄先生日記』, 『黃旺成日記』가 그러하다. 이후 검색과 사용의 편리함을 위하여 먼저 일기의 내용을 입력한다. 입력할 때에 오늘날에 맞는 표점부호를 더하거나 「,」 부호만을 더한다. 그 밖의 것은 구절과 구절 사이에 공간을 두어 교정하고, 틀린 글자를 수정하고, 군더더기 글자를 지우고, 빠진 글자를 보충해 넣는다. 다음으로 반드시 古字, 俗字, 異體字, 簡體字를 정리하여야 한다. 가능한 한 현재 통용되는 글자체를 사용함으로써 검색에 용이하도록 한다. 예를 들면 獻은 献으로, 蔭은 蔭으로, 備는 備로, 竊은 竊로 바꾼다. 혹자는 본래 모습을 최대한 보존해야 한다고 주장하지만, 인터넷상에 원본의 스캔본이 제공되고 있다. 문자의 표점에 관하여서는 다른 점이 있을 수 있으므로 반드시 주의하여야 한다. 통상적으로 한 권의 일기가 출판되기 위해서는 10차례 이상의 교정이 필요하다.

2) 해독과 주석

일기를 해독하는 것은 일기를 더욱 깊이 연구하기 위한 첫 단계이다. 그러나 일기의 해독은 여럿이 힘을 모으는 것이 좋으므로, 종종 일기 해독반을 조직하여 공동으로 함께 진행하면서 차례로 돌아가며 해독하고 주를 달기도 한다. 예를 들면 『黃旺成先生日記』가 그러하다. 어떤 해독반은 진행자가 주를 단 경우도 있는데 예를 들면 『灌園先生日記』가 그러하다. 진행자와 보조연구원이 합동하여 해독하는 방식도 있는데 『陳懷澄先生日記』가 그러하다. 해독 중 주석 작업을 할 때에는 아래와 같은 원칙이 있다. 『陳懷澄先生日記』(1926年)을 예로 들어 서술하도록 한다.

① 고유명사

예를 들면 인명, 지명, 서명, 고유명사, 동식물, 사물 이름, 상호명, 절, 명절, 전고, 악기, 서점.

② 설명 주석

예를 들면 「家慈」에는 반드시 일기주인의 모친의 이름과 생애를 설명해야 한다. 「君」이 부재했을 때, 이 君이 施瑞庚임을 밝힌다. 辜塾停은 여러 여학생들을 위해 연달아 장화의 「展墓」으로 향하는데, 이 묘는 辜顯榮의 모친 薛麵의 묘임을 설명한다.

③ 난이도가 있는 주석의 경우

예를 들면 「水上瀧澤」은 인명이 아니라 鹿港水上 파출소의 瀧澤哲太郎이다. 「小朝」가 등장하면 여러 차례의 판독을 거쳐 鹿港公學校의 동료인 林朝淪일 수 있음을 추정할 수 있다. 「小彪」는 일기주인과 함께 서예에서 이름을 나란히 했던 施家彪라고 추정하였다. 어느 경우

동일인물이 일기에서 다르게 쓰이기도 한다. 예를 들면 老猴閃은 또한 吳閃, 老猴陝이라고 쓰였다.

④ 주석의 첫 구절이 인명이면 당시의 직함을 먼저 설명한다. 예를 들어 平田丹藏에는 (鹿港公學校 교장)이라고 주를 단다.

⑤ 동일한 항목이 한 일기에서 한 번 출현하는 것을 원칙으로 한다. 두 번째 출현할 경우 앞 주석이 있는 수를 주로 달아줄 수도 있다. 세 번째부터는 주를 달지 않는다.

⑥ 중요한 참고자료로 『臺灣總督府公文類纂』, 『日治法院檔案』, 『臺灣總督府職員錄』, 『臺灣日日新報』등[28]이 있다.

3) 취재와 현지조사

일기주인의 후손을 취재하고 일기주인의 생전의 생활권을 이해하는 것은 일기를 해독하는 필수 작업이다. 예를 들면 『水竹居主人日記』의 기록의 중심이 되는 곳은 臺中 豊原의 下南坑이다. 일기주인인 張麗俊의 집 水竹居과, 水竹居에서 시내(慈濟宮)로 걸어가는 길의 모습을 조사하거나 그 자손인 張德懋을 취재하는 것은 모두 중요한 작업이다. 『灌園先生日記』를 해독하고 출판하기 위하여 먼저 취재를 진

---

28) 許雪姬, 「編者序：關於陳懷澄先生日記」, 收入陳懷澄著, 許雪姬編註, 『陳懷澄先生日記(一)一九一六年』, xviii.

행하였고, 『中縣口述歷史5 : 霧峰林家相關人物訪談紀錄』의 頂厝편과 下厝편을 기초로 삼았다.

4) 번역

만약 중문을 사용하여 기록하지 않았다면 번역이 필요하다. 예를 들면 일문, 영문, 교회 백화자 등이다. 『黃旺成先生日記』 중에는 일본어로 된 2년 동안의 기록이 있다. 『楊基振日記』, 『吳新榮日記』, 『馬偕日記』, 『呂赫若日記』 등도 그러하다. 그러나 어느 경우 날짜에 따라 일문과 중문을 대조한 것도 있고, 어느 경우는 원문과 번역문이 분리되어 먼저 일문이 배치되고 후에 중문이 배치된 경우도 있다.

5) 출판과 디지털화

필자가 생각하기에 최고급 민간 사료인 일기를 보급하기 위한 가장 중요한 수단은 바로 출판이다. 1책마다 내용입력에서부터 출판에 이르기까지 대략 3-4년이 소요된다. 만약 공동 해독을 거치지 않고 연구자와 보조연구원이 합작한다면 1-2년의 필요하다. 이러한 과정에서 만약 학술기구의 출판을 통하지 않는다면 일반 출판사에서는 승낙하기 어려울 것이다. 출판 후 한동안의 시간을 들여 재교정을 한 후 「臺灣日記知識庫」에 넣는다.

현재 이미 출판했거나 「臺灣日記知識庫」에 들어간 일기는 11종이 있는데, 그 중 6종은 中央研究院 臺灣史研究所 저장 디지털 영상 자료이다. 그 중 1종인 『楊水心女士日記』는 일기주인의 손자가 증정한 원본도 포함되어있다. 그 밖의 출판 및 영상저장 기구로는 國史館, 國立台灣文學館, 日本國會圖書館, 臺南市文化局이 있으며 모두 기구와의 교섭을 거쳐 동의를 얻은 후 디지털자료를 입력하거나 출판물을 재입력하거나 다시 知識庫에 넣는다. 올해 업로드한 『熱蘭遮城日記』는 네덜란드가 대만을 통치했던 시기를 연구하는 가장 중요한 자료이며 모두 4책이다. 臺南市 文化局의 허가를 받아 입력 후 올린 것이다. 현재 이미 출판되었으나 아직 知識庫에 입력되지 않은 것으로는 『吳嵩慶先生日記』, 『籾山衣洲日記』, 『駐臺南日本兵一九　四年日記』, 『陳懷澄先生日記』(第一冊), 『林紀堂先生日記』, 『黃旺成先生日記』(이미 16冊이 출판되었고 知識庫에는 11冊이 있다), "The Diaries of Dr. George Leslie Mackay"(『馬偕博士日記』)이 있다.

6) 전시와 신간서적 발표회 개최

일기를 수집하고 해독하여 출판하는 기간 동안 中央研究院 臺灣史研究所는 특별전시를 진행하는데 현재까지 이미 세 차례 개최하였다. 출판이 끝나면 신간서적 발표회를 개최하고 좌담회와 워크숍을 열어 외부에 소개한다.

7) 전시

① 2009년 10월, 매년 단 하루뿐인 개관일에 日日是好日 : 臺灣日記特展을 거행하여 12명의 일기를 전시하고 특별 소책자를 출판하였다. 이후 國立臺灣圖書館에서 2010년 5월 4일부터 7월 4일까지 두 달

간 전시하였다.

② 2014년 11월에는 高雄市立歷史博物館에서 일기 토론회를 열고, 특별히 「생활 속의 일기, 일기 속의 高雄(生活中的日記, 日記中的高雄)」특별전을 기획하여 전시하였다. 전시 기간은 2014년 11월 20일 ~2015년 5월 10일로 약 반 년이었다. 이 전시에서도 12명의 일기를 전시하였는데 그 일기에는 高雄에 대해 쓰여 있었다. 전시부분은 대만인의 종전기억, 일기 속 高雄 등이었다.

③ 2015년 檔案管理局과 생활 속의 기억: 대만 일기 특별전(生活中的記憶 : 臺灣日記特展)을 공동개최하였다. 高雄의 일기 12부 및 1945년 종전 기억을 보존하고 있는 부분 외에 1935년 臺中 屯子脚 大地震 부분도 추가하였다[29].

8) 신간서적 발표회

① 2013년 12월 13일 「『灌園先生日記』출판 좌담회 및 발표회」를 열었다. 1999년에 『灌園先生日記』의 첫 권을 출판한 이후, 2013년에 비로소 27책을 완성하여 출판하기까지 14년이라는 시간이 소요되었다. 모두 2부로 구성되었는데 1부에서는 각계의 발표자 8명이 일기의 편집, 해독, 사료가치, 精神史, 女性史에 대하여 발표하였고, 마지막으로 좌담회를 진행하였다. 2부에서는 해독반 참가자들이 감상을 발표

---

29) 中央研究院 檔案館 주임 王麗蕉이 제공하였다. 감사의 말씀을 전한다.

하였다. 당일의 귀빈 중에는 硏院 前 院長인 李遠哲 院士, 前 中央硏
究院 臺灣史硏究所 주임 劉翠溶, 前 中央硏究院 近代史硏究所 소장
呂芳上 등이 있었다. 이 일기가 해독되고 출판되도록 성사시킨 것이
바로 이 세 사람이다.[30]

② 2016년 10월 1일 「楊水心 女士 별세 60주년 기념 및 『楊水心女
士日記』 발표회 워크숍」이 열렸다. 中興大學 사학과와 공동주최한 것
으로 中興大學에서 열렸다. 楊水心의 장손인 林博正이 강연한 것 이
외에도 총 여섯 편의 논문이 발표되었고 그 중에는 두 명의 재학생의
논문도 포함되어 있다.

5. 일기의 사용과 연구 현황

본 절에서는 현재 관련 학술기구 및 개인이 일기를 연구한 현황에
대해서 소개하고자 한다. 먼저 각 기구의 해독출판개황을 소개하고,
다음으로 일기를 주제로 개최한 학술대회에서 토론 주제가 무엇이었
는지에 대해 논하도록 한다. 마지막으로 석 박사 논문 중에서 일기
사료를 사용한 현황을 통해, 새로운 사료군의 발굴이 젊은 연구자들
에게 효과적으로 사용될 수 있는지를 알아보고자 한다.

---

30) 두 파트의 토론은 楊水心 저, 許雪姬 편주, 『楊水心女士日記(一)一九二八年』,
203-300에 실려 있다.

1) 臺灣 각 학술기구의 일기 해독 및 출판

현재 대만에서 일기를 소장하고 해독하고 있는 기구는 아래와 같다.

① 國立臺灣歷史博物館

臺南에 위치하고 있다. 소장하고 있는 일기는 모두 구매하거나 일기주인의 후손이 기증한 것이다. 구매한 것은 저작권 문제가 비교적 적으나 출판권은 일기주인 후손의 권한 승인을 구해야 한다. 현재 陳懷澄(鹿港街長)의 「陳懷澄日記」(1916-1932, 1917년과 1923년 누락, 모두 15冊)[31], 「陸季盈日記」(1933-2004, 1942-1945누락, 모두 51冊), 許天催 (臺中 外埔 士紳)의 「許天催1941年日記」(1941.7.4-12.31), 范遠霖의 「范遠霖高雄飛行場服務日記」(약1944.9.17-10.16), 鄭書聲(校長)의 「鄭書聲1952年日記」(1952.1.1.-6.13), 「陸林迎1973-1975年日記」(陸林迎은 陸季盈의 아내이다.), 작자미상(초등학교 교사)의 「佚名1950年日記」가 있다. 그밖에 학생들의 주간일기가 있는데 전쟁 후 학생들이 매주 반드시 써야 했던 숙제였다. 이는 담당교사의 검사를 받아야 했으므로 기록의 범위에 제한이 있다. 예를 들면 「施純堯臺中州立臺中第一中學校反省週錄」, 「陸東原學生生活週記」(1971-1974, 陸東原은 陸季盈의 아들이다)이 있다.

국립대만역사박물관에서 소장하고 있는 일기의 수량은 많지 않다 (일기주인 9명, 모두 73冊). 陸季盈와 陳懷澄의 일기가 가장 주종

---

31) 陳懷澄 선생의 일기는 소장가가 제공한 것이다. 스캔하여 디지털자료가 되었다. 일기의 원본은 臺南歷史博物館에서 구매하여 소장하고 있다. 1926년의 일기는 臺灣史研究所에서 출판하였다.

을 이루고 그 밖의 것은 단편적인 일기이다. 이 두 일기 자료의 주인 중 한 명은 일본시대 공립학교 고등과 교육을 온전히 받은 자이고 다른 한 명은 청대의 교육을 받았고 일본 통치시기에 지방 街長이었던 지방 문인이다. 한 명은 남부 高雄 사람이고 한 명은 중부 鹿港 사람이다. 일본 통치 시기의 다른 세대, 다른 사회계층의 일상생활을 엿볼 수 있다. 이 밖에 전쟁을 전후로 한 학생의 주간 일기는 당시 학생들의 생활모습을 알 수 있게 한다. 종전 후 초기의 학교 교사와 교장의 일기는 전쟁 전에 태어나 교직을 맡은 대만인이 전쟁 후의 국민교육 시스템 내에서 계속 일을 맡았던 상황을 알 수 있게 한다. 許天催의 일기 기록은 독자로 하여금 전쟁 전 중부지방의 소작관계를 간략하게나마 알 수 있도록 한다.

국립대만역사박물관에서는 2012-2015년 동안 매월 한 차례 「陸季盈 日記 解讀班」을 열었다. 회원은 본 기관의 연구인력 외에도 國立成功大學 역사학과의 高淑媛, 陳文松 부교수 및 國立高雄大學의 吳玲青 보조연구원이 참여하였다. 올해(2017년) 해독반을 새로 열 것으로 예측된다. 일기가 일문으로 기록되어 있으므로 眞理大學 팀에게 일문 입력과 중문 번역 협조를 위탁하였다. 현재 1933-1935년 2월의 해독 작업이 이미 완성되었으며 「日記資料庫」에 올릴 것이다.

② 中央研究院臺灣史研究所

본 연구소 일기는 주로 일기주인의 후손과 수집가들이 제공해준 것이다. 가장 주요한 제공자는 霧峰林씨 일가로 그들이 제공한 19대의 두 부부와 19대, 20대손 父子의 일기는 林씨 가문을 연구하는 훌륭한 자료이다. 櫟社 구성원의 일기도 본 연구소에서 소장하고 있는 일기의 특색이라고 할 수 있다. 이 단체 구성원인 林癡仙, 張麗俊, 林獻堂, 傅錫祺, 陳懷澄과 후기 구성원인 林陳琅의 일기까지도 모두 소장하고 있다. 櫟社 구성원 수는 거의 20인 정도를 유지하는데, 단체장으로 재임한 林癡仙, 傅錫祺, 林獻堂 세 명의 일기는 상당히 구하기 어렵다 할 수 있다.[32] 여성의 일기는 매우 적고 國立台灣文學館이 소장한 시인 杜潘芳格의 일기도 매우 구하기 힘든 것이지만, 臺灣史硏究所는 전통교육을 받은 세도가의 아내 楊水心와 陳岺의 일기, 음악가 高慈美가 일본 梅光女學院에서 수학당시에 쓴 소녀일기, 총 3종류의 여성 일기를 소장하고 있다.

현재는 전쟁 후 중국에서 대만으로 오게 된 사람들의 일기도 수집하고 있다. 그 예로는 대한민국대사로 재임했던 邵毓麟의 일기, 吳嵩慶의 일기가 있다. 또한 일본통치시기 혹은 일본통치시기 전후에 연이어 쓴 일기를 수집 범위로 삼았으나, 점차적으로 전후 중국에서 대만으로 온 일기까지로 그 범위를 넓혔다. 이는 中央硏究院近代史硏究所와 國史館이 소장한 일기의 범위와 근접하다. 외국어로 쓰인 일기가 많은데 그 중 비교적 많은 것은 일본어로 쓰인 일기이나 영문, 불

---

32) 문학가 「杜潘芳格日記」는 총 36권, 38책으로 이루어져 있으며, 일기는 1944년부터 2001년까지 소녀시기, 가정을 이루고 엄마가 되는 시기, 중년으로, 문학으로 복귀(重返文學), 남편의 죽음 등 두 가지 시대를 경험하는 여성의 중요한 일기이다. 이를 연구한 劉維瑛은 "우리가 주의 깊게 봐야 할 것은 시대의 극간에서 요란한 시대배경 속의 작은 역사로써 杜潘芳格의 일기 속에 실린 방대한 정보들은 아마도 우리들이 다시금 그녀와 그녀의 시문 및 그녀가 이전에 지은 여러 시집에 있는 깊고 복잡한 시 내부의 포용력과 내재된 사상에 다시 접할 수 있게 한다. 이는 가히 보배라 칭할만 하다." 劉維瑛, 『日記與社會生活史學術硏討會會議論文』(臺北 : 中央硏究院臺灣史硏究所等, 2012)에 수록된「少女芳子的煩惱 : 杜潘芳格日記裡的愛情圖像」2-3. 1944년 5월에서 1946년 3월의 일기까지 2000년에 일본학자 下村作次郎가 『フォルモサ少女の日記』를 편집 및 출간하였다.

문으로 쓰인 것도 있다. 현재 소장하고 있는 일기는 총 39종이다.(표
1 참고)

본 연구소의 해독반은 현재 두 반이 있고, 각 반은 아래와 같다.

③ 1998년에 시작하여, 許雪姬의 주도하에 매주 월요일 오후 2시부
터 4시 30까지 수업에 참여하는 사람은 20명 정도로, 政治大學臺灣
史硏究所 曁南國際大學 역사과, 東華大學역사과, 中興大學 역사과 교
수, 中央硏究院臺灣史硏究所의 연구원, 박사후연구원, 박사 육성 프
로젝트 등의 젊은 학자, 보조연구원, 역사과 재학생도 있다. 해독한
일기로는 순서대로 林獻堂, 楊水心, 林癡仙, 林紀堂, 陳岺의 일기이고,
현재 「黃旺成先生日記」를 해독 중에 있다. 현재까지 총 18년간을 이어
오고 있다.

④ 2014년 1월에 「吉岡喜三郎日記」(1909-1937)의 해독을 시작으
로, 부 연구원 鍾淑敏의 주도아래 매월 2 회에 걸쳐 고정적으로 매주
월요일 6시부터 8시까지 진행되며, 참여하는 인원은 10명 정도이다.
이들은 본 연구소 연구원, 박사후연구원, 曁大역사과 교수 등으로 구
성되어있다. 또한 일본에서 대만으로 온 학자도 참여한다. 필적을 식
별해내고, 번역하는데 어려움이 있어 진행속도는 비교적 더디지만 현
재까지는 1915년 9월달 일기까지 진행하였다.

⑤ 都留俊太郎籌組의 劉崧甫日記讀書會
都留는 日本京都大學文學院박사생이다. 그는 대만 일본통치시기
1925년에 발생한 「二林蔗農사건」(즉, 蔗農와 製糖會社는 사탕수수 수

매가격으로 인해 발생한 蔗農항쟁)을 연구하기 위해, 臺灣彰化二林
地區에 와서 현장조사를 진행하던 중 , 당시 농민항쟁을 주도한 領袖
劉崧圃의 1926년 옥중일기(중문)을 발견하였다. 그래서 2016년 1월
에 시작하여 매월 한차례 臺北에서 일기 해독반을 연다. 현재 그 수업
에 참여하는 인원은 총 11명으로 二林과 彰南지역 관련자, 농업과 농
촌 이슈에 관심을 갖는 사람들로 이루어져 있다.[33]

　이외에도 近代史硏究所는 遊鑑明연구원의 주도아래, 2015년 12월
부터 매월 첫째 주 금요일 점심 쉬는 시간(12:00~13:30)에 「歷史記
憶讀書會」를 연다. 이 모임은 『陳克文日記』, 『王世傑日記』, 『周佛海日
記』, 楊靜遠의 『讓廬日記』 등 일기자료를 연구 대상으로 삼지만, 일기
성질을 띄지 않은 회고록도 연구한다. 연구 대상은 주로 중일전쟁시
기의 일기, 회고록에 집중되어 있다. 대부분 中央硏究院近代史硏究의
연구원들과, 박사후연구원 및 대학 박사생들로 이루어져 참여인원은
10명 정도이다. 이 독서회의 연구 중점은 중국근대사에 있으므로, 이
상으로 짧게 소개하기로 한다.[34]

2) 학술대회의 성과

　일기해독의 목적은 단지 출판이나 일기 지식 아카이브에 넣기 위함
이 아니라 일기를 핵심 자료로 하는 연구모임을 형성하는데 있다. 또

---

33) 都留俊太郞, 「再論二林蔗農事件 : 以農業史和技術史的觀點詮釋」, 2017年2月8日
　　在中央硏究院臺灣史硏究所演講稿.
34) 이상의 자료는 中央硏究院近代史硏究所 遊鑑明연구원께서 제공해주신 것이다.
　　삼가 감사의 뜻을 표한다.

한 정기적으로 학술대회를 개최하여 논문을 발표하여 서로 공부하고
他山之石하며 새로운 연구의 길을 여는 것이 최종목표다. 아래에서는
먼저 여러 차례 열린 학술대회를 소개하고, 두 번째로 이미 형성된 연
구모임을 설명하며, 세 번째로 앞으로 연구에 대한 과제를 소개하고
자 한다.

3) 학술대회 목록

① 2000년 12월 中央研究院臺湾史研究이 기획 준비하여 「일기자
료와 대만사학회—田健治郎일기를 중심으로」라는 제목의 학회를 개
최하여 주제연설과 5편의 논문발표를 하였다. 田健治郎은 대만 제 1
대 문관 총독으로 재임하였고, 재임기간 중 중국어로 쓴 일기를 남겼
다. 본 학회는 주로 일기의 풍부한 자료를 사용하고, 대만사연구와의
관계를 설명하였다. 또한 일기의 쓰기, 1922년 대만교육령의 공포, 府
評議위원의 임명, 대만은행의 산업금융, 정치경제가 결합된 측면에서
바라본 南洋協會에 대해 논의하였다.『臺灣總督田健治郎日記』는 이제
곧 출판할 예정인데, 이 학회는 대만학계 최초로 일기를 중심으로 개
최한 학술대회라 할 수 있다.

② 2004년 11월 臺中縣立문화센터와 中央研究院近代史研究所가
「水竹거주민 일기 학술대회」를 주제로 이틀간 학회를 주최하였다. 두
기관이 같이 해독하여 출판한 『水竹居主人日記』는 총 10책으로 이미
완성하였다. 본 학회에서는 13편의 논문이 있었는데, 일기주인 張麗
俊身 지방 지도층의 사회인맥, 지방경제활동참여, 전통시인으로서의

시단체 활동, 신기술을 어떻게 접할지, 그가 담당한 지보(保正)의 위생분야에서의 역할, 여가생활, 종교 활동 참여 후의 글쓰기 등에 논의하는 것에 목적을 두고, 일기주인에 대한 상당정도의 연구가 이루어졌다. 2005년 에는 위에서 언급한 논문이『水竹居主人日記學術硏討會論文集』으로 출판되었다.

③ 2006년 12월 中央硏究院臺湾史硏究所와 私立明台高中이 공동으로 주관한 일기와 대만사연구-林獻堂선생 서거 50주년 기념 학술대회를 개최하였다. 1998년 5월 시작된 林獻堂일기 해독반이 끝나가고, 일기주인인 林獻堂 서거 50주년이기에 이 시기에 개최하게 되었다.

林獻堂은 일본통치시기에 매우 중요한 인물이라 할 수 있기에 그의 일기도 중요한 가치를 지닌다. 본 학회는 일기주인 본인 및 그 후대들이 설립한 明台高級中學에서 개최하여 총 17편의 논문발표가 이루어졌다. 본 학회는 더 이상 일기주인 한명의 일기에 대해서만 연구를 하는 것이 아니라 그 범위를 확대시켜 7개의 주제로 나누어 진행했다는 특색이 있다. 1. 일기의 사료적 가치: 네덜란드 시기에 쓰여진 일기를 소개하고, 霧峰林일가 성원이 아직 출판하지 않은 林紀堂, 林癡仙일기, 楊基振일기, 蔣介石일기가 있고, 求禮柳씨 일가 일기(한국인일기)도 있는데 이는 처음으로 소개한 한국인의 일기이다. 2. 일기 속의 민족, 3. 일기 속의 사법경험, 4. 일기 속의 경제, 5. 일기 속의 종교, 6. 일기 속의 의료와 체육, 7. 일기 속의 음악생활. 회의의 성과는『日記與臺灣史硏究―林獻堂先生逝世50週年紀念論文集』(上 下冊)으로 만들었는데, 그 경비는 일기주인 후손들의 기부금으로 마련하였다. 이

번 학회의 또 다른 특색은 中央研究院臺湾史研究所의 일기 학회는 앞으로 모두 학교와 역사박물관이 협력하여 개최하고, 협력기관들의 소재지에서 개최하기로 한 점이다.

④ 2010년 8월 中央研究院臺湾史研究所와 臺中에 있는 國立中興大學歷史系가 공동으로 주관하여 日記与臺湾史研究 학술대회를 개최하였고, 발표된 논문은 총 16편이었다. 이 회의는 지난 학회의 주제를 이어받아 새로 출토된 일기를 소개하고, 일기사료를 생활사 연구에 우수한 자료로 발전시켰다. 지난 학회의 주제를 이은 여성, 일기주인, 의료위생, 여가여행, 법률단체 이외에 세도가의 복식문화, 정치활동, 요리식품, 일기 속의 지리적 공간, 식민지관료에 대해 분석하였다. 井上伊之助, 池田幸甚 등 일본인의 일기와 黃旺成, 黃繼圖부자의 일기, 楊基振 일기, 葉榮鐘 일기가 사용되었다. 이번 회의는 이후 학회에서 쓰일 두 가지 관례를 형성하였는데, 첫째는 앞으로 2년에 한 번 학회를 개최하고, 둘째는 학회논문집을 다시는 출판하지 않고, 작자가 알아서 투고할 수 있게 하는 것이다.

⑤ 2012년 11월 中央研究院臺湾史研究所와 國立臺湾歷史博物館, 國立成功大學歷史學系이 공동으로「日記與社會生活」라는 제목으로 國立臺湾歷史博物館를 빌려 학회를 개최하였다. 본 학회에는 사회생활이라는 주제로 총 17편의 논문이 발표되어 시간상으로 만청(晩清)으로 앞당겨 청대의 일기를 활용하여 臺北의 사회생활을 탐구하였다. 또한 소녀일기 중의 애정 이미지, 문명생활의 연회사회교류활동, 생활 중의「麻雀」, 신년의 명절생활, 대만에서 일본인의 사회생활, 전쟁

후 화북지역 대만인의 고향으로 돌아가기 전 생활 등 이러한 연구로 일기가 생활을 연구하는 가장 중요한 자료라는 점을 드러내 보였다.

　본 학회에 사용된 일기는『臺灣踏查日記』,『馬偕日記 1884-1891』,『臺遊日記』,『臺灣日記與稟啓』,「杜潘芳格日記」,「陸季盈日記」이다. 이번 학회는 논문을 기고한 사람들은 학회를 주관 3개 단체의 성원들이 주체적으로 이루어 졌다는 점과 둘째, 中央研究院臺湾史研究所는 지식 아카이브를 건립하기 시작하여 이미 대만총독부 직원록 체계건립을 완성하였다는 특징이 있다. 그래서 이 학회 첫 날 마지막 순서에서 中央研究院臺湾史研究所 보존관 주임 王麗蕉가「인물사료 데이터 누적시스템의 건립: 대만일기지식아카이브와 대만총독부직원록 시스템을 그 예로」를 소개하며, 학계에서 많이 사용해 주기를 희망하였다. 이번 학회를 기점으로 中央研究院 일기 해독반의 구성원들이 중요한 논문을 기고하는 원천 중의 하나가 되었다.

　⑥ 2014년 11월 中央研究院臺湾史研究所와 高雄市立歷史博物館, 高雄醫學大學가 공동으로「일기와 대만사의 연구」라는 제목으로 高雄市立歷史博物館를 빌려 학술대회를 개최하였다. 본 학회에는 총 14편의 논문이 발표되었고, 비교적 새로운 주제는 일본통치시기 대만 중상층의 재정관리, 지식엘리트의 단체 의식 및 생활실천, 문인의 사의 생활, 전쟁전후 高雄의 일본인, 감옥의 생활 및 시간, 재해와 사변 중의 사회역량을 토론하여, 모두 참신성이 돋보였다. 이번에 새롭게 나타난 일기는「陳懷澄日記」,『吳新榮日記』,「池田幸甚日記」가 있다.

⑦ 2016년 11월 中央硏究院臺湾史硏究所와 埔里에 위치한 國立暨南國際大學歷史系가 공동으로 주관하여 「일기 중 대만의 시기 전환」 학회를 개최하여 총 17편의 논문을 발표하였고, 몇 개의 새로운 소재에 관한 연구들도 있었다. 그 예로는 대만에서의 식민지 관료 일기 연구, 식민 일본인의 일기로 바라본 피식민 대만인, 일기 중의 문화강연 및 희곡, 대만엘리트의 일상 소비와 보험관련 내용, 남성일기 중의 부인과 모친, 심리상태사의 한국전쟁, 대만전쟁시기 생활과 베트남전쟁, 여가 수렵사 등이 있다. 새로 나타난 일기로는 『苦茶來山人の逸話』, 『内海忠司日記』, 『回到一九　四 : 日本兵駐臺南日記』, 「吉岡喜三郎日記」가 있다.

4) 일기연구단체의 성립

中央硏究院臺灣史硏究所는 1998년 5월 매주 해독반을 진행한 후, 많은 구성원들의 참여를 불러일으켜, 구성원들이 졸업하고 취직함에 따라, 참여자들은 소수 몇 명을 제외하고는 모두 다 변동이 있었지만 학회를 개최할 때에는 여전히 논문을 기고한다. 위에서 살펴본 7차례의 학회 논문 기고자는 일기 연구 단체 구성원이라 해도 과언이 아니다. 아래는 학회 논문기고한 사람들의 기고 횟수와 현재 소속 기관을 정리한 것이다.

中央硏究院臺灣史硏究所, 近代史硏究所, 文哲所 :
 - 臺灣史硏究所: 林玉茹(1), 翁佳音(1), 陳姃湲(1), 許雪姬(6), 曾文亮(2), 曾品滄(2), 鍾淑敏(四), 曾齡儀(博士後, 1), 陳淑容(博士

後, 1)

- 近代史研究所: 洪秋芬(1), 張淑雅(2), 連克(助理, 2)

- 文哲所: 張季琳(1)

臺大法律所博士班 : 王志宏(1)

南台科技大學 : 王見川(1)

清華大學臺文所 : 石婉舜(1)

中興大學跨國文學研究所, 歷史學系 : 廖振富(2),李毓嵐(6)

臺灣大學歷史學系: 周婉窈(1),陳翠蓮(1)

 ; 박사후보생 : 李鎧揚(1),黃子寧(1)

政治大學臺灣史研究所, 臺文所 :

- 政治大學臺灣史研究所: 李爲楨(1), 鄭麗榕(1), 陳家豪(博士, 1),
　　　　　　　　　　　莊勝全(박사후보생, 2)

- 臺文所: 曾士榮(1)

中正大學歷史系博士 : 李昭容(1)

空中大學 : 沈佳珊(1)

高雄師範大學歷史系 : 吳玲青(1)

暨南國際大學歷史系 : 林蘭芳(四), 林偉盛(2), 李朝凱(박사후보생, 1)

高雄醫學大學通識教育中心 : 林丁國(5)

交通大學客家研究所, 音樂研究所, 通識教育中心 : 黃紹恆(2), 高雅
俐(1), 黃毓婷(1)

臺灣師範大學臺灣歷史研究所, 臺灣語文研究所, 歷史系 :

- 臺灣史研究所: 范燕秋(2)

- 臺灣語文研究所: 林淑慧(1), 陳玉箴(2)

- 歷史系: 吳文星(1), 徐聖凱(博士候選人, 1)

成功大學歷史系：高淑媛(1), 陳文松(2)

國立臺灣圖書館：陳世榮(2)

屏東敎育大學音樂系：連憲升(1)

東華大學歷史系：陳鴻圖(1)

國立臺南歷史博物館：陳怡宏(2), 謝仕淵(1), 劉維瑛(1)

日本山形大學人文學部：許時嘉(1)

臺北科技大學文創系：楊麗祝(1)

臺中敎育大學：鄭安睎(1)

國立故宮博物院南院：賴玉玲(1)

日本愛知大學中國學部：黃英哲(1)

이상 약 50인은 일기 학술대회에서 발표했을 뿐만 아니라, 曾士榮은 심리상태사의 관점에서 일기주인의 공과 사를 탐구하여 『近代心智與日常臺灣』책을 집필하였다.[35] 黃英哲, 許時嘉는 공동으로 『楊基振日記 : 附書簡 詩文』三冊을 집필하였고[36], 許時嘉도 『籾山衣洲在臺日記, 1898-1904』[37]을, 필자도 1999년부터 연이어 『水竹居主人日記』(洪秋芬, 李毓嵐과 공동집필, 10冊), 『灌園先生日記』(鍾淑敏, 周婉窈, 何義麟, 呂紹理와 공동집필, 27冊), 『楊水心女士日記』(4冊), 『黃旺成先生日記』(16冊, 미완성), 『林紀堂先生日記』, 『陳懷澄先生日記』(曾品滄, 李毓嵐과 공동집필, 1冊, 미완성), 「陳岑女士日記」(출판중)를 집필하였다.

---

35) 曾士榮, 『近代心智與日常臺灣 : 法律人黃繼圖日記中的私與公(1912-1955)』(臺北 : 稻鄕出版社, 2013).

36) 黃英哲, 許時嘉, 『楊基振日記 : 附書簡 詩文』(臺北 : 國史館, 2007).

37) 許時嘉 朴澤好美, 『籾山衣洲在臺日記, 1898-1904』(臺北 : 中央硏究院臺灣史硏究所, 2016).

6. 연구의 과제

일기를 주요 자료로 한 연구영역은 매우 다양하다. 가장 중요한 연구는 일기주인 본인, 宗族史, 생활사와 女性史이다. 생활사는 경제, 상업, 의료위생, 여가생활(체육, 여행, 종교풍습, 문자, 음식)을 포함한다. 이외에도 일기주인의 쓰고 쓰지 않는 것, 일기주인이 사용한 일기장, 자주 사용하는 어휘 중에서도 특히 동사, 용어 등은 모두 연구 대상이 된다.

어떻게 일기연구의 특색을 발휘할 수 있을까? 크게 다섯 가지 범위가 있다. 첫 번째는 생활사이다. 일기는 날마다 생활 중의 각종 활동, 생각을 기록하는 것으로 예를 들면, 물가, 보험납부, 음식, 교통, 여가, 가정, 교우 등이기에 생활사를 연구하는데 가장 중요한 소재이다.

두 번째는 여성사이다. 여성자신의 일기 외에, 남성일기 중의 여성자료 또한 비교적 적은 여성자료를 보충해 줄 수 있는 중요한 원천이다. 이러한 여성은 가족 내의 여성, 외도의 대상, 유흥시설 여자, 친구의 여성친척을 포함하지만, 남성 일기 중 여성의 쓰기는 종종 전통 남존여비사상을 벗어나지 못했고, 심지어 편견, 비평도 포함하고 있기에 이를 통해 그 여성관을 알 수 있다. 그러나 이러한 표면적이고 주관인 글쓰기를 배제하고 중요한 정보들을 읽어내야 한다.

세 번째는 문화사이다. 일기주인의 독서, 무엇을 읽는지, 독후감, 읽을거리의 원천, 빌린 것인지 어디서 산 것인지, 가격은 얼마인지, 하루에 몇 가지의 신문을 보는지, 언제 신문을 보는지 등등 이 모두가 당시 유행하던 간행물과 독서 습관에 대해 이해하고, 출판사와 서점의 가장 좋고, 가장 연속성이 있는 자료는 무엇인지를 이해할 수 있다.

네 번째는 당대 정치사건에 대한 반응이다. 예를 들어 대만 同化會, 대만의회 설치청원 운동, 霧社사건, 황민화운동, 일본투항, 陳儀통치, 2·28 사건 등은 모두 일기 중 일기 주인의 해당 사건에 대한 견해 찾을 수 있어서 당시와 현재의 견해가 같은 것만은 아님을 이해할 수 있다. 또한 일기의 주인의 생각이 다르기 때문에 다원적인 견해를 얻을 수 있어, 당대를 이해하는데 매우 많은 도움을 얻을 수 있었다.

다섯 번 째는 중요한 사실을 고증해 낼 수 있다. 일기자료의 자세한 분류를 통해서 이전에 알지 못했던 사실의 진상을 고증하여 교정할 수 있다. 예를 들어보자면, 林獻堂은 1929년 9월 10일의 일기에서 그 생모가 그날 밤 10시에 돌아가시자, 그의 슬픔은 극에 달하고, 사람을 시켜 부의 200원을 보냈다. 9월 25일에 또 쓰기를, 竹南陳九가 와서 그에게 알려주기를 그의 생모가 30일에 발인한다고 했다.『黃旺成先生日記』의 1929년 9월 29일 일기에 쓰기를 그는 陳九 등의 인물로부터 부탁을 받아 陳萬濡의 모친의 장례에서 사회를 맡았다. 또한 林獻堂의 모친이 林家를 떠난 후에 竹南中港望族인 陳汝厚와 결혼하였으니, 이는 또한 陳萬濡이 林獻堂의 同母異父형제 였던 것이다.[38]

7. 결론

본문은 대만일기의 수집 해독, 출판, 디지털화, 일기지식아카이브 구성의 과정을 연구하는 것에 의의를 둔다. 지극히 개인적이고 주관

---

38)『黃旺成先生日記(十六)』(臺北 : 中央研究院臺灣史研究所, 2016), 331-333.

적인 성격을 지닌 사료로서 어떻게 학술 연구 상에 운용해야 하는지에 대해서는, 논쟁과 후유증이 없을 수 없겠지만, 일기 자료로서의 특색을 살려서 각 방면의 연구를 진행하자는 것이다. 대만일기는 여러가지 특색을 지니고 있는데, 예를 들면, 사용된 문체, 문자의 다양성 등이 있다. 부부 또는 부자지간의 일기가 연속적으로 출현됨으로써 문제에 대한 이해가 작은 사건에서 전체적인 상황으로 광범위해짐으로써 최근에는 사건들이 진상에 가까워지고 있다. 식민자 통치에 대해 피식민자들의 저항과 적응들에 관한 내용들이, 식민자 사료 중에 드러나는 면모는, 피식민자일기의 내용의 비교를 통해서만이 비로소 피식민자의 진정한 생각을 이해할 수 있을 것이다. 일기 자료가 비록 만능은 아니지만, 대만사 연구에 있어서 일기 자료를 참고하지 않는다는 것은 절대로 있을 수 없는 일이다.

십여 년 전에 중앙연구원대만사연구소에서 일기연구 四部曲이 시작되었는데, 일기의 전체 문장을 입력하고, 교정하고, 해독하고, 출판하여 일기지식아카이브(현재 11개 종류의 일기가 있다)에 적재하는 과정에서 일기 사료의 운용이 광범위해지고 있다. 단순히 최근 석 박사논문에 인용되어지는 것만 하더라도 점점 더 증가하는 추세이다.

예를 들면, 『灌園先生日記』를 인용한 것이 이미 200건에 달하고, 그 다음으로 『水竹居主人日記』는 155건에 이른다. 구 뒤를 쫓아 『吳新榮日記』는 117건에 이른다. 이러한 추세는 일종의 사료를 검시하여 운용하는 방법 중 하나이다. 이 밖에도 이미 7번의 세미나와 3가지 종류의 일기 전시회, 2번의 일기출판후의 좌담회, 발표회 등을 진행하는 등, 아낌없이 확산의 노력을 기울이고 있다. 일기해독반을 조직하여 지속적으로 일기를 해독하는 작업 역시 일기 연구를 사회 전반에 확대시키는 좋은 방법 중 하나이다.

중앙연구원대만사연구소는 1998년 5월부터 지금(2017년 2월)까지 운영되고 있는 해독반은 아마도 대만에서 가장 오래되고, 가장 빈번한 활동을 벌이는 모임일 것이다. 세미나를 개최하여 검시된 연구 성과도 상당히 중요하다. 앞으로 계속해서 해독, 출판, 세미나 개최 등의 활동 이외에도 '대만일기지식아카이브'의 내용을 확충하고 국외 학자들과의 교류를 강화하며, 일기연구와 관련된 국제학술대회를 개최하고자 노력해야만, 비로소 일기 자체에 대한 연구와 일기자료를 이용한 연구, 두 가지 모두가 지속적으로 진행될 수 있을 것이다.

제**3**부

동아시아 일기연구의 응용방법 모색

제6장

일기 디지털 시스템의 응용과 설비:
대만의 일기지식허브를 중심으로

왕리치아오(王麗蕉) · 쳉리중(鄭麗榕)

1. 머리말

2002년부터 대만에서 시작한 디지털 아카이브 국가과학기술계획은 당시 유일하게 인문과 과학을 결합한 것으로, 국가가 막대한 자원을 투입한 통합적이고 미래지향적인 대형 연구 계획이다. 그 목적은 디지털 아카이브 설계를 통해 진귀한 문물들의 아카이브 단위 수집을 유도하고, 학술과 수집을 유도하여 이들 모두 공공 자원이 되도록 하는 것이며, 누구든지 볼 수 있도록 하는 것이다.[1]

2007년 디지털 아카이브 계획은 2기로 접어들어 디지털 성과의 응

---

1) 王汎森. 2013. 〈如今, 種子已經播下了〉在 : 數位典藏與數位學習國家型科技計畫辦公室編輯, 《當科技與人文相遇 : 數位典藏與數位學習的歷程》.臺北市: 編輯者.頁 x-xvii.

용과 심화연구를 더욱 강조하였다. 국가에 대한 11년의 국가주도형 과학기술계획을 포함한 총 평량을 의미하는 것이다. 일찍이 계획 총 책임을 역임한 역사학자 王汎森은 디지털 아카이브는 3단계를 거쳤다고 회고하였다. 초기에는 전통아카이브정품(傳統典藏精品)을 중심으로 하였고, 2단계에는 대만 본토의 생물 다양성과 문화 다양성이 들어갔으며, 3단계에는 대만의 일상 생활사, 특히 근 백 년간의 민간 역사 아카이브로까지 확대하였다.

中研院臺史所는 2004년에 디지털 아카이브 국가주도형 과학기술계획에 가입하였고, 2기 계획에서 디지털 내용 보충과 심화응용목표를 강조하였다. 당시 臺史所소장과 디지털 아카이브 계획을 맡고 있던 許雪姬교수는 『灌園先生日記』의 번역출판성과 디지털화 및 인터넷에 공개하여 사용자들이 네트워크 연합사용을 통해 편하게 사용할 수 있을 것을 제안하였다. 2008년부터는 中研院 학술 연구환경개선 경비보조를 획득하여, 「臺灣日記知識庫」를 조성하고, 일기사료 해독 성과의 디지털화된 내용으로써, 학술연구의 혁신적인 발전을 강화하였다.

본고에서는 「臺灣日記知識庫」의 설치경험을 바탕으로 1차 사료의 디지털화(數位加値)의 발전경위와 인문연구심화의 미래전망을 살펴보고자 한다.

첫째로 디지털 시스템의 발전전략을 요약한다. 둘째, 일기지식허브에 이미 공개한 일기를 소개하고, 또한 시스템 인터페이스 설계와 기능을 살펴본다. 셋째, 일기사료 디지털화(數位加値)실무작업 순서를 설명한다. 넷째, 시스템 개방, 프로모션과 연선사용정형(連線使用情形)을 분석한다. 마지막으로 지식허브연구의 효과와 미래발전 전망으로 결론짓는다.

2. 대만 일기지식허브의 발전 전략

대만 일기지식허브 계획의 시작은 2007년 11월이다. 中研院臺史所 許雪姬 연구원은 『灌園先生日記』출판 성과를 디지털화(數位加值) 및 인터넷에 공개하여 사용자들이 편하게 사용하도록 구상하였다.

이어서 디지털 아카이브 설계팀들이 이 구상을 구체적으로 디지털 화 설계서로 만들었다. 또한 순조롭게 그 다음 해(2008년) 中研院학 술연구환경개선 보조금을 획득하였다.

1927-1942년에 이미 출판한 『灌園先生日記』과 『水竹居主人日記』 의 1906-1937년의 모든 일기내용은 제1년차 계획 시스템수록표에 수록하고, 설계팀의 토론을 거쳐 wiki를 시스템 개발도구화 할 것을 확인하며, 또한 臺史所 일기해독반 구성원들과 협력하여 일기내용배 치와 품질검사 등의 디지털화 작업을 처리한다. 설계 시행 제 2년차 (2009년)에는 곧 대만일기지식허브 1차 사료의 디지털화의 혁신적 인 발전을 완성하였고, 대중에게 개방 검색과 개인일기의 학술 서비 스로 사용할 수 있도록 하였다.

대만일기지식허브의 발전 전략의 주요 강점은 臺史所에서 오랜 기 간 관심을 가져온 개인일기저장이고, 또한 연구자들이 일기를 번역 하며 출판한 것 역시 큰 성과이다. 그리하여 최신의 디지털 기술 통신 기구와 연동하여 디지털 지식 인터넷 환경 속에서 인문 영역을 효과 적으로 인문전문집단과 협력하여 기제를 만들고, 하나의 지식 무대를 만들고자 한다. 이는 사료 내용과 지식 베이스를 더한 혁신적인 디지털 발전이다. 디지털화된 사료를 개방함으로써 사람들은 공공 및 개인 일기를 조회할 수 있다. 또한 개방된 자료는 학술적 서비스를 제공할 수 있다. 학술적 서비스를 제공한다. 여기에서는 대만 일기 지식허브의 발전 전략을 1차 사료, 전문가들의 번역 내용, 양호한 시스템 도구, 전문 정보화, 권리보호체결, 영속적인 발전 유지 등으로 나누어 보고자 한다.

1) 1차 사료

디지털 시스템 설비의 가장 근본적인 요건은 1차 자료에 대한 내용이다. 許雪姬는 일기는 역사연구의 최고의 자료이며, 1차 사료라고 주장한다. 일기자료를 사학계에서 중시하는 원인을 다음과 같이 생각한다. 첫째, 일기는 당시 사람들이 기록한 당대의 기록이므로 사실을 반영한다. 둘째, 오랜 시간 주변에서 일어난 일들을 기록하여 사회 변천의 궤적을 볼 수 있다. 셋째, 일기는 사적인 기록으로 사건과 사람에 대한 기록이 직접적이고 숨김이 없다.[2] 대만 일기지식허브 구상은 許雪姬 교수가 오랜 기간 번역하여 출판한 『灌園先生日記』와 『水竹居主人日記』에서 시작한 것이다.

『灌園先生日記』은 대만 민족운동의 선구자 林獻堂이 남긴 것이다. 일기는 1927년에 시작하여 1955년까지의 기록되어 있고, 전후 29년

---

2) 許雪姬. 2000. 〈張麗俊先生水竹居主人日記的史料價值〉, 在：張麗俊著, 許雪姬,洪秋芬解讀, 水竹居主人日記(一).臺北市：中研院近史所.頁3.

의 기록으로 구체적이고 세밀한 대만의 역사라 할 수 있다.[3] 『水竹居
主人日記』은 張麗俊이 남긴 일기이며, 1906년에 시작하여 1937년까
지의 기록으로 전후 32년을 기록하고 있다. 일기의 내용은 가족 간의
왕래, 종교제전, 지방에 관한 일, 시사(詩社)활동 등 일상생활로 되어
있다. 일기사료의 디지털 강화는 바로 디지털 전장계획확장에서 민간
역사전장까지 호응하는 것이며, 대만 일상생활사의 다원화된 발전을
중시한다는 것이다.

2) 전문가들의 내용 번역

일기는 당시 사람들이 기록한 당시 사건의 1차 기록이기 때문에 글
씨체와 기록이 간결하다는 특성 외에 중국어, 일본어, 백화, 로마자,
영어, 그 외 기타 언어 등 다양한 언어로 기록되어 있다. 따라서 일기
의 원시기록사용은 용이하지 않고, 역사 전문가와 어학 전문가들이
번역할 수 있다. 또한 일기 번역 순서는 첫째로 축자판독, 축구표점,
원문의 오탈자, 탈자 교정과 전문 작업을 진행한다. 두 번째는 일기
에 나오는 인명, 일문, 한자, 대만어 및 특수 명사에 주석을 다는 것이
다.[4]

이에 따라 대만일기지식허브에는 1차 기록 외에도 사학연구단체에
서 번역 주해한 권위 있는 내용들을 포함한다.

---

3) 李遠哲. 2013. 〈序〉, 在林獻堂著, 許雪姬編註,《灌園先生日記》.臺北市：中研院臺史
所.頁iii.

4) 李毓嵐. 2004. 〈跋〉, 在：張麗俊著, 許雪姬,洪秋芬,李毓嵐解讀, 水竹居主人日記
(十).臺北市：中研院近史所.頁411-418.

『灌園先生日記』번역출판을 예로 들면, 臺史所에서 1999년부터 「林獻堂日記解讀班」을 세워 許雪姬를 주축으로 각 분야의 사학 전문 연구 인원들과 정기적으로 모임과 토론을 거쳐 번역 출판 전과 후를 원칙으로 하여 2000년 말에 제 1부를 출간했고, 2013년 11월까지를 마지막으로 1판을 출간하였다.[5] 해독부터 주해 완성까지 15년이 걸린 것이다.

『灌園先生日記』의 출판은 1927년부터 1955년에 걸쳐 이루어졌고, 일기 원문과 주해 내용은 총 520 여만 자에 달하며, 이 중 林獻堂이 29년간 쓴 일기는 9,500여 편에, 248만여 자다. 그리고 전문가들이 해독한 주해는 곧 17,200여항, 279만여 자로, 일기 편 당 평균 주해는 2항이고, 주해내용 글자 수는 일기원문보다 20여만 자가 많았다.

3) 양호한 시스템 도구

컴퓨터 과학기술과 소식네트워크가 함께 발전하면서, 자료허브설비에서 반드시 필요한 것은 소식 시스템 도구다. 통신기술을 결합하여 만든 web 2.0개념의 발홍으로 사용자들의 참여와 사회 소프트웨어 도구를 지원하게 되었고, blog, wiki 등과 같이 개인이 인터넷 상에서 공간을 빌리기 시작하여, 사회 네트워크망을 형성하였다. 집단적인 창조 노력으로 통신의 향유와 새롭게 개발한 지식공간은 더욱 효과적인 협력환경이 되도록 하였다.

---

5) 許雪姬. 2013. 〈跋〉. 在 : 林獻堂著, 許雪姬編註, 《灌園先生日記(廿七)一九五五年》.臺北市 : 中研院臺史所.頁493-504.

이 중 이용자들이 자유롭게 편집할 수 있도록 한 wiki는 개인이 정보 정리를 할 수 있도록 정보조적개념이 확대된 기술이고, 나중에 그로 인해 집단 네트워크 플랫폼이 되었으며 위키백과가 바로 그러한 특징을 가지고 만들어진 것이다.

臺史所 디지털 전장 설계팀은 시스템 개발도구를 평가할 때, wiki를 고려한 것은 무료로 사용하도록 한 공동 창작 및 정보조직기술이기 때문이다. 또한 대만일기자료의 중문과 다언어의 필요로 인해 사회 소프트웨어는 반드시 완벽하게 중국어를 지원할 수 있어야 했고, 시스템 플랫폼 역시 마땅히 관리와 유지에 편리해야 하였으며, 인터페이스 사용은 학습과 향유에 쉬운 것이어야 하였다. 따라서 최종적으로 위키백과에서 채용한 Mediawiki를 대만일기지식허브를 개발하는 시스템 도구로 선택하였다.

4) 전문 정보화

자료허브시스템 설치에서 가장 중요한 작업은 정보화(資訊加値)순서인데, 정보화(資訊加値)의 최종 목표는 지식전파와 창조를 촉진하는 것에 있다. 전문적인 정보화(資訊加値)의 순서는 확인, 선택, 수집, 조직, 준비, 저장, 주해, 이용과 전파의 전체적인 순환과정을 포함한다.[6] 첫 단계는 처리할 수 있는 자료범주를 확인하는 것이다. 다음 단계는 적합하고 가장 중요한 자료를 선택과 수집하는 것이다. 이어서

6) Evans, G. Edward, & Margaret Zarnosky Saponaro. 2005. *Developing Library and Information Centre Collections*. 5th ed. Westport, CT : Greenwood Publishing Group, p. 7.

수집한 자료가 유용한 정보가 되도록 조직하고, 정보 저장 기제를 사용자 공개 검색으로 준비하며, 한 단계 발전한 해석은 사용자가 정확하고 신속한 정보를 얻을 수 있도록 한다.

마지막으로 사용자는 확실한 정보지원작업이나 기타 활동을 이용한다. 또한 앞으로 성과는 일련의 자료, 정보, 지식 전환의 유기적인 순환구조로 만들도록 하는 것이다.

정보화순서(資訊加值程序)의 관건은 프로그램 조직 방법에 있다, 설계팀은 심도 있는 일기해석을 거쳐 콘텐츠를 계획하기 위해 일기장 특성상 매년 기록이 날로 기억하는 개별 타이틀을 하나의 전체적인 자료를 일기로 하루하루의 일기를 가장 기본 단위로 하고, 개별 기록, 년, 월, 일에 근거해 일기자료를 편집 배열한다. 예로 문서학이론 중의 전종 및 그 원시 순서 등의 문서 유래 원칙과 전종, 계례, 안권, 문서 다원화 공제층차의 정보조직방법을 따르는 것으로[7] 개별일기의 시서성을 완벽히 유지할 수 있고, 독특성의 원시 맥락 정보를 보여줄 수 있다.

나아가 서력(西元日曆)의 일치성 분류구성을 통해 일본이나 중국 달력, 구력과 신력 기일을 다원화된 일기 유래 및 다양성 기록을 합하는 것으로 처리한다.

이어서, 일기 원본운용이 준비한 것으로 받아 시스템과 개방 플랫폼 wiki를 저장 검색 사용자도 빠르게 제공하고 믿을 만한 성과를 거두고 진실한 콘텐츠와 그 역사 문화 연구를 완성하는 일을 도왔다. 전승 최종 사용자의 연구 성과는 기술을 타면서 대만을 더해 진정한 창

---

7) 薛理桂 王麗蕉. 2010.《檔案編排與描述 : 理論與實務》.臺北 : 文華.頁35-45.

작 일기와 협동하여 지식 베이스에 대한 지식 공유 플랫폼이 된 것이다.

5) 권리보호체결

대만일기지식허브에 수록된 일기자료의 1차기록, 주해내용과 디지털 영상을 확인하고, 공동 창작과 지식 공유 플랫폼을 선택한 후, 개방된 대중 라인 탐색의 공공자원이 될 수 있는 내용을 확보하고, 개인 프라이버시 보호와 지적 재산권 보호하기 위해서 일기콘텐츠 강화 실무작업 진행 전에, 반드시 관련된 사람들의 일기원고, 주해내용 두 부분을 포함한 수권(授權)동의문서를 얻어야 했다. 우선 일기원고의 수권(授權)문서는 얻어야 했다. 가족들과 일기 소장자들의 수권(授權書)이다. 예로 가족인 林博正선생의 林獻堂과 楊水心의 일기 원시기록 수권(授權)서, 陳仰止 선생의 陳懷澄 일기 원시기록 수권(授權)서 및 소장자 郭雙富선생이 서명한 陳懷澄일기디지털영상 수권(授權)서이다.

이어서 한 것은 일기해독출판의 주해자와 출판사들의 수권(授權)문서였다. 예로 許雪姬교수 체결한 灌園先生日記,水竹居主人日記,黃旺成先生日記,楊水心女士日記등의 주해배용 수권서(授權書), 江樹生 선생이 체결한 熱蘭遮城日誌 역주 내용 수권서(授權書) 및 國史館이 체결한 楊基振先生日記, 臺灣文學館簽署的呂赫若日記등의 수권(授權)문서, 이러한 수권(授權)으로 일기해독출판내용에 디지털 강화와 공개전송 등의 온라인 공개서비스를 진행하게 되었다.

6) 영속적인 발전 유지

5년은 中研院院方의 경비 보조금을 얻었으나 전담 인력은 배치하지 않았다. 따라서 디지털 아카이브는 다른 팀의 협조를 얻어서 설계를 하게 되었다. 2009년 倂古文書室과 디지털 아카이브 설계팀은 공식적으로 계획하고 시스템 기록 보관소와 사업 영속, 주요 일기 사료 내용 신설. wiki시스템 플랫폼 기능 연구 개발과 관련 프로모션 행사 등을 포함하여 맡는 檔案館을 설치하였다.

일기사료 증가 방면에서 院方所보조건설계획으로 전문 인력 경비가 제한적이고, 보조경비 역시 많지 않다. 1년에 1-2편의 일기를 할 수 있고, 매년 자료내용을 증가하는 방식으로 진행한다.

이어서 시스템 기능개선 방면에서, 문서국(檔案館) 콘텐츠 담당이 맡고, 예로 검색기능, 행동장치연선판변설계, 연선정합검색, 예 인용 일기사료의 석 박사 논문 목차 등과 같은 최신식 판본과 연구개발 개선 관련기능을 시스템 서비스 인터페이스 사용기능으로 한다.

마지막으로, 일기사료 디지털콘텐츠 응용을 널리 보급하는 차원에서 문서국(檔案館)관련 계열 과목, 연구토론회와 문서전시활동, 최신 일기 아카이브 성과에 대한 적극적인 프로모션, 일기지식허브시스템서비스와 기능을 연결시키고자 한다.

결론적으로 대만일기지식허브의 설치전략은 다음과 같다. 1. 일기사료은 역사연구의 최상의 자료. 1차 사료라 할 수 있다. 2. 긴밀하게 연결된 군중과 공통으로 향유하는 전문가들의 주해내용이다. 3. 사회 소프트웨어 wiki개발 연용과 공동 창작의 우수한 시스템 플랫폼의 결합, 전문 콘텐츠를 결합한 다양한 일기의 유래와 개인 기록의 보호. 4.

지적재산권 존중과 수권(授權)보증 취득, 공식 단위인 문서국(檔案館)이 맡은 시스템의 영속적인 발전과 유지, 일기내용의 증가와 시스템 기능의 개선, 일기지식허브는 臺史所檔案館의 최고의 특색을 가진 디지털 인문시스템인 것이다.

3. 지식허브에 수록된 일기 개요

대만일기 지식허브의 건립 초기 수록된 일기는 中央研究院台湾史研究所에서 출판된 『灌園先生日記』 그리고 許雪姬 등이 편주로 대만근대사연구소의 『水竹居主人日記』가 있다. 앞서 두 권의 일기는 정보축적 및 관련 해독 전문가의 참여로 교정되어 2009년 공식적으로 온라인을 통해 동시에 검색 및 사용 가능하다. 2010년 『簡吉獄中日記』 개정증보판, 2011년 『黃旺成先生日記』개정 증보판과 대만국사관 출판의 『楊基振日記』, 2012년 『台湾總督田健治郎日記』개정증보판과 대만문학관 출판의 『呂赫若日記』, 2013년 『茶苦來山人の逸話』 개정증보판(일본어판)과 대만문학관이 출판한 『吳新榮日記』, 2015년이래 대만근대사연구소가 신간 『茶苦來山人の逸話：三好德三郎的台湾記憶』을 출판시 중문판 대조판도 재출간되었다. 2016년 『楊水心女士日記』 개정증보판, 올해2017년 2월 타이난시문화국에서 『熱蘭遮城日志』 중문판을 출간하였다. 현재까지 누적되어 이미 일기11부를 공개하였으며 대만인 혹은 외국인이 대만에서의 경험을 보존한 1차적인 사적기록을 포함하며 현재 시스템상 수록된 자료를 순서대로 간략하게 소개하자면 다음과 같다.

1) 灌園先生日記

임헌당(1881-1956, 타이중 우펑출신)은 본명이 조침(朝琛)이며 호는 관원(灌園)이다. 일제식민지 대만민족운동의 지도자이며 전후 현(縣) 참의원과 성(省)참의회에 선출되었고 성(省)정부위원, 통지관(通志館)관장 후에 문헌회주임위원으로 바뀌었으며 1949년 국공대치 상황하에 안정을 취하기 어려워 요양생활을 하다가 외지에서 생을 마쳤다.[8]

2)水竹居主人日記

장려준(1868-1941, 타이중 펑위안 출신), 자는 삼승(卅三)이며 호는 수죽거주인(水竹居主人). 거리협회의원街協議會員이다.

水竹居主人日記는 1906년부터 1937년까지 32년간의 기록이 담겨져 있으며 1922년분은 소실되었다. 일기는 붓으로 필사되어 11행부이며 음력 한해를 1책으로 제본하였다. 일기내용은 장려준 본인의 개인가족사, 종교활동, 지방산업등 일상생활 외 또한 정치운동사, 보갑제도과 문학사등 중요 사료등을 제공하고 있다. 이 일기가 귀중한 점은 대만에서 현재 유일하게 보정 당사자가 남긴 1차기록이기 때문이다.[9]

---

8) 許雪姬. 2000. 〈灌園先生日記的史料價值〉.在林獻堂著, 許雪姬等共同註解,《灌園先生日記》.臺北市：中研院臺史所.頁(1)-(16).
9) 李毓嵐. 2000. 〈水竹居主人日記〉.在許雪姬主編,《日日是好日：臺灣日記特展手冊》.臺北市：中研院臺史所.頁18-19.

3) 簡吉獄中日記 1929-1930

간길(簡吉, 1903-1951, 까오슝 평산출신), 공립학교에 교직에 몸담았으나 제당회와 소작인 간의 쟁의로 사직하고 평산농민조합을 설립하고 대만농민조합을 창설하였다. 1929년 대만총독부는 전 섬을 대상으로 위법행위를 신고 간길을 1년간 감옥에 수감하였다. 1931년에 또한 대공당원명의로 인해 체포되어 10년간 징역형을 살았다. 전후, 삼민주의 청년단 까오슝분단 서기직에 있었고 중공관련 위원회 서기를 맡았다는 이유로 1950년 체포되어 사형 판결을 받았다.[10]

4) 黃旺成先生日記

황왕성(1888-1979, 신주출신), 호는 국선(菊仙)이며, 공립학교에서 교직생활을 하였고 타이중 차이렌방 집의 가정교사로 있었다. 후에 대만문화협회활동에 전념하였고 대만민보의 기자를 역임하며 대만민중당의 주요인물이 되었다. 1935년엔 신주시회의원, 1939년엔 반일 때문에 일년가까이 구금되었다. 전후, 민보의 주필을 역임하고 차례로 성 참의원, 대만성통지를 편찬 업무를 담당, 신주현 문헌위원회주임위원으로 있었다.[11]

---

10) 鄭麗榕. 2000.〈簡吉獄中日記〉.在許雪姬主編,《日日是好日：臺灣日記特展手冊》.臺北市：中研院臺史所.頁6-7.

11) 曾士榮. 2000.〈黃旺成日記〉.在許雪姬主編,《日日是好日：臺灣日記特展手冊》.臺北市：中研院臺史所.頁24-25.

5) 楊基振日記

양기진(楊基振, 1911-1990, 타이중 칭쉐이출신). 일본 와세다대 정치경제학부를 졸업하였으며 1934년 남만주철도주식회사에 재직, 1938년 화북교통주식회사 천진철도국으로 전임, 1945년 신탕산공장 부공장장으로 있다가 1946년 대만으로 귀국한다. 귀국하던 해 대만 성정부 교통처에 근무하고 1976년 퇴직 후 미국으로 이민하였다.

양기진은 평생 동안 일기를 쓰는 습관이 있었고 가족이 보관하고 있는 일기는 1944년부터 1990년까지 병으로 별세하기 전까지 수기로 작성한 것이다. 현재 먼저 출판된 양기진일기는 1944년부터 1950년까지이며 처음 일기를 시작할 때 일본어로 쓰이다가 1947년 4월 24일부터는 중문으로 기록되어있다. 지금까지 출판된 모든 8년의 일기는 중국 동북에서 2번에 걸친 큰 전쟁과 대만 귀국 후 228사건등 때마침 저자가 맞닥뜨린 불안한 역사의 시국을 담고 있다.

6) 台湾總督田健治郎日記

덴 겐지로(田健治郎, 1855-1930, 일본 효고현 출신). 현(縣)총경부장, 체신차장 및 철도국장 겸임, 귀족원위원, 체신대신 등. 1919년 대만총감 임명, 1923년 관동대지진으로 일본으로 되돌아가 농상무대신, 국가기밀 고문으로 재임. 초임 문관총감, 내지연장주의로 대만 통치 방침을 표방하였다.

덴 겐지로는 1890년부터 매일 일기를 쓰기 시작하여 40년동안 지속되었다. 현재 출판된 "대만총감 덴 겐지로 일기"는 1919년부터

1923년까지의 총감 재임 기간동안의 일기이며 비록 한문으로 작성되었다. 하지만 현재 쓰이는 중문과 다 같은 것은 아니나 일본어식 어법과 용법은 어디든지 볼 수 있다. 일제시기 대만총감은 총 19명이 재임했으며 오직 덴 겐지로 총감만 대만통치시기 완전한 일기를 남겨 매우 귀중한 가치가 있다고 할 수 있다.[12]

7) 呂赫若日記

여혁약(呂赫若, 1941-1950, 타이중 펑위엔출신), 본명 여석퇴. 1935년 소설 牛車로 일본 문학평론에 발간 세간의 주목을 받게 되었다. 1939년 일본에서 성악을 공부하고 1942년 대만 귀국 대만문학 편집담당, 홍남신문기자, 1944년 청추 발간. 일제시기 처음으로 단행본 소설집을 발행한 대만작가. 전후 중학교를 건립, 타이베이의 여자고등학교인 北一女의 음악선생으로 재직. 1948년 광명보 편집인을 맡았으나 다음 해 보안국의 감시로 집을 떠나 도망가나 마지막엔 백색테러로 인해 사망.

『呂赫若日記』는 1942년부터 1944년까지 유일하게 힘든 시기를 거쳐 남아있는 1차 수기자료이다. 일기는 출판사가 3년간 연속으로 이용한 당용일기에 출판되었으면 일본어로 씌여있다. 일기내용은 문학창조과정, 문단에서의 교제, 가정생활 현황 등 일상생할에서의 경험들을 기록하였으며 이 3년의 일기는 마침 여혁약이 마침 예술창작활

---

12) 許雪姬(2009), 〈序〉.在吳文星等主編,《臺灣總督田健治郎日記》.臺北市 : 中研院臺史所.頁iii-v.

동이 가장 활발했던 시기와 같다. 일기는 문학창작과 사상변화의 궤적을 반영하고 있다.

8) 吳新榮日記

우신영(吳新榮, 1907-1967, 대만 쟝쿼출신), 호는 진영. 1932년 일본동경의학전문학교 졸업 후 대만에서 숙부가 설립한 지아리병원을 인수받는다. 동시에 문화사업과 대만 신 문화운동에 참여한다. 전후 정치활동에 뛰어들어 1947년 228사건처리위원회 관련 직무를 담당한 이유로 백일동안 투옥되었다. 1952년 타이난현 문헌위원회위원으로 초빙되었고 다음해 남영문헌을 창간하지만 공산당과 연계된 이록사건에 연계되어 감옥에 4개월간 투옥된다. 1960년에 타이난현지고 10권을 완성한다.[13]

우신영일기는 1933년에 시작 1967년을 끝으로 35년간 기록되어 있으나 1934년과 1954년 분은 소실되었다. 일기는 지아리병원 글씨가 인쇄되어있는 원고지에 썼고 처음엔 한문으로 쓰다가 1938년 1월 1일부터 1945년 8월 15일까지 8년에 가까운 기간은 일본어로 기재되어있다. 그 후엔 모두 중문으로 기록하였다. 일기내용은 가족생활, 의사업무, 정치참여와 문학과 역사활동 등이다. 사실 일제식민지시대와 전후까지 다른 통치 정권의 교체 하에서 서민의 일상생황의 경험을 광범위하게 반영하였다.[14]

---

13) 呂芳雄(2004), 〈後記〉.在呂赫若著, 鍾瑞芳譯《呂赫若日記(一九四二-一九四四)中譯本》.臺南市：臺灣文學館.
14) 吳新榮作, 張良澤總編(2007), 《吳新榮日記全集, 1933-1938》.臺南市：國立臺灣

9) 三好德三郎回憶录

미요시 도쿠조 (三好德三郎, 1882-1957, 대만 장화현 출생), 양길신가 출신이며, 私塾敎育을 받았다. 17세에 임헌당에게 시집가서 3남 1녀를 키우다. 남편은 여러 방면에서 도움을 주었으며 특히 조모가 돌아가신 후 霧峰頂厝의 중심적인 인물이다. 타이중 부녀친목회에 참여하였으며 맏아들 또한 일신회를 설립하였다. 스스로 호를 고래산인 칭함. 原爲辻家, 부친 일대는 미요시 가에 입양되었고 츠지 가와 미요시 가는 모두 일본 우지시에서 차업경영에 종사하였다. 미요시는 1899년 대만에 왔으며 타이베이에서 십리차포를 개업하였고 대만에 약 40년간 거주하였다. 정부와 상업계에서 관계가 좋았고 상업활동 외에 적극적으로 공공업무에 참여했다. 타이베이주의회회원, 대만총감부평의회원등을 역임하였으며 1923년 황태자가 대만 순회시 綠綬褒章을 받았으며 단독으로 연회에서 황태자를 배알하였다. 1939년 지병으로 대만에서 별세.[15]

『三好德三郎回憶录』는 미요시가 노년에 쓴 글로 일본어로 三好用箋라고 회사용지 상에 씌여졌다. 회고록 연대는 1888년부터 1938년으로 메이지 시대를 뛰어넘으며 다이쇼부터 쇼와 기간이며 특히 대만에서 40년간의 기록은 미요시가 당시 대만총감과 민정장관 등 대만 통치관원의 실정견해를 이해할 수 있다. 또한 일제 식민지시기의 정부와 상업계 관계를 연구하는데 중요한 사료이다.

文學館, 頁11-17.

15) 謝國興. 2015. 〈中譯版序〉, 在 : 謝國興等主編, 陳進盛,曾齡儀,謝明如譯,《茶苦來山人の逸話 : 三好德三郎的臺灣記憶》.臺北市 : 中研院臺史所.

10) 楊水心女士日記

양수심(楊水心, 1882-1957, 대만 장화현 출생), 양길신 가 출신이
며, 私塾敎育을 받았다. 17세에 임헌당에게 시집가서 3남1녀를 키우
다. 남편은 여러 방면에서 도움을 주었으며 특히 조모가 돌아가신 후
霧峰頂厝의 중심적인 인물이다. 타이중 부녀친목회에 참여하였으며
맏아들 또한 일신회를 설립하였다.

『楊水心女士日記』는 총 4년의 기간으로 각각 1928년, 1930년,1934
년과 1942년으로 나누어져 있다. 허설희 교수는 기록된 날짜수가 많
고 백화자로 쓴 날도 가장 많은 1928년을 가장 중요하게 여기고 있
다. 게다가 그 기간 동안 임헌당은 5개월간 유럽과 미국여행, 5개월
이상 일본에서 요양하여 일기를 남기지 않았는데 이 일기는 부족한
부분을 채워주고 있다.[16] 이 일기는 여성일기이며 가족사 연구와 부
녀사 연구에 있어 중요한 소재이다.

11) 熱蘭遮城日志

네덜란드가 대만을 38년(1624-1662)을 통치하는데 다위엔(현 타
이난 안핑구, 안핑 고성터)에 젤란디아성을 건축하여 정치중심 및 무
역근거지로 삼는다. 당시 네덜란드는 동인도회사와 연합하여 확실히
식민지 현황을 파악하여 각 거점에 날마다 식민지의 크고 작은 사항
을 기재하도록 요구하였다. 처음 시작할 때엔 아직 정기적으로 작성

---

16) 許雪姬. 2014. 〈許序〉.在 : 楊水心著, 許雪姬編註《楊水心女士日記(一)一九二八
年》.臺北市 : 中研院臺史所.頁vii-xi

되지 않았으나 1629년에 이르러 제4대 대만장관이 임명된 이후에야 관례 업무가 되었다. 젤란디아성일지는 1664년부터 1662년까지 기재되었으며 먼저 조용화 등이 네덜란드 연합 동인도회사 사료 편집 정리 중 대만관련 기록을 네덜란드어로 출판하였다. 타이난시 정부는 귀중한 사료를 이용하기 위해 다시 강수생 등을 초청하여 번역작업에 착수하여 2000년이래 계속해서 중역본 4권을 출판하였다. 일지내용은 네덜란드인이 대만에 대한 관리에서부터 당시 각 지 정세, 항운무역활동 현황 등에 대해 상세하게 기재하였는데 그 중에서도 원주민에 대한 내용을 많이 볼 수 있으며 네덜란드의 대만 통치시기 연구에 있어 중요한 사료가 된다.

이미 공개된 11부를 종합적으로 분석해보면 이전 10부는 개인이 작성한 기록, 일기연대는 청령(淸領), 일제 식민지와 전후 세 개의 통치정권까지 광범위하며 대부분 일제식민지시기에 집중되어 있다. 8부는 대만인의 일기이며 2부는 일본인이 대만에서 남긴 개인기록이다. 각 기록의 저자 간에는 서로 왕래하는 관계이거나 혹은 공통적인 경험을 가지고 있다. 특히 임헌당과 양수심 부인의 일기인데 관원선생일기는 현재 수집된 글자가 가장 많은 (평어와 주해를 제외한 248만자) 일기이고, 양수심여사일기는 유일한 여성인데 상당히 진귀하고 임헌당의 1928년 부족한 부분을 보충해줄 뿐만 아니라 부부일기의 기록은 상호간 검증을 더욱 가능케 해두고 있다.

이 밖에도 장려준, 임헌당과 양기진 모두 타이중 사람인데 앞의 두 사람은 당시 중부의 중요한 시사(詩社)에 참여하였으며 그들의 일기 중엔 역사(櫟社)활동에 참가하여 당시의 정경을 기록하였다. 대만 사연구소도 이미 모으고 있는 것은 동일하게 역사(櫟社)구성원인 부석기(傅錫祺, 1872-1946, 타이중 탄즈 출신)와 진회징(陳怀澄1877-1940, 타이중 루강출신)의 일기다. 시사(詩社)활동 이외에 그들은 다른 공통점은 지방 지도자를 맡고 있다는 것인데 임헌당도 또한 구장(區長)을 맡았었고 부석기는 전에 마을대표(庄長) 진회징은 가장(街長)을 장려준은 보정(保正)을 담당하였다. 모두 지방사무를 연구하는데 중요한 1차 사료이다. 반면 양기진은 만주에서의 경험으로 전후 대만으로 돌아와서 성정부에서 특수 직무를 담당하였다.

한편 황왕성, 간길, 우신영과 여혁약과 같이 모두 2차 세계대전의 일본의 전패와 국민정부의 대만의 정권교제 접수, 또한 어려운 시기를 겪은 직후의 228사건과 백색공포테러 시기에 황왕성은 전후 민보(民報) 주필을 담당하여 진의정부(陳儀政府)에 대해 많은 비판을 했으며 228사건이후 중국으로 피하였다. 반면 우신영은 228사건에 연루되어 투옥되었고 간길과 여혁약은 백색테러로 운명을 달리했다. 그밖에도 대만사연구소 또한 수난을 겪은 다른 한 명의 의사인 엽성길(叶盛吉, 1923-1950, 타이난 출신)의 1938년부터 1950년까지의 일기(현재 국가인권박물관준비처와 함께 번역해독중)를 수집하였다. 그들은 1차 기록을 남겼고 전후 관련 정치사건 중 서로 다른 신분과 직업을 가진 사회의 엘리트가 겪은 고난의 경험들에 관한 연구를 가능케 해주고 있다.

반면 일본인의 일기는 총감 덴 겐지로와 차상인인 미요시(三好德三郎) 모두 왕래하던 사이이고 대만에서 1923년 히로히토 황태자(2차대전 패전 선언한 쇼와천황)가 대만 순시할 때를 경험하고 관련 기록을 남겼다. 현재 대만사연구소 또한 이미 전매국장(專賣局長)의 池田幸甚日記(1914-1923), 경찰의 吉岡喜三郎日記(1909-1937), 신문사 주필의 籾山衣洲日記(1898-1907) 등 일본인의 대만에서의 경험을 담은 기록을 수집하였다.

마지막으로 금년 새로 증보된 젤란디아성일지는 네덜란드 통치시기 역대 대만장관이 기록을 남긴 것으로 네덜란드연합 동인도회사에 보고한 것이다. 비록 개인의 사적인 일기는 아니더라도 당시의 인물이 당시의 일을 기록하고 연속적인 일지 기록이며 또한 네덜란드 통치시기를 연구하는 데 있어 중요한 사료이다. 대만일기 지식허브에 수록된 연대를 17세기의 대만사까지 거슬러 올라갈 수 있다. 현재 중앙연구원 대만사연구소도 북부 대만 기독교 장로교회 역사유적위원회 등의 기관과 협조하여 The Diary of George Leslie Mackay(1871-1901) 馬偕日記를 출판하였으며 원문과 중문 대조내용을 포함하고 있다. 또한 캐나다인 목사의 개인기록을 통해 19세기 대만사회 발전을 관찰하는데 기대를 품고 있다. 대만일기 지식허브는 2017년 3월 기준으로 이미 11부의 일기를 공개하고 있으며, 수량으로 말하자면 누적된 일기는 이미 3만 8천여 편/일에 이르고 평어와 주해는 4만 1천여 페이지, 전문자수는 이미 1,400만자를 초과했다.

〈표 1〉. 대만일기 지식베이스 수록일기 및 인터넷 공개현황

일기명칭	일기연대	편수	평어 및 주해	자수 (만)	비고
灌園先生日記	1927-1955	9,523	17,234	520	2009 年 8 月開始上网至 1942, 配合出版, 預計至 2015 年 11 月全部開放
水竹居主人日記	1906-1937	10,222	3,418	177	中研院近史所出版 2009 年 8 月全部上网開放

簡吉獄中日記	1929-1930	139	84	9	2010 年 9 月全部上网開放
黃旺成先生日記	1912-1923	3,655	5,750	127	黃旺成留存日記至 1973 年 2011 年 1 月開始上网開放, 亦配合出版, 現出版至 1927 年
楊基振日記	1944-1950	1,817	5	36	國史館出版 2011 年 8 月全部上网開放
台湾總督田健治郎日記	1919-1923	1,461	2,691	61	2012 年 3 月全部上网開放
呂赫若日記	1942-1944	689	242	12	台湾文學館出版 2012 年 7 月全部上网開放
吳新榮日記	1933-1967	3,988	6,971	209	台湾文學館出版 2013 年 10 月上网至 1945 年, 2014 年 7 月全部開放
三好德三郎回憶録	1888-1938	314	136	34	2013 年 8 月開放日本図書センタ 出版日文版本 2015 年開放新出版日中對照版
楊水心女士日記	1928-1942	1,046	1,038	26	台史所出版 2015 年 9 月全部上网開放
熱蘭遮城日志	1629-1662	5,474	3,818	207	台南市文化局出版, 四大册 2017 年 2 月全部上网開放
總計		38,340	41,387	1,418	

4. 대만 일기지식허브 자료구조와 시스템 기능 전시

대만의 일기 지식 허브 개발은 wiki의 공동 창작 플랫폼이지만 일기원문과 주해내용의 품질을 확보하기 위해, 대외개방무대와 내부관리의 후방무대를 만들었다. 특히 서비스 프론트의 설계에서 사용자를 중심으로 사용자들이 비교적 익숙한 시스템 도구 외에도 인문학자들이 비교적 익숙한 출판 형식 구조의 편집 화면과 정기 사용자의 의견, 각 페이지의 시스템 기능 정리를 사용하였다. 이에 대한 자료구조와 전후 시스템 기능에 대한 설명은 다음과 같다.

1) 시스템 자료 구조

일기지식허브의 시스템 자료 구조는 원자료를 참고하여 원시 순서 등의 유래원칙 편제를 따르는 것이다. 한 사람의 일기를 전체로 보고, 매일의 일기를 기본 자료 단위로 한다. 곧 시스템은 매일의 일기를 중심화면으로 하고, 각 면에는 명칭, 일기원문, 주해, 소재분류, 분류와 디지털 영상 등으로 조성한다. 林獻堂의 1927년 1월 2일의 일기를 예로 들어 다음과 같이 설명한다.

① 페이지 표제 : 매일 일기의 표제로, 매 일기 및 서력 날짜명으로 한다. 예: 灌園先生日記/1927-01-02「昭和二年 新一月二日 舊十一月二十九日 日曜日 陰」

② 일기원문 : 매일 수기로 기록한 전문 초록을 그림1의 林獻堂對文協理事
  會와 같이 한다. 만약 번역문이 있으면 원문을 먼저 싣고, 다시 역문을 싣는 방식으로 나타나도록 한다.

③ 주해 : 역사학 전문 해독과 주해 정보는 페이지마다 기록하는 방식으로 하고, 각 화면의 아랫부분에 표시한다. 주로 인물주해, 주

요사건, 사회, 명사 등이다.

④ 소재분류와 관련분류 : 소재분류는 그 당일 일기의 부분이므로, 일기, 연, 월의 층차에 의거해 나타낸다. 그리고 관련분류는 매일의 각 화면에 일기, 시간 속성 표시, 사용자의 편의를 위한 검색과 비교적 같은 날인 모든 사람의 일기 기록을 포함시킨다,

⑤ 친필 원고 영상 : 일기의 친필 원고 영상 압축과 전자 문서명은 일기 친필 디지털 영상과 연결한다.

2) 시스템 전면 검색 서비스

현재 사용자 개방 프런트 검색 서비스에서는 각 부 일기의 탐색, 전문 검색, 일기 대조, 결과보기, 디지털 영상 연결 등의 기능을 제공한다.

① 메인 화면: 시스템 초기 화면에 11부의 일기를 전시하고, 수록 순서와 편집 순서에 근거한다. 사용자는 오른쪽 상단에 로그인하도록 하고 ,시스템 열람이나 검색에 들어갈 수 있다.

② 일기탐색: 매 편의 일기는 연, 월, 일의 시간순서에 근거하고, 매일의 일기기록을 열람할 수 있다. 하단에 날짜 당월 일기의 작은 날짜에 따라 날짜를 클릭하고, 작은 날짜는 일기의 앞뒤로 열람할 수 있거나 당월 일기의 월력, 일기, 월력, 당월 일기 서사 상황에 따라, 남색은 일기 기록이 있는 것을 나타내고, 회색은 해당 날짜에 일기 내용이 없는 것을 나타낸다.

③ 탐색 기능: 지식허브는 전문검색을 제공하고, 각 화면 우측 상단 검색 열에 검색어휘를 입력하여 간단하게 조회하도록 하거나

주해 내용의 일정 부분을 묻기를 포함하는지 선택하도록 하며
AND OR NOT 등으로 분류를 제한하여 정확하게 찾도록 한다.

④ 날짜참조: 灌園先生日記/ 1945-08-15를 예로 들어 페이지 하단
에 臺灣日記/1945-08-15」로 분류하고, 또한 吳新榮과 楊基振
의 (1945年8月15日)기록을 찾을 수 있다.

⑤ 조회열람 결과: 검색결과는 관련성으로 배열하고, 화면 제목이
나 화제 정도 순서에 따라 조회 결과를 선택할 수 있다. 그 외 독
자 편의를 위해, 일기내용은 복사할 수 있고, 화면은 차례대로 인
쇄할 수 있다.

⑥ 친필원고의 디지털 영상 연결: 만약 일기의 친필원고의 디지털
영상을 얻고자 한다면 사용자는 역사학 연구자 사료 검증의 문
서 수요에 만족시키는 친필원고영상에 접속할 수 있다.

3) 시스템 뒷면 콘텐츠 관리

일기사료 인터넷 개방 내용 품질을 확보하기 위해 wiki를 개발 도구
로 하여, 시스템 전면에 아직 내용편집을 개방하지 않았지만, 뒷면에
는 내용편집, 판본기록과 군중토론을 등의 기타 협동 창작 기능을 설
치하였다.

① 내용 편집 : 일기 전문, 주해, 분류 등 내용 대조와 WIKI 어법 보
정

② 판본 기록 : 모든 편집 판본의 편수 역사 기록은 보존하고, 교정
시, 판본 비교용으로 쓴다.

③ 군중 토론 : 매 편의 일기 편집 체제와 교열 원칙에 근거하여 각

각 각부 일기 토론할 곳을 개설한다.

5. 일기사료 디지털 수치화 실무와 관련 프로모션 활동

대만일기지식허브의 유지와 운용은 2009년 말에 설치된 공식적으로 檔案館에서 담당하고, 사료 디지털 내용 수치화 작업, 시스템 플랫폼 기술 개발, 시스템 관련 활동, 프로모션 활동을 포함한다. 이를 요약하면 다음과 같다.

1) 일기내용 디지털화 작업 절차

우선 일기수집과 협력방식을 확인하고, 다원화된 라인의 협력 모델을 수집하여, 일기내용 디지털화 작업과 인터넷공개 권한을 얻는다. 주로 연구소 내 연구자들과 협력해 일기해독과 출판 성과를 얻었다. 예를 들면 지난해 출간된 새로운 인터넷에 공개된 일기 『楊水心女士日記』와 새로 출판한 『陳懷澄先生日記』이 있다. 둘째로 연구소 밖 관련 기관이나 학자들과 협력해 일기출판과 인터넷상 권리를 취득한 것이다. 지난해 출간된 『吳嵩慶日記』, 『籾山衣洲在臺日記』, 『駐臺南日本兵日記』等 같은 작품이다. 셋째로 이미 적극적으로 디지털 출판과 일기를 인터넷에 접속하여 수권(授權)을 추가치로 기록할 것을 모색한 것으로, 許雪姬교수가 협조를 통해 臺南市文化局에서 출간한 『熱蘭遮城日誌』, 『劉吶鷗全集 : 日記集』등이 있다.

이어서 檔案館은 일기 내용 디지털화 작업에서 각 일기의 기록 습관, 해독 편집 출판의 형식이 달라 매 편의 일기 배치에는 차이가 있다. 주요 작업항목은 다음과 같다.

① 일기 전문(全文) 파일과 문자 배치: 일기 원고 상황, 문자 조판의 유무를 확인하고, 문자 조판이 없으면 글자를 넣어 파일을 만들고, 문자 조판이 있으면 PDF파일이나 기타 전자편집파일이 있으면 문자 배치와 정리 작업을 진행한다. 각 소프트웨어의 조판 설정은 제거한다.

『熱蘭遮城日誌』의 경우 출판을 위해 번역 주해하고 제 4책을 역주한 뒤 출판하는데 2000년부터 2011년까지 약 12년이 걸렸다. 제 4책의 문자 파일만 취득할 수 있어 3책 전문은 새로 고치고, 제 4책은 배치와 정리하여 문자파일로 만들었고, 총 4책 전문은 207만자에 달한다.

② 전문(全文) 자료 표준화 처리: 표준화된 구조에 따르면, 일을 단위로 하여 각 편의 일기 내용을 배치하고, 날짜, 제목, 전문, 주해, 분류 등의 표준화 정보를 배치한다. 표준화된 자료 구조에 따르면, 즉 구조는 각 단원에 일기 내용을 설치한다. 글을 담은 제목, 날짜 등, 전문을 표준화 분류에 주해한다. 정보를 담는 열린 로그 타운을 거쳐 처리한 『熱蘭遮城日誌』는 표준화처리를 거친 총 5천여 편의 일기가 있다.

③ XML제작과 시트템 뒷면 진입: 표준화된 내용을 XML 형식으로 전환하고, 시스템 뒷면에 진입하여, 옮겨진 일기의 날짜, 내용, 주해들로 자동 건립되게 하고, 시스템 색인을 통하여 일기 편집의 판본형식과 내용을 제공한다.

④ 자료 교정과 특수 정보 보정: 각 편의 일기를 검사한 내용 검사와 전문 증보 및 교정 외에도 지면 형식조정 등 wiki문법보정의

복잡한 작업은 더 필요하였다. 『熱蘭遮城日誌』를 예로 들면 당시는 네덜란드 통치 기간이므로 해상 무역은 중요한 활동이었다. 그래서 일기 기록에는 많은 양의 화물 명세서, 수량 등이 표시되어 있다. 용이한 읽기를 위해, 표를 제작하고, WIKI문법을 추가하였다. 결론적으로 교정인원은 사학 전문가 외에 관련 정보 도구와 편집 기교에 익숙해야 한다.

⑤ 디지털 내용의 시스템 전면진입: 앞에서 서술한 각 작업을 완성하고, 발췌검사와 확인 일기교정 품질 확인을 거치고 다시, 각 일기의 소개, 전기(역사)기억, 수록범위, 편집체제, 일기목차(연대)와 출판 정보 등에 대해 개요정보에 서술하고, 모든 일기 내용을 완성한 후 시스템 전면에 진입한다. 그리고 인터넷에 공개한다.

2) 프로모션 활동과 관련 시스템 설치

적극적으로 보급된 대만일기지식허브 디지털 수치화 성과의 응용을 위해 관련 계열 과정과 관련 토론회를 개최했다. 특히 본 연구소의 역대 주최한 일기와 대만사 연구의 토론회는 일기 연구의 다양성을 확대시켰다.

또한 일기 전시회 개최, 도서관, 박물관 문서국 등 각계의 협조로 북쪽에서 남쪽까지 일기사료의 문화창작, 일상생활 등 다원화된 응용을 기대한다.

2009년 개최한 「日日是好日 : 臺灣日記特展」은 林獻堂의 12편의 일기 외에도 처음으로 「臺灣日記知識庫」 서비스 프론트 접속과 개방

서비스를 널리 알렸다. 본 전시는 각각 2010년에 각각 대만도서관과 중앙 대학 역사과로 옮겨 전시하였다.

2014년 가오슝 박물관과 공동 주관한 「生活中的日記．日記中的高雄」전시에서는 가오슝의 70년 종전기억과 육지 생활과 연결되는 가오슝의 기억, 동시에 다시 대만일기지식허브의 최신 시스템 인터페이스를 다시 선보였다. 본 전시는 2015년 檔案管理局과 합작하여 「生活中的記憶 : 臺灣日記特藏展」라는 제목으로 한 80년대의 대만 중국 대지진의 전시부문에 더해졌다.

일기 사료 해독과 연구의 편의를 위해 檔案館은 사학연구 검색 인물 경력의 역사자료 필요에 맞춰 본 설계팀 연구인원은 일본 통치기간 관방의 대만 총감부직원기록을 모아 지난 2년간 建檔與資料庫를 설치해 2011년 정식으로 「臺灣總督府職員系統」에 기록을 시도, 거의 완벽하게 수록하였다. 일제통치기간(1986-1944기간)관직인명수록 자료, 위로는 총감부터, 아래로는 지방관원 및 임시인원 등, 사용자는 사용할 수 있다. 이 시스템에서 일기 속에 출현한 인물을 검색할 수 있다. 예로, 재직 인원 수록 시스템에서 검색할 수 있다. 林獻堂 일기에 나오는 공립학교 교사 등의 관련 공직경력, 사료해독과 관련 역사연구에 유익이 있을 것이다.

6. 일기 아카이브 허브 사용과 인용문분석

대만일기아카이브에 수록된 일기는 비교적 사적인 개인기록으로 매년마다 시스템 개방정책에 따라서 조정된다. 우선 2009년 9월 정식으로 인터넷에 개방되어, 우선적으로 원내 연구원들에게 허브사용 신청아이디를 제공하였다. 아울러 臺史所 문서관에 개방하여 사용자들이 문서관에 와서 이용할 수 있도록 제공하였다. 뒤이어 2011년 9월 국내학술 연구와 공무사용에 대대적으로 개방하여, 사용자는 소속부서에서 승인하여 부여된 이메일 아이디에 준하여 허브사용 신청을 하면 된다. 마지막으로 2015년 3월에는 국내외 각계 인사들에게 모두 개방하여 허브사용 아이디를 신청할 수 있게 되었다.

대만일기아카이브 허브와 그 사용은, 그 시스템의 매년 총 이용량을 관찰해 보면, 허브이용자수와 검색페이지 수는 시스템이 개방된 초기(2010년)에는 2천여 허브이용자수에 1만7천여 검색페이지수가 있었는데, 해마다 그 수가 성장하여 작년(2016년)에는 1만2천여 허브이용자수와 22만2천여 검색페이지수를 기록하였다. 이처럼 시스템 허브사용수량이 대폭적으로 증가하여, 허브이용자수는 5배의 증가를 이루었고, 검색페이지 수는 12배가량 증가했다. 이는 시스템의 개방정책이 해마다 확대되는 것과 직접적인 관계가 있다(〈표 2〉 참고).

〈표 2〉. 대만일기아카이브 허브사용 연도별 총계

통계년도	2010	2011	2012	2013	2014	2015	2016
허브 이용자수	2,281	2,800	5,719	5,444	8,450	10,931	12,240
검색 페이지수	17,838	36,318	80,594	81,581	119,075	184,610	222,028

각 일기의 검색페이지 수 통계를 보면, 일기가 인터넷에 공개된 시

간과 일기의 내용 자료량 등과 관련이 있는 것을, 표3의 통계를 참조해보면 알 수 있다. 林獻堂, 張麗俊, 黃旺成, 吳新榮 등 4인의 일기의 검색페이지수를 종합해보면 그 점유율이 전체의 83%를 차지한다. 그러나 매 편의 일기의 평균적인인 검색페이지수를 분석해보면, 簡吉과 呂赫若 2인의 일기도 73회와 24회에 달한다. 비록 두 편의 일기는 기재된 년도가 길지 않고 편수 및 내용이 많지도 않지만, 독특한 생명의 경험과 중요한 1차 기록물로서 디지털화를 통해 종합적인 자료의 무대에서 더욱 많은 사용자들의 관심과 검색을 받게 되었다.

시스템 허브와 각 일기의 검색페이지 수량을 장기적으로 분석해보면, 일기 디지털 시스템 수립의 성과와 효과를 가늠해 볼 수 있다. 그러나 일기 사료를 인용하여 완성된 연구 성과로 따지면 디지털 시스템이 인문연구에서 심화된 가치가 확연히 드러난다. 이 때문에 본 계획은 단체가 정기적으로 국가도서관의 「臺灣博碩士論文知識加値系統」을 이용하는 것과, 국내 석 박사가 일기를 인용하는 상황을 검색하였더니, 누계가 가장 많은 일기는 『灌園先生日記』로 197편, 두 번째로는 『水竹居主人日記』가 145편, 세 번째로는 『吳新榮日記』가 117편이였다. 이는 출판된 시기와 내용 수량과 매우 밀접한 연관성을 가진다. 최근 1년 동안 새로 첨가된 일기(표 3 참조)도 디지털자료가 인터넷에 제공되면서, 피인용되는 수량이 해마다 증가하게 될 것을 미리 예측할 수 있다. 이러한 상황은 국내 석 박사논문으로만 제한하였고 아직까지 전문서적 정기간행물 의회논문집 등의 성과는 포함시키지 않았으며 해외연구문헌도 포함되지 않은 조사이다.

〈표 3〉. 대만일기아카이브중 각 일기의 검색수와 석 박사논문인용

일기제목	일기년대	편수/일	글자수 (만)	열람 페이지(쪽)	석박사논문인용 (2015학년도 증가)
灌園先生 日記	1927-1955	9,523	520	204,306	197 (18篇)
水竹居主人 日記	1906-1937	10,222	177	67,951	155 (8篇)
簡吉獄中 日記	1929-1930	139	9	10,098	26 (4篇)
黃旺成先生 日記	1912-1923	3,655	127	48,630	37 (8篇)
楊基振日記	1944-1950	1,817	36	18,151	11 (3篇)
田健治郎 日記	1919-1923	1,461	61	23,261	68 (4篇)
呂赫若日記	1942-1944	689	12	17,004	64 (3篇)
吳新榮日記	1933-1967	3,988	209	75,649	117 (14篇)
三好德三郎 回憶錄	1888-1938	314	34	5,432	9 (3篇)
楊水心女士 日記	1928-1942	1,046	26	3,783	3 (1篇)

설명

① 시스템은 2011년 각 편의 일기 통계 기능이 새롭게 첨가되었기 때문에, 페이지 검색통계는 2011년부터 2016년까지의 기간이 된다.

② 석 박사 논문인용수량검색은 국가도서관의「臺灣博碩士論文知識加值系統」에서 참고문헌에 인용된 각 편의 일기를 검색했으며, 2차

문헌 인용은 배제하였다.

대만 일기 아카이브 시스템의 허브 사용 통계와 각 일기가 수록된 인터넷을 종합 분석해 보면, 허브사용 수량의 성장이 드러난다. 이는 시스템이 연속적으로 서비스 대상이 확대 개방되는 것과 밀접한 관련이 있을 뿐만 아니라, 지속적으로 다양한 일기 사료가 증가되고 있는 것 또한 상당한 관계가 있다. 해마다 석 박사논문에 일기가 인용되는 성장률을 보면, 일기 사료의 해독과 출판을 알 수 있으며, 디지털화된 인문학 시스템이 수립되어, 학술전파와 연구 혁신에 영향을 끼치는 것을 알 수 있다.

7. 결어와 미래전망

인터넷 정보검색과 디지털 과학기술의 발전은 전통문화유산의 보존과 인문영역 학술 연구에 변화를 가져왔다. 「臺灣日記知識庫」은 일기라는 제1차 사료에 역사학자들의 주해와 자문이 더해져 설립되고 완성된 디지털화된 인문 시스템으로 2008년 계획이 갖추어진 이래 지금까지 9년 동안 이미 11부의 일기가 공개 개방 되었으며, 그 중 10부의 개인 일기는 시대의 장벽을 뛰어넘었다. 일제시대부터 전쟁이후의 기간 동안 일제시기에 집중되어 있긴 하나 새롭게 개방된 『熱蘭遮城日誌』은 네덜란드 통치시기, 대만 장관의 일지이자 보고서이다. 역사학자들이 그러하듯 인문학자들은 議題로부터 출발하여 아카이브 검색을 이용하기만 하면 단시간 내에 수백 가지의 자료를 획득하여, 참신한 견해를 내놓을 수 있게 되었다. 앞에서 서술한 각각의 일기는 해독 출판되고 디지털화되어 개방된 후에 집적된 석 박사논문에 인용된 수량을 보면,「臺灣日記知識庫」은 이미 인문연구학술 방면에 지대한 영향을 끼쳤음을 알 수 있다.

디지털 저장과 인터넷 정보검색의 발전은 인문연구로 하여금 새로운 활동과 방향을 보여 주었다. 그러나 인문학자들도 각종 디지털 아카이브 건립과정에서의 결함과 오류를 직면하게 되었다. 비교적 디지털 자원의 장악능력과 아카이브의 감별 등 검색능력의 결핍을 맞닥뜨리게 된 것이다. 이 때문에 臺史所는 이러한 인터넷 정보검색의 보급과 지식혁신시대에서「臺灣日記知識庫」의 미래발전에 대하여 디지털 시스템의 초석이 풍부한 원시 자료임을 주장하고 이를 적극적으로 발굴하고 자료에 대한 권한 부여를 쟁취해야함을 주장하였다. 동시에 정확한 자료와 진실된 내용을 고수해야 만이 비로소 연구자들이 진정으로 필요로 하는 자료와 정보가 될 것이라고 주장했다. 전문화하고 엄밀한 디지털정보시스템을 지속시키고, 신속하게 위키 협동 창작 검색 도구를 갱신을 지속시켜야 할 것이다. 가장 중요한 것은 더 많은 전문적인 사회 군중 성원들에게 추천하고 소개하여 가입시키는 것이다. 성원들이 디지털화된 인문적 자료 소양과 학제 간 지식을 융복합하여 공동으로 뜨겁게 토론하고 일기 디지털 시스템을 인문연구 응용에 심화시키도록 한다. 또한 일기라는 원시적 기록이자 해독 성과를 대량으로 겸비한 자료로써 약 9천여일 간의 일기이며 1만 7천여 항목의 주해가 달려있는『灌園先生日記』를 응용하여 이미 풍부한 연구 성과의 기초 위에 자동자료 검색과 분석기술이 결합하도록 한다. 이를 통해 더욱 전면적으로 사회와 인터넷을 새롭게 관찰하고 더욱 장기적으로 시간과 공간의 변천을 새롭게 관찰하여 대만 역사 연구가 심화 디지털 시스템의 다원화된 응용으로 확장되도록 할 것이다. 더불어 미래의 「臺灣日記知識庫」는 인문학계와 사회 군중이 상호작용하고 협동하여 이루어낸 혁신적인 디지털 인문 연구의 장이 되기를 기대한다.

제7장

근대 일본의 일기장:
故후쿠다 히데이치씨가 수집한 일기자료 모음집에서[1]

타나카 유스케(田中祐介) · 츠치야 슈이치(土屋宗一) · 아소 아유미(阿曾步)

1. 시작하며

본고는 故 후쿠다 히데이치(1932-2006, 국문학연구자료관 명예교
수, 국제기독교대학원교수)가 긴 시간에 걸쳐 수집한 5,000점 이상의
근대 일본의 일기관련 자료(이하, '후쿠다 일기자료 콜렉션') 중에서
메이지 이후 출판 및 제작된 492권의 기입형 일기장을 기록물화하여
소개한 것이다.[2]

---

1) 이 글에서 소개되는 492권의 기입형 일기장 목록은 본 책의 〈부록 4: 일본 근대의
   일기 목록〉에서 참고할 수 있다.
2) 본고 중 「2. 일기장 목록의 특징」에 수록된 「여성용 일기장」의 초고는 아소가, 「취
   미용 일기장」의 초고는 츠치야가 집필하였고, 기타를 포함한 전체를 다나카가 정
   리했다. 따라서 이 글의 책임은 모두 타나카에게 있다.

일본 중세문학 연구의 권위자인 후쿠다[3]는 폭넓은 관심과 시야로 일본문학 연구를 심도 있게 다각도로 연구해왔다. 메이지시대 이후의 가요 및 문학작품의 영화화와 외국 여러 나라에서의 일본문학 수용, 그리고 나쓰메 소세키와 모리 오가이 등 '문인학자'들의 서양유학 경험을 논한 논고는 그 성과 중 극히 일부라고 하겠다.[4]

후쿠다의 다수에 걸친 연구를 지탱하고 있었던 것은 평생에 걸쳐 수집한 방대한 장서들이었다.[5] 전문분야인 중세를 중심으로 일본고전문학의 자료를 포함하여 근대 문학과 그 연구서, 자전 및 평전, 구제국고등학교(旧制高等學校) 역사와 문화(특히 이앙가), 쇼와(昭和)사, 메이지부터 쇼와 전후까지의 가요에 관한 귀중한 자료들이 많이 있는데 그 중 최대 규모의 컬렉션이 근대 이후의 일기 관련 자료이며 특히 각양각색의 기입형 일기장이다.

근대에서 일기란 '상품화된 일기장 시대의 일기'[6]에 지나지 않는

---

3) 주요 저서에 『중세와카사 연구』(카도가와서점, 1972년), 『중세문학 논고』(메이지서원, 1975년), 『중세와카사 연구 속편』(이와나미출판서비스센터, 2007년)이 있으며 『코지마의 심심풀이 해석』(오오쿠보 진이치 공저, 가사마서원, 2000년), 『새 일본고전문학 대계51 중세일기기행집』(교주, 이와나미서점, 1990년), 『신조일본고전집성20 묻지 않은 말』(교주, 신조사, 1978년), 『일본기행 문학편람기행 문학에서 보던 일본인의 여행 발자취』(Herbert E. Plutschow와의 공동 편찬 저술, 무사시노서원, 1975년)등 다수.

4) 『일본문학산책』(신전사, 2007년), 『해외의 일본문학』(무사시노서원, 1994년), 『속 해외의 일본문학』(동, 2007년), 『문인학자의 유학일기』(동, 2008년)을 참조하기 바란다. 또한 후쿠다씨가 생전에 수집한 일본 문학의 번역서컬렉션(총3,037권)이 「후쿠다문고」로 국문학 연구자료관에 소장되어 있다. 기증 경위와 컬렉션의 내역에 대해서는 위에 언급한 『속 해외의 일본문학』에 수록된 「국문학 연구자료관(국문연구소)의 후쿠다문고에 대해서」(297-298쪽)를 참조할 것.

5) 후쿠다가(家)의 장서와 정리 작업은 타나카 유우스케 「후쿠다 히데카즈선생님의 추억」(『문인』학자의 유학일기』 수록)에서 간단하게 기록했다.

6) 니시카와 유우코 『일기를 쓴다는 것 국민교육장치와 그 일탈』 요시카와히로시문

다. 근대 일본에서 일기장 문화는 독특하게 발달하여 남성용, 여성용
으로 만들어진 일기장뿐만 아니라 인생 단계별, 직업별, 목적별로 다
양한 일기장이 고안되어 널리 유통되었다. 그 의미에 대해 본고가 소
개하고자 하는 것은 일기에 각인된 과거 사람들의 삶에 대한 증거이
자, 다채로운 모습으로 피어난 근대 일기장의 출판문화와 그 역사라
고도 할 수 있다.

　도날드 킹이 말한 바와 같이 일기는 일본문학에 있어 소설이나 수
필에 뒤지지 않는 중요한 위치를 점하고 있다.[7] 또한 후쿠다도 일기,
일지, 기행, 수기, 회상, 자서전류를 남기는 행위 자체는 일본만의 특
유한 현상은 아니지만 그 안에 일본인의 습관이나 기호가 담겼다는
점에서 꽤나 특징적이라고 말하고 있다.[8] 본고에서 소개하는 다양한
일기장의 존재는 일본인과 일기의 친화적인 관계에 대해 다시금 고찰
하기 위한 기록이 될 것이다.

　이하에서는 '후쿠다 일기자료 컬렉션'의 개요와 국제기독교대학에
기증한 경위를 약술하고, 본고가 다루는 일기장 컬렉션의 내용과 특
징을 개관한다.

2. '후쿠다 일기자료 컬렉션'의 개요와 기증 경위

　후쿠다 히데이치는 전공과 깊은 관련이 있는 중세 일기 문학과 그

관, 2009년 46항.
7) 도널드 킹 『백대의 과객 일기에서 보는 일본인』 강담사학술문고, 2011년, 11항.
8) 『중세일기 기행집』, 507쪽.

주 번역서 및 연구서에 그치지 않고 근대 이후(편의상 1868년 이후로 함) 후쿠다가 2006년 4월 타계하기까지 엮어진 유명 또는 무명의 일본인의 일기를 수집하였다.[9]

5,000점을 넘는 근대 일본의 일기관련 자료로 만들어진 '후쿠다 일기자료 컬렉션'은 아래와 같이 분류되어 있다.

a) 상업 출판된 활자 일기본문
b) 사가판으로 작성되어 보존 또는 분포된 활자 일기본문
c) 활자인 일기본문을 게재한 학술지 및 일반지
d) 일기에 관한 연구서 또는 잡지 특집호 등 2차적 문헌
e) a부터 d까지의 복사판
f) 기입형 일기장

위에 나열한 것들 중 a부터 e는 활자화된 일기본문 또는 그것과 관련된 2차 문헌이다. 그에 대해 본고가 목록화하여 소개하고자 하는 것은 f의 기입형 일기장, 즉 수기로 일기를 엮은 492권의 일기장이다. a부터 f까지의 자료는 모두 이하에 서술하는 바와 같이 국제기독교대학도서관 및 동대학 아시아문화연구소에 나누어 소장 중이다.

2006년 4월 후쿠다의 갑작스러운 죽음 이후, 자택에 남겨진 방대한 장서의 정리 작업의 일환으로 부인인 에미코(惠美子)와 상담 후 일기관련 자료를 모두 기록화하기로 했다. 2008년 11월부터 월 1~2회 정

---

9) 일기자료 컬렉션에 포함된 일기의 필자는 학자, 학생, 군인, 예술가, 연예인, 주부, 스포츠, 선수, 정치인, 신문기자, 탐정, 투병자, 농민, 빠칭코운영자, 범죄자 등 다방면에 걸쳐 내용의 경연(硬軟)도 다양하다.

도 필자(다나까)가 여러 명의 국제기독교대학 대학원생과 함께 후쿠
다의 집에서 작업을 진행하여, 2010년 2월에 목록화를 완료하였다.
기증처를 선정함에 있어 국제기독교대학 아시아문화연구소의 소장
이었던 코지마야 스노리(小島康敬)(교수)의 제안에 따라 5,000점 이
상의 일기관련 자료를 동대학의 도서관 및 아시아문화연구소에 분리
소장하는 방침을 세웠다. 기증할 때에는 동대학 교양학부의 윌리엄
스틸로부터 조언과 지원을 받았다.

대학 도서관에는 상업 출판된 활자 일기본문(a)와 2차적 문헌(d)
중 도서관이 소장하고 있지 않은 3,190편을 기증했다. 나머지 자료,
즉 도서관이 이미 소장하고 있는 시판본(a와 d의 일부), 사가판인 일
기(b), 잡지(c전체 및 d의 일부), 복사판(d), 그리고 수기로 작성된 일
기(e)는 아시아문화연구소가 보관하기로 했다. 2013년 1월 현재, 도
서관에 기증한 일기장은 온라인 장서 목록(OPAC)에 등록을 진행하
고 있으며 "FUKUDA COLLECTION(NIKKI)"[10]라고 하여 이미 약 300
편을 열람 또는 대여할 수 있도록 만들었다.[11] 연구소가 인계받은 일
기관련 자료는 모두 연구소의 자료창고에 보관하였고, 향후 순차적으
로 효과적인 활용방안을 찾아가고자 한다. 기입형 일기장의 목록 공
개가 그 첫걸음이라 할 수 있겠다.

일기장의 목록을 공개함에 있어 추가 조사를 실시하여 일기장 기록
자의 성별과 사회적 속성, 기록기간, 특기할만한 일기 내용이나 일기
장의 외관상의 특징 등 독자들에게 도움을 줄 수 있는 정보를 다시금

---

10) OPAC 검색으로 표시되는 서적 정보의 「코멘트」란에 표시된다.
11) 도서관의 소장 방침에 의해 기증자료 중 OPAC 가입대상 외가 되는 것도 있다.

담아내고자 했다. 본고가 공개됨에 앞서 조사의 중간보고로 2012년 11월에 공개 강연을 실시했다. 목록 공개에 이르기까지의 경위를 이와 같이 말해둔다.

3. 일기장 기록의 특징

본고가 소개하는 492편의 일기장은 후쿠다가 주로 고서점에서 구입하여 수집한 것이다. 일기란에 492편 중 313편의 내용이 기입되어 있다. 미사용한 일기장은 1960년 이후에 집중되어 있는데 1959년 이전으로 한정하면 전체의 무려 70%의 수기 기록이 있다고 계산할 수 있다.

기록 중 가장 오래된 일기장은 한 자루 안에 모아져있던 자료군 [1-1부터 1-10][12]에 포함된 것으로, 1887년의 일기를 엮은 수제작 "메이지10 일기장"[1-2]이며, 시판된 일기장 가운데서 가장 오래된 것은 1895년용 "메이지28년용 우리 집의 역사"(경성사서점)[6]이다.(〈그림 1〉)[13] 한편 가장 최신 제품인 시판 일기장은 2005년용 "기입식 '좋은 일 일기'"(매거진하우스)[393], "농가일기"(농산어촌 문

---

12) [ ]안은 목록의 일기장번호에 대응한다.

13) 근대 일본에서의 인쇄 제본 일기장 출판의 시작은 아오키 마사미 「우리나라 일기장의 시작」(『자기중심의 문학, 일기가 말하는 메이지 다이쇼 쇼와』에 수록됨, 박문관신사, 2008), 니시카와 유우코 『일기장 출판의 전사(前史)』(『일기를 쓴다는 것』에 수록됨, 요시카와히로시문관, 2009)를 참조할 것. 또한 본 목록 게재된 『메이지 이십팔년용 우리집의 역사』는 아오키와 니시카와의 논고에서는 언급되지 않았으나 일기장 출판역사의 초창기에 자리매김하기 위해 일고(一考)해야 한다고 생각한다.

화협회[394], "Le Vesuve Diary 2005"(사단법인 ELEPHAS)[395]이
다. 일기란에 수기 작성한 글이 있는 일기장 중에서 가장 최근의 것은
1970년(용) "3년 연용당용일기"(박문관신사)[367]이다. 또한 본 목
록의 말미에는 출판년월일이 불분명한 일기장 6편을 포함하고 있다
[396부터 401]

목록 중 최대의 수록 수를 자랑하는 것은 박문관에서 출판된 일기
장이다. 박문관은 1895년에 처음으로 "회중일기(포켓일기)"를 발행
하였고, 이듬해인 96년에 "당용일기"를 발행한 후, 전전과 전후를 통
틀어 일기장 출판의 최대 기업이 되었다.[14] 가장 많이 보급된 "당용
일기"외에도 다양한 종류의 일기장을 발행하였는데 판형이나 장식에
대한 선택의 폭도 넓었다. 총 492권의 목록 중에 박문관(박문관신사
포함)에서 발행한 일기장은 96권이며, 그 중 72권에 수기 기록이 있
다. 기록의 유무와는 별개로 "당용일기"는 59권인데[15], 동일인물에 의
해 1929년부터 1941년까지 12년간에 걸쳐 애용된 사례도 있다[92-1
부터 92-13]. 본 목록에 있는 "당용일기"이외의 박문관 일기로는 "가
정일기", "회중일기", "증보일기(中寶日記)", "부녀일기", "학생일기",
"소학생일기", "영문 당용일기"등이 있다.[16]

이하에서는 목록에 담긴 일기장을 주제별로 개관하고자 한다.

---

14) 박문관의 일기장 출판 역사에 대해서는 『고서 박문관 오십년사』에 밝혔다. 아사
    이 야스오 「오십년만에 부활한 『고서 박문관 오십년사』」(『출판뉴스』 제1421호,
    1987년 4월, 8-10쪽)에 고서를 발견 경위와 기 간행된 『박문관 오십년사』(박문
    관, 1937년)과의 차이에 대해 상세히 기록되어 있다.
15) 『반원 당용일기』, 『수진 당용일기』, 『가로줄 상용일기』가 포함되어 있다.
16) 아소 아유미, 타나카 유우스케, 츠치야 무네카즈 「근대 일본의 일기장 한사람, 한
    사람의 삶의 기록으로부터 무엇을 알 수 있을까」(제 144회 아시안 포럼, 2012년
    11월 6일 14:00-15:00, 국제기독교대학본관 251실).

1) 독서와 내면의 기록

　근대의 일기장은 매일 매일의 사건을 기록하는 매체임과 동시에 때에 따라서는 자기의 번민이나 이상과 같은 비밀을 토로하는 장이다.[17] 여러 가지 사회적 위치에 서 있는 사람들이 자기의 내면을 일기에 적었는데, 특히 청년기의 일기에는 그러한 경향이 현저하다.

　문예 애호가나 작가 지망생인 청년들이 애용한 "문예일기"의 종류에는 문학이나 이상에 대한 독서 기록과 함께 자기와 타자를 둘러싼 번민이나 선악의 갈등, 장래에 대한 이상이나 우려가 기록된 경우도 적지 않다. 본 컬렉션의 "문예일기"로는 "신문예일기"(신조사)[75, 109, 129, 289], "문예자유일기"(문예춘추사)[79, 97, 110, 178], "문예행동일기"(사일렌사)[193]가 있다. 그 중 한 예를 들자면 1929년용 "문예자유일기"[97]에 고등상업학교생의 기숙사생활이 기록되어 있는데, 친구나 가족과의 관계에 대한 고민과 함께 독서를 하거나 학교 내의 '사상선도간친회'에 참가한 경험 등이 적혀있다.

　문학과 사상을 중심으로 한 독서 기록이나 감상은 "다이쇼원년일지"(수제작)[35], "다이쇼 9년 문장일기"(신조사)[57], "다이쇼11년 신문장일기"(신조사)[63], "자유일기 우리 생활에서"(제1서방)[124-1], "쇼와8년 당용일기"(전문관)[124-2]에도 많이 눈에 띈다. 그 외에 독서 부족에 대해 자기반성하는 "쇼와10년 1일 1상 마음의 일기"[197-2], "전국일기"[197-3]는 구제국고등학교의 최고 난관인 제

---

17) 하긴 비밀은 때로는 공공연한 비밀이었다. 니시카와 유우코는 전술에 『일기를 쓴다는 것』에서 제3고등학교생인 노마 히로시의 일기의 곳곳에 급우 간에 몰래 일기를 읽은 것에 관한 언급이 있음을 지적하고 있다(169-171항).

1고등학교에 대한 수험기록이다. 기록자는 중학교 재학 시에 수험에 2번 실패하고, 재수생활에 들어간다. 중도에 좌절하면서도 친구나 부모에게 받은 위로의 편지를 일기에 필사하며 스스로를 격려하여 세 번째 도전한 수험에서 보기 좋게 합격을 거머쥐었다. 1939년 4월6일의 일기에는 합격의 감격이 솔직하게 기록되어 있다.

> 오늘이다! 기쁨의 날!! 어두운 잿빛 생활을 다 청산하고 합격의 기쁨에 젖은 날. 나는 이제 천하의 일고생이 된다. 떡갈나무 아래 모여드는 수재들을 이기고 맛보는 합격의 감격!!! 다만 눈물에 흐려지는 백선의 모자.

동성 친구나 이성과의 관계에 대해 펜을 든 일기도 있다. 1928년용 "냉녀일기"(타카라문관)[87]는 친구와의 교제에 관한 고민을 기록하였고 때로는 인생의 의미를 묻기도 한다. 그 외에 '선생님'에 대한 마음을 기록한 여학생의 "냉녀일기"(타카라문관)[210-1, 210-2]나 한 청년이 다수의 여성에 대한 연심을 기록한 1957년용 "가로선 당용일기"(전문관신사)[318-2]도 있다. 1931년에 기록된 "자유일기 우리 생활에서"(제1서방)[125]에서는 일기장 첫 장의 흰 종이에 '여자아이는 귀엽다고 한 것은 나의 어쩔 수 없는 거짓 고백이다. "고백이다", "어쩔 수 없는 거짓" 이러한 말을 왜 쓰는 거지 나는.' 이라고 적혀있다. 일기장의 주인이 불운의 죽음을 맞은 후 유품으로 물려받은 친척에 의해 계속 쓰인 1931년용 "증보일기"(박문관)[120]도 흥미롭다. 일기장의 면지(面紙)에 쓰인 '인생은 네 생각처럼 여자를 목적으로 하는 것이 아니야. 그런가?'라는 글귀에서 '그런가?'라는 부분이 붉

은색 이중선으로 삭제되고, '인생은 노력하기 위한 인생이다. 노력해야 비로소 인생을 맛보았다고 말할 수 있다.'라고 그 옆에 정정 글귀가 적혀있다. 원래 사용자가 인생에서 이성애와 성욕을 중시한 것에 대해 2대째 사용자가 반박한 것일 것이다.

2) 여성용 일기장

근대 일본의 일기장에는 여성용으로 출판된 것도 많다. 본 컬렉션에도 "소녀일기"(부인의벗사)[66], "소녀다이어리"(타카라문관)[94], "여학생일기"(국민출판사)[136], "냉녀일기"(타카라문관)[87, 93, 149, 179, 189, 210-1, 210-2, 228, 249], "부녀일기"(박문관)[127, 219], "부녀일기"(부인의벗사)[220, 269], "여성일기"(개선사)[216]가 있다. 이와 더불어 고등여학생의 하기방학여가일지[54, 88, 91]가 있으며, "가정일기"(박문관 외)[118-1부터 118-6, 175, 263, 332]도 남성이 사용한 사례가 있기는 하나 여성을 대상으로 편집된 일기장이다.

여성용 일기장은 범용일기로는 충분하지 않은 여성 일기애용자의 요구에 응한 것임과 동시에 가정에서 여성이 따라야하는 규범과 완수해야할 책임을 분명히 하여, 매일 깨우치기 위한 매체이기도 했다. 여성용, 특히 주부층을 위해 만들어진 일기장은 기입란 외에 읽을거리가 있는데 부록에서는 요리법, 사교법, 남편을 대하는 법, 육아 조언외에도 가계부를 사용한 절약과 계획적인 경제생활의 의의에 대해 이야기하는 등 현모양처의 삶을 실천하기 위한 지침서적인 성격도 띠고

있다. 이들은 근대 일기장의 '국민교육장치'[18]로서의 측면을 여실히
보여주는 것이라 할 수 있다.

전전의 소녀문화를 엿볼 수 있는 일기장이 있다. 1929년에 오사카
에 사는 소학교 5학년생 소녀의 일기이다. "소녀다이어리"[94]에는
애독지인 "소녀구락부"(강담사)의 최신판을 애타게 갖고 싶어 하는
모습이 다음과 같이 기록되어 있다.

> 빨리 소녀구락부가 왔으면 좋겠는데 좀처럼 오지 않아서 따분했다.
> (중략) 정말 재밌다. 나는 진작부터 기다리고 있다.(3월 9일)
> 기다리고 기다리고 기다리다 지쳐버린 소녀구락부가 드디어 왔다.
> 드디어 읽기 시작하니 마음대로 안 된다. 누가 뭐라고 하든 대답도 하
> 지 않는 나를 보고 사람들이 웃었다.(3월 10일)
> 아.. 따분하다. 모처럼 온 소녀구락부도 벌써 다 읽어버렸다.(3월 11일)

소녀문화를 양성한 매개체였던 소녀잡지가 도착하기를 고대하다
가 드디어 손에 넣고서는 삼매경에 빠져 탐독해서 순식간에 다 읽어
버린 모습이 잘 나타나 있다.

소녀잡지에 대한 애착은 전쟁의 시대를 지나왔어도 결코 사라지지
않는 것이었다. 수필가이자 이탈리아문학 연구자인 스가 아츠코(須
賀敦子)는 전시 중에 소녀잡지에 대해 '입을 옷도 없어지고 먹을 음식
도 충분하지 않은 생활 속에서 현실은 어디를 바라보든 잿빛 벽에 부
딪히는 것 같은 시대에, 이 잡지는 그것을 초월하여 우리를 어떤 즐거

---

18) 니시카와 전술서에서 특히 「Ⅰ 사람은 왜 일기를 쓰는가」, 「Ⅸ 미지의 편성을 산
다-교육장치인가, 그 일탈인가-」를 참조할 것.

움의 세계로 인도해주었다'라고 회상한다.[19] 본 컬렉션에는 미일전쟁이 있었던 1941년 공습이라는 화제를 싫어했던 독자의 감상을 엮은 여고등학생의 "단련일지"(동경사립고등여학교협회)[258]가 있다.

소녀의 편지(펜팔)문화를 엿볼 수 있는 일기도 있다. 1959년용 "평범스타일기"(평범출판)[335]는 국내외에 많은 편지상대를 가진 중학교 3학년생의 일기인데, 편지상대를 '오라버니', '언니'라고 부르며 그리워하거나 해외로부터 온 영문 편지를 번역하여 답장을 하는 등 당시 편지문화의 모습을 잘 보여주고 있다.

주부를 중심으로 성인여성에 의해 쓰인 일기도 적지 않다. 청소나 세탁 등 그날에 끝낸 집안일을 정성껏 기록한 1929년용 "가정중보일기"(부녀계사)[96], '회', '콩, 물고기' 등 매일 먹은 식사(또는 식재료)가 1930년부터 1935년까지 6년에 걸쳐 거의 매일 빠짐없이 기록된 "가정일기"(박문관)[118-1부터 118-6], 회사에서 근무하는 나날들이 엮인 1939년용 "영녀(令女)일기"(타카라문관)[228], 전시 하의 가정요리 식단이 세끼 모두 기록된 1942년용 "주부일기(부인의벗사) [269] 등이 있다.

3) 취미용 일기장

본 컬렉션에는 취미용도의 일기장도 많이 포함되어 있다. 빼어난 글귀와 명가가 가득 담긴 "하이쿠일기"나 "단가일기" 종류[41, 46,

---

19) 스가 쿄오꼬 「『사프란의 노래』의 시절」, 『스가 쿄오꼬 전집 제4권』 카와데문고, 2007년69항.

47, 86, 106, 142, 159, 183, 186, 381, 382, 383, 385, 388]가 목록 중에서는 이르면 태정초기에 등장한다(1941년용 "단가일기"[41], 1915년용 "하이쿠일기"[46]. 모두 동운당서점에서 간행).

1930년대를 지나면 취미용 일기장이 급증한다. 당시에는 민중의 생활수준과 교육수준 상승에 따른 대량소비와 대중문화의 출현에 의해 새로운 오락이나 여가 선용 방법이 활발히 논의되던 시기였다.[20] 본 컬렉션의 취미일기 중 가장 이른 것으로는 1926년용 "연예취미일기"(춘양당)[72]이 있다. 1930년대의 취미일기로는 1930년에 간행된 "산일기"(아즈사서방, 후에 묘계당)는 1988년까지 총 53권이 발행된 롱셀러이다. 본 컬렉션에도 창간 당시인 1930년용을 포함하여 1988년까지 총 27권의 "산일기"가 있다[108,116, 134, 155, 160, 331, 337, 338, 340, 342, 344, 346, 350, 353, 355, 358, 363, 36, 369, 370, 371, 374, 375, 376, 377, 380, 384].[21] 또한 각각의 정확한 창간 시기는 알 수 없으나 1930년대에 등장한 일기장으로는 1930년용 "취미일기"(개선사)[102], 1934년용부터 총 6권이 있는 "낚시일기"(아사히신문사)[167, 184, 203, 224, 253, 265], 1936년용부터 총 5권이 있는 "카메라일기(제일서방)[195, 201, 222, 237, 330] 외에 "가부키일기"(다카라즈카[소녀] 가극단)도 1936년용부터 총 5권을 포함하고 있다[187, 209, 244, 250, 264].

취미용 일기장에서 자주 눈에 띄는 공통점은 부록이 충실하다는 점

20) 1920년대 이후 일본의 여가문화 발전에 대해서는 타케무라 타미로우의 『소락의 계보 도시와 여가 문화』(동문관출판, 1996년)를 참조할 것.
21) 마츠마루 히데오, 이소지마 이치코우 「『산일기』 오십삼권의 발자취」 일본산악회 백년사편찬위원회편 『일본 산악회 백년사[본편]』, 명계당, 2007년 281-314항.

이다. 출판연도에 따라 다소 내용의 증감과 상이점은 있으나 "산일기"에는 등산에 관한 소사전이나 전국 등산정보, 각지의 등산행정표와 같은 종류가 일기장의 전체 분량 중 절반정도를 할애하여 실려 있다. "카메라일기"에는 카메라와 렌즈의 구조, 기능, 사용법, 셔터나 액세서리에 관한 화제들이 자세히 소개되어 있다. "낚시일기"에서는 1년을 통틀어 전국 연안조류시간표나 각지의 낚시터에 대한 상세정보가 일기장의 대부분을 점하고 있고 일기란은 전체의 1할에 미치지 않는 경우도 있다. 이는 말하자면 일기장을 부록으로 구비한 각 분야의 충실한 핸드북의 양상을 띠고 있다는 것이다.

4) 일기장과 전쟁

본 컬렉션은 근대일본의 전쟁경험을 남긴 군대생활이나 후방생활에 대한 일기장도 많이 수록하고 있다.

소학교 교원이 몸담았던 주간현역병[22] 경험을 기록한 일기장이 있다. 일기장의 필자는 1913년의 "교육실습일기"[39-1]에서는 고등소학교에서의 약 2개월간의 교육실습생활을 기록했다. 세세한 실습내용이나 교원으로부터 들은 조언과 함께 '내가 교단에 서면 아이들은 생글거리는 얼굴로 나를 쳐다보지 못한다.'(9월 5일)라고 하여 가르치는 즐거움을 기록하였다. 이 일기장에 이은 1914년의 "일지"[39-2]에서 같은 저자의 6주간의 현역병 생활이 기록되어 있다.

---

22) 6주 간의 현역병제도는 1889년 11월 징병령 개정에 의해 성립. 사범학교를 졸업한 소학교 교원에게 부과된 단기 현역병제도. 1818년에 1년 현역병제도로 개정.

군대생활은 범용일기에 적힌 것 이상으로 "군일일기", "군대일지", "군대일기", "전진일기", "전우일기," "무기일기", "황군일지" 등 전용일기장에 많이 기록되었다. 본 컬렉션에는 1909년부터 1945년까지의 군인용일기를 수록하고 있다[29, 49, 150, 181, 248, 259, 260, 261, 266-2, 266-3, 270, 282, 285, 286]. 소속부대나 종군지역을 검증하는 과제가 아직 남아있는 일기도 있지만 일본의 군생활을 알 수 있는 귀중한 사료라고 할 수 있다. 대부분은 종군 기간 중의 기록인데, 고등공업학교 재학 중에 징병검사를 받은 것부터 군대 입영, 전시 상황의 악화, 패전, 전후의 생활에 이르기까지 1942년부터 1954년까지의 기록이 남겨져있어, 당시 청년들의 전쟁 경험을 총체적으로 살펴볼 수 있는 사례이다.

대부분의 일본 군인들이 전지에서 자세한 일기를 남긴 것에 대한 놀라움을 도날드 킹은 다음과 같이 기록하고 있다.

미국의 군인들은 일기를 쓰는 것이 엄격히 금지되었다. 적의 손에 넘어가게 될 것을 염려한 것이다. 그러나 이것은 미국인들에게 하등의 고통도 전하지 못했다. 어쨌든 일기를 쓰는 사람 자체가 좀처럼 없었기 때문이다. 그런데 (생략) 일본의 군인들에게는 새해가 되면 일부러 일기장이 지급되었는데, 그 시절의 어린 학생들에게 여름 방학 중에 일기를 쓰게 하는 것과 비슷하게 반드시 일기를 쓰도록 명령이 내려지는 것이다. 필시 일본의 사관들은 일기 속에 진정한 군인정신이 나타나 있는지를 알아보기 위해 정기적으로 병사들의 일기를 읽었을 것이다.[23]

23) 도날드 킹. 2011.『백대의 과객 일기로 보는 일본인』. 강담사학술문고, pp. 25-26.

태평양 전쟁 중 정보장교로 활동하며 전장에 유기된 일기를 번역하는 작업에 종사했던 킹은 병사가 남긴 일기 내용과 그 수량의 방대함을 보고 일본인의 기록에 대한 강한 집착을 처음으로 느꼈다고 한다.

킹의 말을 뒷받침하듯 학도병이 기록한 "군대일기"[285]에는 일기를 기록하는 태도가 철저하지 못한 것에 대해 상관이 질책한 사례를 발견할 수 있다. 일기장의 주인이 무심코 일기를 쓰는 것을 잊어버린 1944년 2월 14일, 일기를 검토하던 상사는 '일지를 잊어버려서는 안 된다'라고 엄히 혼을 냈다. 일본의 군인에게 있어 일기 쓰는 것을 잊어버리는 것은 곧 싸워 이겨 낼 각오가 느슨해진 것을 의미하는 것이었다.

전의 부족에 대해 점검자의 질책은 후방에 사는 소녀의 일기에서도 볼 수 있다. 1944년 초등학교 3학년생인 소녀가 일기장을 대신해서 사용한 "Note Book"[288]에는 교사의 점검 도장과 감상이 주황색글자로 적혀있다. 대부분은 잘못 쓴 한자를 지적하거나 공부에 대한 조언인데, 가끔은 '건강을 잘 챙기세요.' 등과 같은 따뜻한 말도 적혀있다. 그러나 3월 3일부터 7일에 걸쳐 일기란에는 전체적으로 주황색의 커다란 X자가 쳐져있고, '뭐하고 있는 거야. 이런 일기는 안돼!'라고 노여움에 찬 교사의 코멘트가 적혀있다. 그 다음날 소녀는 '철권판결'을 받은 것 같은 충격을 받고 자신이 일기를 의무감으로 쓰고 있었던 것을 반성하는 것이었다. 이후 소녀는 '이오지마의 혈전'을 생각하며 '정말 열심히 하자'라고 결심하였고, 일기임에도 불구하고 전쟁이나 군대에 대한 이야기를 많이 적게 된다.

위에서 언급한 것 외에도 후방에서의 생활은 다양한 일기장에 나타나있다. 미일전쟁이 있었던 1941년 12월 8일, '이런 일이 일어날 거라고는 꿈에도 생각하지 못했다'라며 놀라움을 기록한 중학생의 "학생일기"(박문관)[257], 시시각각 진전되는 전황을 기록한 1942년 용 "소국민일기"(다나까상형당)[268], '몸빼'와 '속옷'을 바느질하는 1943년 여름휴가 생활을 엮은 "단련일지"(동경시립고등여학교협회) [283], 보도를 통해 알게 된, 오키나와 전쟁의 비극을 담은 "신문예일 기"(신조사)[289] 등, 각각의 일기 사용자가 자신의 전쟁 경험을 새 겨두었다.

패전 색이 짙었던 용지 공급난 시기의 일기에 대해 고서점 주인이자 문필가인 아오키 마사미는 '일기장 발행이 곤란해져서 대부분의 일기 작가는 일시적으로 일기쓰기를 그만두거나 갱지 노트를 사용해서 일 기를 쓰는 수밖에 없었다'[24]라고 기록했다. 사실 이 시기에는 박문관 의 "당용일기"도 발행 부수가 큰 폭으로 감소한다.[25] 그러한 가운데 본 컬렉션에는 표지 위쪽에 '결전체제판'이라고 내건 1944년용 박문관의 미사용인 "당용일기"[298]가 있다. 일기 대용 사례로는 앞서 말한 여 자 소학생의 "Note Book"[288] 외에 전 단락에서 언급한 "신문예일 기"도 1931년용인 일기장을 1945년용으로 전용한 것이다[289].

4. 일기장 컬렉션의 앞으로의 이용

이상으로 후쿠다의 일기장 컬렉션의 특징을 각 주제별로 나누어 개

---

24) 아오키 마사미 「고서점 기입장(237) 각사의 일기장의 활용-일기장 형태사(2)」, 『일본고서통신』 제920호, 2006년 3월, 22항.

25) 아오키 마사미 「고서점 기입장(236), 『당용일기』 이야기-일기장 형태사(1)」, (『일본고서통신』 제919호, 2006년 2월 33항).

괄했다. 지금까지 동서고금의 유·무명한 작가에 의한 일기가 활자
화되어 후세의 독자들을 얻었다. 그 한편으로 본고에서 다룬 일기장
처럼 많은 수기 일기가 정리되지 않은 채로 남겨져 있다. 본 컬렉션은
소위 근대 일본을 살아간 다양한 사회적 위치의 사람들의 생활과 사
상이 새겨진 역사의 증언이다. 앞으로는 컬렉션에 수록된 각각의 일
기장에 대해 깊이 파고드는 검증과 고찰이 이루어져야 할 것이다.

역사가인 미셸 펠로우의 말을 빌리자면 일기를 기록하는 행위는 작
가가 살아갈 의지를 지면에 각인하는 것이며, 나아가 그 의지는 작가
의 사후에도 계속 남아있다.[26] 그리고 일기장에 새겨진 작가의 의지
또는 이야기를 생생하게 재생시키는 것은 바로 후세의 독자들이다.
왜냐하면 그것이 가능한 사람이 일기를 쓴 작가가 아니라 '우연히 또
는 의도를 가지고 일기장을 펼친 타인'이기 때문이다.[27] 앞으로 본 컬
렉션의 일기장이 학술적으로 활용될 것을 기대해 마지않는다.

이미 국제기독교대학에서도 대학원생을 중심으로 각각의 일기장
을 독해하기 위한 연구회가 발족되었다. 그 성과가 머지않은 미래에
일반에 공개되기를 바란다. 그리고 학교 밖에서의 열람 요청에도 대
응할 수 있는 태세를 갖추어 적극적으로 활용해줄 것을 기대한다.[28]

---

26) 미셸 펠로우(모치다 아키코 번역) 『역사의 침묵, 언급되지 않은 여자들의 기록』
　　후지와라서점, 2003, 95항.
27) 니시카와 『일기를 쓴다는 것』 296항.
28) 목록에 수록된 일기장에 관한 문의는 국제기독교대학아시아문화연구소
　　(0422-33-3179,asian@icu.ac.jp)로.

5. 감사의 말

이 해제(解題)를 끝맺음에 있어 '후쿠다 일기 자료 컬렉션'을 국제기독교대학에 쾌척해주신 후쿠다 에미코에게 다시 한 번 깊은 감사의 말씀을 드리고 싶다. 개인적인 관계인 것이 죄송스럽지만 후쿠다 히데이치의 유고집 출판과 장서정리에 참여할 수 있었던 것은 대학원에서 학업 중에 은사를 잃어버린 필자에게 있어서는 선생님이 사랑하셨던 서책을 만지며 선생님에 대한 기억을 생생하게 되돌릴 수 있는 둘도 없는 기회였다. 에미코는 목록화 작업이 있는 날에는 매번 점심을 직접 만들어 대접해주시고, 후쿠다 히데이치의 생전의 이야기를 해주셨다.

본고를 제작함에 있어 공동작업자인 츠치야 소우이치와 아소 아유미에게 매우 신세를 졌다. 목록에 충실을 기하기 위해 작업량이 늘어났음에도 불평하지 않고 흔쾌히 협력해준 것에 감사를 표한다. 또 일기장 목록을 작성하는데 앞서 장서를 정리하는 것과 활자화된 일기자료를 목록화하는 일을 도와준 많은 대학원생 후배들에게도 이 자리를 빌려 감사의 말을 하고 싶다. 이들의 도움이 없이는 본고의 완성도 있을 수 없었다.

마지막으로 후쿠다 히데이치에게 다시금 감사의 말씀을 드리고 싶다. 선생님의 생전 가르침뿐만 아니라 남겨주신 저작과 장서를 통하여 나와 후배들은 오늘날까지도 많은 가르침을 얻고 있다. 본 목록을 공개하는 것이 선생님의 자료 수집 의지가 이루어져 오늘날 활용할 수 있는 일이 된다면 한 명의 제자로서 더 없이 기쁠 것이다.

6. 범례

총 492권의 일기장 목록을 게재함에 있어 이하의 범례를 표시한다.

목록의 표제어 중 '일기장명','저자 편자','발행처'란의 한자 문체는 원본의 표기를 존중하였으나(예 : '當用', '學校'등), 오늘날 통용되는 한자체로 고친 것도 있다.

숫자는 산용숫자로 일치시켰는데(예 : 제一학년 -〉제1학년), 관용어, 전문용어 등에 대해서는 원본의 표기를 존중했다.

목록에 게재된 일기장의 인쇄판은 특히 명기가 없는 한 초판초쇄이다. 중판중쇄인 일기장에 대해서는 '참고 특이사항'란에 판쇄 수를 기록하고 초판의 발행 연월일을 기록했다.

이하에서는 목록의 표제어 표시한 '번호', '일기장명', '저자 편자', '발행처', '발행연월일', '기입자 정보', '기입기간', '참고 특이사항'의 항목별 범례를 보여준다.

제8장
주물노동자의 일기로 본 압축근대 초기 공장 생활: 토픽모델링 기법을 활용하여

남춘호 · 유승환

1. 서론

해방 이후 초기 제조업 건설과정의 전형적 경로 중 하나는 일제강점기 일본인 소유의 귀속재산 불하에 기초한 것이었는데, 생산현장을 담당할 전문기술자들이 없어서 일제시기에 해당분야에서 일한 노동자들이 현장 기술자로 생산을 책임지는 역할을 한 경우가 적지 않았다. 인천일기의 저자 박○○도 전형적으로 이런 경우에 해당한다. 인천일기의 저자 박○○은 1926년 충북 보은군 청산면에서 태어나 소학교를 졸업한 후 18세가 되던 1944세에 일본으로 건너가 오사카의 西島펌프에서 주물공으로 일하였다. 해방 이후 일본에서 습득한 鑄物기술을 바탕으로 1956년 영등포 소재 대동공업에 입사하였다.[1] 당시

---

1) 대동공업은 1946년 장병찬이 귀속재산불하과정에서 에바라 펌프(구 임원제작소)

대동공업은 오사카의 서도펌프와 마찬가지로 양수기 펌프를 생산하
는 업체였다. 이후 1959년 대동공업이 이천전기[2]와 합병하게 되면서
저자 박○○은 이천전기의 주물공장에서 변압기나 대형펌프의 부품
을 생산하는 일을 하다가 1967년에는 주물과장으로 승진하여 주물현
장을 책임지게 된다. 박○○은 저학력임에도 불구하고 일본에서 배운
기술을 바탕으로 삼아 독학으로 여러 가지 시도를 해가면서 초기 주
물공장의 정착에 기여를 하며, 이 같은 능력으로 이천전기 장병찬 회
장[3]의 신임을 받기도 한다. 그러나 생산규모가 확대되고 신기술이 도
입되면서 점차 학사출신들과의 경쟁에서 밀리게 되면서 1978년 주물
부장직을 끝으로 이천전기에서 퇴직한다. 박○○은 저학력 현장노동
자 출신이지만 해방직후의 초기 제조업 건설과정에서 대기업의 중간
관리자로까지 계층상승한 사례를 보여준다.

를 인수하여 설립한 회사로서 양수기펌프 제작업체였다. 일본의 西島펌프에서 주
물노동자로 일했던 박○○은 해방 후 동일업종의 대동공업에 취업한 것으로 보인
다. 일기 속에는 부산의 극동금속에서 일하다가 신문 투고 건으로 인하여 실직하고
1956년 대동공업에 입사하면서 6년 만에 다시 돌아왔다는 표현이 있는 것으로 보
아 1950년에도 대동공업에 잠시 근무했던 것으로 추정된다.

2) 이천전기는 변압기, 배전반, 대형펌프 등을 주로 생산하였다. 원래 이천전기는 일
본 도시바사의 인천공장에 그 기원을 두고 있는데 1956년 민영화 당시 재일교포
서상록이 인수해 이천전기공업(주)로 개명하였으며 1958년에는 대동공업과 합병
되면서 장병찬이 사장으로 취임하였다. 이천전기는 1959년 우리나라 최초로 22kV
급 변압기와 370kW급 전동기를 자체 생산하는데 성공하는 등 1960년대 重電機분
야의 선도 기업이었으며, 박○○이 담당했던 주물공장은 변압기나 전동펌프의 부
품을 주조하는 업무를 수행한 것으로 보인다. 이천전기는 1993년 삼성계열사로 편
입되었다가, 1998년 일진전기에 인수되면서 현재는 사명이 일진중공업으로 바뀌
었다(한국전기산업진흥회 20년사, 2009: 110~114).

3) 장병찬은 한국전력공사 전신인 남선전기 초대사장을 지낸 장직상의 아들이며, 장
택상 국무총리의 조카로서 1946년 일본인소유의 귀속사업체 에바라 펌프를 인수
하여 대동공업사를 창립하고 1958년 이천전기와 합병하였다.

　박○○이 일기를 쓰게 된 계기는 일제하 식민교육의 일환으로 실시된 일기쓰기 교육에서 비롯된 것으로 보이며 따라서 일기 기록의 시작은 훨씬 이른 나이였을 것으로 추정된다. 현재는 30세가 되던 해인 1956년부터 1973년까지의 기록만 남아 있다. 일기는 국한문혼용체로 되어 있으나 중요한 내용은 대부분 한자로 표기되어 있으며 부정확한 한글표기는(일제강점기에 학교를 다녔기에) 한글 맞춤법이나 문법에 대한 공식적 교육을 받지 못한 당시 세대의 특징을 보여준다. 또한 박○○은 주물 鎔解과정이나 鑄造공정의 애로점을 타개하기 위해 독학으로 서적이나 설계도를 구해보면서 다양한 시도를 하는데, 그 과정에서 광물재료의 혼합비나 관련 기계장비를 일본어나 서툰 영어로 기록한 모습도 발견된다. 박○○의 일기에는 주물공장의 주철 생산량이나 부품 생산량, 생산에 투입된 원재료 및 인력, 잔업 및 특근시간 등이 기록되어 있어서 작업일지의 특징도 지니고 있으며, 회사 및 개인의 금전출납 기록도 보인다. 그와 동시에 남들이 자신의 일기를 보지 않을 것을 전제하고 기록한 것임을 추정케 하는 사적 내용들도 생생하게 기록되어 있으며 다양한 측면에서 내면을 성찰하는 근대적인 내면일기의 특징도 가지고 있다. 저자 박○○은 1920년대 출생 세대로서는 드물게 공장노동자와 중간관리자의 직업경로를 걸었던 사람이며, 또한 십대부터 일찌감치 농촌을 떠나 오사카, 부산, 서울, 인천 등의 대도시에서 생활하면서 누구보다 먼저 산업화와 도시화의 경험을 체득한 사람이다. 따라서 박○○의 인천일기에는 압축근대의 초기과정을 앞서서 걸어간 세대의 생생한 근대체험이 당시의 시점에서 '날 것'으로 기록되어 있다는 점에서 소중한 사료로 판단된다. 이하에서는 텍스트 마이닝(text mining) 기법, 특히 토픽모델링(topic modelling) 기법을 활용하여 인천일기 전체에 담긴 내용을 사용어휘, 주요 토픽의 구성 및 등장인물 등의 측면에서 간략하게 고찰해보고자 한다.

2. 일기분석에서 토픽모델링(Topic Modelling) 적용의 의의

사회과학자나 역사학자들에게 일기, 특히 일반인들의 일기가 연구의 대상으로 떠오른 것은 일상생활에 대한 관심의 증대에 기인한다. 일기 속에는 압축근대를 경험해온 일기 저자의 일상생활과 내면세계가 서술대상과 시공간적으로 가장 근접한 지점에서 '날 것' 그대로 기록되어 있기 때문이다(정병욱, 2013: 265; 정병욱 이타카기, 2013:4~7). 그렇지만 평생에 걸쳐서 기록된 일기자료는 때로 전통적인 '가까이서 읽기(close reading)' 방법으로는 도저히 소화해낼 수 없을 정도로 방대한 양에 달해서 연구자들에게 새로운 도전이 되고 있다.[4]

그런데 최근 빅데이터 분석의 일환으로 각광받고 있는 토픽모델링 기법은 텍스트자료가 담고 있는 내용에 대한 사전지식을 최소한으

---

4) 아직 일기자료의 연구에 토픽모델링 기법을 적용해본 사례는 Blevins(2010) 외에는 거의 없다. 그렇지만 그는 일기연구를 통해서 새로운 연구주제를 탐색하기 보다는 이미 18세기 미국여성사 전문연구자인 Urlich(1991)에 의해서 일상사 연구의 주목할 만한 연구성과로 발표된 조산원이야기(A Midwife's Tale)의 주요 사료인 Martha Ballard의 일기를 토픽모델링 기법을 통해 분석하고 그 결과를 Urlich의 연구결과와 비교함으로써 그가 명시적으로 표현하고 있지는 않지만 추출된 토픽들에 대한 일종의 타당도 검증을 하는데 치중하고 있다.

로 요구하면서 기계적으로 텍스트 전체의 내용을 분석하여 의미 있는
주제들(토픽)을 추출해준다는 점에서 디지털 문서들, 특히 신문이나
소설, 학술논문, 역사적 사료 등의 내용분석에 활용되기 시작하고 있
다.[5]

　토픽모델링은 텍스트 뭉치(corpus)의 내용을 자동적으로 코딩해
서 실질적으로 의미 있는 소수의 범주들(토픽)로 추출해주는 절차
를 제공해준다. 토픽모델링 프로그램으로는 Blei와 동료들(Blei Ng
ordan, 2003)이 LDA(Latent Dirichlet Allocation)알고리즘을 발표한
이후로는 주로 LDA기법 혹은 LDA의 변용 기법들이 사용되고 있다.
토픽모델링 알고리즘의 실행을 위해서는 사전에 정의된 코드나 의미
의 범주를 정해줄 필요가 없으며, 단지 토픽의 숫자만 정해주면 자동
적으로 텍스트뭉치로부터 지정된 수의 토픽을 추출해준다는 점에서
전통적 텍스트 분석방법들에 비해서 더 귀납적이다. 토픽의 수만 정
해주면 토픽을 구성하는 어휘들과 각 어휘들이 토픽에 속할 확률을
산출해주며, 동시에 전체 텍스트뭉치에서 토픽들이 어떻게 분포되는

---

5) 토픽모델링 기법은 텍스트 마이닝 기법의 하나인데, 다양한 텍스트 마이닝 기법들
　은 초기에는 주로 산업이나 경영분야에 적용되었다. 이후 방대한 텍스트 자료로부
　터 맥락과 관련된 단서들을 이용하여 해석가능성이 높은 주제들을 추출해주는 특
　성 때문에 디지털화된 문헌연구의 기법으로 점차 적용분야가 확대되고 있다. 가
　장 활발하게 적용된 분야는 문헌정보학에서 논문의 초록을 분석하여 주제들을 추
　출하고 저자를 식별하거나, 시간의 흐름에 따른 주제 분포의 변화를 통해 해당 학
　문분야의 연구동향을 파악하는 연구들이다(Gerrish and Blei, 2010; 박자현 · 송
　민, 2013). 다음으로는 신문기사를 분석하여 매체에 따른 보도의 정파성을 분석하
　거나(강범일 · 송민 · 조화순, 2013), 시기별 주제 변화를 포착하고 이를 사회적 역
　사적 사건이나 상황과 연관시켜서 고찰하는 연구들(Newman and Block, 2006;
　DiMagio Nag Blei, 2013; Bonilla Grimmer, 2013; Yang Torget Mihalcea, 2011)
　에도 적용되어왔다.

지는 물론 개별 문서들은 어떤 토픽으로 구성되는지 보여준다(남춘
호, 2016).

  그러면 토픽모델이 어떻게 실질적으로 해석가능성이 높은 토픽
들을 추출해주는가? 이는 LDA 알고리즘에 들어있는 '의미는 관계적
이다'라는 전제에 기인한다. 의미는 어휘자체에 내재해있는 것이 아
니라 각 어휘들이 어떤 어휘들의 군집 속에 있는가에 따라서 정해진
다. 동일 주제에 속하는 어휘들은 대화 속에서 동시에 나타날 가능성
이 크며, 토픽모델은 구문법(syntax)이나 서사(narative), 혹은 텍스트
내의 위치에 상관없이 한 문서 내에서 어떤 어휘들이 동시발생(co-
occurence)하는가를 측정한다(Mohr Bogdanov, 2013: 546-547).
LDA 알고리즘에서 텍스트 뭉치 속에 있는 각각의 문서는 각 저자가
말하고자 하는 주제들에 따라서 생성된 어휘들의 자루로 간주된다.[6]
LDA 알고리즘은 동일한 어휘라도 함께 사용되는 어휘들의 조합이 다
르면 다른 토픽으로 분류해주며, 다른 어휘라도 동일한 의미를 가지
고 있어서 유사한 어휘조합에서 사용되면 동일한 토픽으로 분류해준
다.

  토픽모델링 기법이 텍스트자료의 분석에 적용되기 시작한 것은 디
지털화된 대규모 텍스트자료의 출현에 직접적으로 기인한다. 전통적
인 텍스트 분석의 절차를 살펴보면 1) 흔히 학자들은 텍스트를 세밀
하게 읽으면서 획득한 통찰력에 기반을 두어 전문가적인 해석을 내어
놓는다. 그러나 이 방법은 개별 연구자의 통찰력에 크게 의존하고 있

---

6) 인문사회과학자를 위한 LDA 알고리즘에 대한 기초적 설명으로는 Weingart(2012)
   와 Rhody(2012), Jockers(2014:163-165)를 참조하기 바란다.

기 때문에 다른 연구자에 의해서는 동일한 결과가 산출되기 쉽지 않다는 재생가능성의 문제점을 내포하고 있다. 2) 그리고 텍스트의 양이 많아지면 보다 흔히 사용하는 방법은 연구질문, 사전적인 이론의 도움, 텍스트일부의 정독을 통하여, 한 묶음의 테마를 뽑고, 코딩 규칙을 작성하여, 대개는 다수의 연구보조원들로 하여금 텍스트 전체를 코딩하게 한다. 그러나 이 방법은 코더들 간의 신뢰성 확보가 곤란하며, 연구자가 전체 텍스트를 읽기 전에 이미 무엇을 발견할 것인지 알 수 있다는 것을 전제로 한다. 그리고 여전히 규모가 아주 큰 텍스트자료에는 적용하기가 곤란하다. 3) 디지털 텍스트인 경우에는 흔히 연구질문이나 사전적인 이론적 기반에 기초하여 키워드를 설정하고, 컴퓨터를 이용하여 텍스트 속에서 키워드를 탐색하여 해당 부분만을 추출한 후 이를 세밀하게 정독하는 가까이서 읽기 방법이 사용되기도 하였다. 이 방법은 대량의 텍스트를 소화할 수 있다는 장점은 있지만, 여전히 텍스트의 내용을 읽어보기 전에 무엇이 핵심 키워드인지, 해당 키워드가 어떻게 표현되고 있는지 사전적으로 알고 있어야한다는 문제가 있다. 또한 어휘의 내용은 어휘자체에 내재해 있기도 하지만 상당부분 사용되는 맥락에 따라 의미가 달라진다는 점에 비추어 보면 한계를 지니고 있다(DiMaggio et al., 2013: 576-577).

그런 점에서 보면 토픽모델링 기법은 토픽의 추출 방법이 명료해서 타연구자에 의한 재생가능성이 높으며, 사전 지식에 크게 의존하지 않고 의미의 관계성을 찾아낼 수 있다는 점에서 디지털 텍스트자료의 분석에 매우 유용한 기법이라고 하겠다.

본 연구에서는 1950~70년대 인천의 주물공장 중간관리자의 일기자료[인천일기]를 대상으로 토픽모델링 분석을 수행해보고 이를 통

하여 일기자료의 연구에 있어서 토픽모델링 기법 적용의 가능성과 한
계를 검토해 보았다. 일기를 토픽모델링 기법으로 분석하는 과정은
한글 전처리과정과 토픽 모델링 분석의 2단계로 이루어진다. 전처리
과정에서는 한글자연어처리기인 KOMORAN 2.4를 이용하여 형태소
분석을 실시하고 명사[7]를 추출하여 분석에 사용하였으며, 토픽모델
링 과정에서는 Blei의 기본적 LDA프로그램을 개선한 STM(structural
topic model)을 사용하였다(Roberts et.al., 2014).

3. 어휘로 본 인천일기

인천일기에 나오는 어휘를 명사위주로 분석해 본 결과 가장 자주
나오는 단어는 '집'이었으며, 밤, 工場, 아침, 午後, 會社, 作業, 宅, 말,
낚시, 술, 일의 순으로 이어졌다. 인천일기의 가장 큰 특징은 공장이
나 작업 관련 단어들(공장, 회사, 작업, 일, 급료, 공장장, 지급, 구입,
주조, 목형, 주물, 이천전기)이 매우 자주 나타난다는 점이다. 그리고
여가활동(낚시, 영화, 술, 댄스, 사냥)에 관한 어휘들도 빈번하게 등장
한다.

한편 시간과 관련된 어휘들(밤, 아침, 오후, 오늘, 요즘, 오전, 금년
등)이나 지명 및 이동관련 단어들(서울, 인천, 來訪, 방문, 도착, 출발,

---

7) 포함된 명사는 고유명사, 의존명사, 수사가 해당된다. 도덕 교과서에서는 형용사
또한 주요 어휘로 사용될 수 있으나, 문서상의 순서를 배제하는 방식의 텍스트 마
이닝 기법에서 형용사는 그 해석이 어려울 수 있기에 제외했다. 또한 한국어의 경
우 명사+'하다' 등의 형태로 만들어지는 동사 또한 매우 많은데, 이 같은 경우 명사
를 추출함으로써 해당 동사의 의미를 포착할 수 있다.

來社), 날씨, 기후에 관한 어휘들이 빈번히 나오는 점은 일기라는 텍
스트의 특성에 기인하는 것이기도 하다. 그리고 마음, 이야기, 걱정
등 내면 성찰에 관련된 어휘들도 비교적 자주 등장하며, 부인, 자녀,
부모, 친지 등 가족관련 어휘들도 빈번하게 등장한다. 한편 인천일기
에는 김인호, 공장장, 장회장 등 인명이 아주 빈번하게 등장하는 특성
을 보이고 있는데 이는 농촌을 떠나 근대 도시에서 생활하는 공장노
동자 및 중간관리자의 새로운 인적교류나 사회적관계망을 보여주는
것이라 여겨진다.

〈표 1〉 인천일기 빈출어휘(전체년도)

집(588)	하루(198)	購入(132)	社長(95)
밤(506)	이야기(195)	本社(131)	노조(94)
工場(458)	訪問(189)	鑄造(130)	鎔解(94)
아침(448)	김인호이사(188)	경선(129)	明日(93)
午後(425)	關系(186)	永登浦(128)	兄(93)
會社(412)	金(181)	借用(126)	버스(92)
作業(410)	到着(181)	感銘錄(124)	求景(91)
宅(393)	時間(176)	木型(119)	水路(90)
말(375)	李永喆系長(175)	鑄物(119)	壹金(90)
낚시(355)	장병찬(174)	圈(118)	全員(90)
술(354)	경선모(171)	우리(116)	生覺(89)
일(347)	今年(170)	利川電機(116)	원(88)
사람(342)	自己(167)	나이(113)	文益模(87)
서울(340)	工場長(165)	관수(107)	처음(87)
오늘(326)	條(165)	約束(107)	시골(85)

요즘(295)	저녁(163)	걱정(105)	出勤(85)
午前(262)	同伴(162)	結果(101)	기분(84)
마음(259)	理由(158)	경신호과장(100)	尹弼文代理(84)
仁川(251)	始作(146)	눈(99)	酒宴(84)
몸(234)	夜間(146)	市內(99)	물(82)
給料(219)	돈(145)	退勤(99)	hp(81)
程度(218)	內容(143)	달(97)	殘業(81)
來訪(215)	來社(142)	釜山(96)	完了(80)
날씨(210)	黃永淵代理(141)	co(95)	아버지(79)
今日(207)	支給(133)	길(95)	昨日(78)

〈그림 1〉 빈출어휘 Wordcloud(전체년도)

빈출어휘의 시기별 변화를 보면 1956년과 1959년에는 빈도순서로 '作業, 宅, 술, 일, 圓, 회사, 공장, 來訪, 鑄造, 야간, 김인호, 급료, 관계, 사람, 馬力(HP)'이 등장하였으며, 1964~66년에는 '집, 회사, 밤, 낚시, 말, 일, 작업, 날씨, 서울, 택, 공장, 급료, 이야기, 사람, 술, 요즘, 내방,

마음, 버스, 관계', 1967~1969년에는 '공장, 집, 낚시, 오후 밤, 사람,
서울, 말, 회사, 인천, 도착, 술, 공장장, 날씨, 작업' 1970, 1973년에는
'집, 김, 밤, 마음, 인천, 공장, 서울, 관수, 몸, 낚시, 저녁, 술, 사람, 일,
윤필문, 경선, 경선모, 곽재근'의 순서로 빈출어휘가 변화를 보인다.
30세 초반 대동공업에 입사하던 1959년과 이천전기와 합병하여 주
물공장의 기초를 닦던 1959년에는 거의 모든 어휘가 공작 작업과 연
관되어 있다. 반면 64년부터는 집, 낚시, 날씨 등 여가와 관련한 어휘
가 상위에 등장하기 시작하며, 과장으로 승진한 1967년 이후로는 공
장장, 윤필문, 곽재근 등 공장간부와 직장동료 등이 자주 나타나 직장
내 인간관계가 일기의 주요 주제로 부상하였음을 암시한다. 한편 70
년 이후로는 관수, 경선, 경선모 등 자녀와 아내 등 가족들이 상위권
에 등장하기 시작하여 생애주기의 변화에 따른 관심의 변화를 반영하
고 있다.

〈그림 2〉 빈출어휘 Wordcloud(1950년대)

〈그림 3〉 빈출어휘 Wordcloud(1964~1966년)

〈그림 4〉 빈출어휘 Wordcloud(1967~1969년)

〈그림 5〉 빈출어휘 Wordcloud(1970년대)

4. 토픽모델링으로 살펴본 인천일기의 주요 주제들

1) 토픽 추출 해석 예시 및 전체 토픽의 분포

빅데이터 분석방법으로 각광받고 있는 토픽모델링 기법을 활용하여 인천인기의 주요 주제들을 추출해본 결과는 크게보면, 직장관련 토픽 32개와 친지 처 자녀 집안행사(8개), 여가활동(12개), 건강 휴식(2개), 기후(2개), 이동 및 교통, 금전차용 등으로 구성되어 있어서 직장관련 주제들이 절반을 넘으며 자신의 여가나 교제 관련 주제도 다수를 점하고 있다. 토픽모델링기법은 해당 토픽을 구성하는 어휘를 보여주는데 표 2를 보면 상단(highest prob)에는 출현 확률순으로 토픽의 구성어휘를 제시해주며 하단(frex)에서는 해당 토픽을 다른 토픽과 구별시켜주는 어휘들 위주로 토픽47의 구성어휘를 보여준다. 토픽47의 구성어휘를 보면 '作業, 요즘, 狀態, 鎔解, 鑄造, 不振' 등의 순으로 나타나 해당 토픽의 주제가 '작업 부진 상태'에 관한 것임을 알 수 있다. 그리고 표의 우측에는 47번 토픽이 가장 높은 비중으로 나타나는 대표적인 날짜의 일기를 보여주는데 혹한으로 주물사가 동결되어 작업능률이 부진하다는 내용을 기록하고 있다.

〈표 2〉 47토픽 주요 어휘

Topic 47 Top Words	
Highest Prob	作業, 요즘, 狀態, 鎔解, 鑄造, 不振, 今日, 會社, 不可, 工程, 完全, 關系, 相當, 夜間, 昨日, 事情, 不良, 狀況, 터빈, 工場
FREX	作業, 不振, 不可, 狀態, 工程, 狀況, 지연, 良好, 夜, 鎔解, 酷寒, 不足, 繼續, 不良品, 實情, 凍結, 鎔解爐, 失敗, 胴體, 取出

〈1956년 11월 26일 월요일 晴〉
酷寒으로 因해서 作業 能率 低下함.
鑄物 砂 凍結로 因해서 多節이며는 으래이 終日토록 酷寒과 싸우는 개 요즘의
日課라.
李弼容 氏 早退함.
李圭搞 君 履歷書 作成함.
夜間 會社 警備室에서 十時頃까지 "대가매론[데카메론]"〈논〉談을 讀하다.

〈그림〉 Topic 47 주요 분포 문서

〈표 3〉 전체 토픽 주제 분포(직장)

범주	주제	num	토픽명	토픽 어휘
직장	관계	T15	말, 밥, 食堂, 朴경연次長, 表明, 생각, 辭意	말 밥 生覺 木型 工場 若幹 朴경연次長 表明 자기 食堂
	관계갈등	T48	사람, 트러블.	사람 트러블 今般 부족 잘못 문제 김인호
	관계교제	T11	來訪, 來社者.	社長 來訪 敬錫 弟 賢錫 공장 내사 面談
	관계대접	T58	퇴근, 후, 저녁, 대접.	녁工場 퇴근 무궁화 對接 鑄造課 退勤
	관계세력	T1	노래, 祝賀, 酒席.	노래 祝賀 酒席 張會場
		T3	장회장파, 규합.	張會長 文益模 尹弼文代理 郭在根 徐社長 勞組
		T42	공장 내	展開 計劃 十月 勝利 明日 警備員 柳 勞組 工場 完全 結果
	관계/술	T28	方氏宅, 作業, 終業後 濁酒.	方氏宅작업 終業 特勤 鑄物部 濁酒 送風
	관계이사	T2	최무필工場長, 理事會, 內容.	工場長 최무필상무 理事會 內容 昇格
	관계인사	T44	鑄工, 採用, 轉職.	採用 鑄工 送別會 轉職 吳錫根工場長 夕食 聘母 육호 洋靴店 黃永淵代理 事業 接待費 文益模 李永喆系長

	관계 초기	T14	일, 일요일, 春浩, 떡, 더위, 投稿, 일기.	일 일요일 春浩 떡 더위 投稿 會社 말
	인사	T40	金榮喆系長, 사표소동과, 趙免植, 초빙, 건.	金榮喆系長 趙免植 작정 辭表 金系長 正 招聘
		T21	상여금, 수당, 지급.	支給 償與金 殘額 賞與金 보너스 手當 工員級
	임금	T52	임금, 인상.	引上 發表 五月 線 賃金 本俸 時期 勞組
		T53	給料, 滯拂, 殘業, 拒否.	給料 拒否 殘業 未拂 滯拂
	임금	T55	假拂 , 申請.	申請 假拂 出張費 김인호 本社 歸鄉
	임금 살림	T8	김장, 명절, 걱정, 수당.	김장 手當 올해 燃料 자금 명절
직 장	작업	T34	형, 로, 설계, 제출, 양수기, 이천전기, 부족, 사표.	型 鑄造 爐 提出 設計 말 揚水機 p 利川 電機 調査 不足 會長 辭表
		T46	鑄型, 着手, 發送.	鑄型 着手 利川 辭退 組織 機械 發送 hp 倉庫 노랑 在上部
		T47	작업부진.	作業 不振 不可 狀態 工程 狀況 지연 良好
		T49	임페라, 註文.	註文 임페라 電氣爐 圖面 利川電氣 芯金 檢收
		T50	利川電機, co, hp鑄造日誌.	利川電機 co hp鑄造 木型 感銘錄 鑄造 日誌
	작업 견학	T16	日本, 見學.	日本 見學 木 利川工業 담당 鑄物工場
	작업 동료	T22	대동공업.	當時 이야기 永登浦 사람 大東工業
	작업 매매	T33	신점득, 사장, 신주똥, 매도.	신점득사장 신주똥 포금 매도 사례
		T43	價格, 鑄鐵, 材料.	價格 鑄鐵 材料 朴鐘相
	작업 부정	T27	庶務, 警備, 不良, 是正, 連絡.	是正 庶務 警備 불량 연락 소속장 부하.

직장	작업 외주	T20	鑄物, 外註.	주물 外註 依賴 金仁洙社長 三星주물
	작업 일	T26	작업, 완료.	完了 브로크 pump 作業 木型 주입 補 修 在上
	작업 잔업 특근	T12	명절, 휴무, 출근.	出勤, 舊正, 代勤, 氣分, 休務, 秋夕, 설 날, 缺勤者
직장 교제	친우 교제	T35	황영연, 뉴인천, 이영 철, 기독병원, 캬바레.	黃永淵代理 밤 付託 뉴인천 李永喆系長 申正植代理 태포 來訪 基督病院 캬바레 診斷 就職 入院 祿培 妻男

〈표 4〉 전체 토픽 주제 분포(비직장)

범주	주제	num	토픽명	토픽 어휘
가 족	살림 집수리	T45	집수리, 조력.	李 朴氏 助力 扶議 築臺 林 兄 vp가부세 술 兄 김인호이사 宅 金 來社 會社
	자녀	T23	가족, 자녀소풍.	정순 逍風 貞任 貞惠 아이 명호 松島 놀 이터 李珍珠 엄마
		T36	정화 박문중 진학.	試驗 合格 金允河 不合格 入學金 水壓 納入 貞花
	자녀 모	T60	정순모병원, 걱정.	걱정 준비 정순모 退院 産母 漢藥 片紙 겨울살이
	친지	T57	친지, 방문.	宅 訪問 兄任 宋君 相逢 歸路 아재 凡壹 洞 茶 德義 靑山 君義
	친지 부모	T56	어머니, 시골, 아버지, 엄마, 明浩.	시골 어머니 아버지 明浩 엄마
	행사	T19	가족, 결혼, 회갑.	동생 枚 回甲 請牒狀 結婚日 집 서울 奉子
		T29	결혼, 축의금, 가족, 來客.	아버님 祝金 結婚 집 長男 술 동생 來客
가 족 일	살림	T6	購入.	購入 外上 원 셔츠 卷 長安 永登浦 古鐵
	친지	T32	정신이상, 妹弟, 金鎭 國, 사건.	사무실 立場 金鎭國 매제 合議 月給 종 전 藥

	건강	T5	쇠약, 기침, 병.	몸 쇠약 기침 감기 病
	교제	T7	金君, 酒宴, 同席, 낙원장, 地鄉.	金君 酒宴 同席 尹弼文代理 郭在根 金貞善 金氏 낙원장 지향
		T18	金天順, 밤, 미장원.	金 밤 전화 자기 집 美粧院 返濟 仁川市 休暇 지향 음독 마담 金天順 김점순 여사
		T38	金女, 天順.	金女집 天順
	교제금전	T25	선물, 돈.	반지 時計 목걸이
	금전	T37	금전, 차용.	借用 今日 昨日 圈 壹金 主人宅 鑄友會費 入院費 圈整
	기타	T13	대리, 힘, 마음, 병, 국민교, 막내딸.	대리 힘 國民校 막내딸 機械工業 서울 마음 特 병
	성찰	T39	새해, 마음, 성찰.	人間 마음 心情 生活 스스로 苦生 새해
사 생 활	여가	T31	댄스, 교습.	교습 男子 女子 달 始作 춤
		T54	야간, 술.	술 李永喆 夜間 四人 最下 李周慶 圈整 集團 茶房
		T59	길, 內外, 朱, 大東, 시청, 가을, 聖林居場, 昨夜.	길, 內外, 朱, 大東, 시청, 가을, 聖林居場, 昨
	여가영화	T41	밤, 술, 영화.	居場 밤 영화 새벽 술 잠 방 뒷산 김여인 건넛방 진주 카바레
	여가낚시	T10	낚시.	낚시 大明 水路 草芝
		T30	낚시, 始釣.	今年 昨年 休日 처음 낚시 始釣
	여가사냥	T9	눈, 이야기, 林, 散彈銃, 기타.	눈 林 散彈銃 禁斷 郭 마담 喪主 사냥.
	일상	T62	오후, 밤, 야간, 일상.	午後 會社 關系 밤 말 約束 程度 집 休息 요즘 夜間
	휴식	T61	종일, 치료, 휴식.	하루 終日 治療 낮잠 종일 온몸 消日 醫師

	교통	T51	아침, 점심, 시내, 일상.	市內 合乘 아침 步行 體典 起床 山 暴雨 東 거리 점심 술상
이동	교통 여행	T4	이동/여행.	到着 行 서울 仁川 午後
	기후	T17	零下, 氣溫, 추위.	零下 晝食 小寒 氣溫 接待 午前 鑄物砂
		T24	겨울, 봄, 날씨.	오늘 겨울 날씨 例年 쌀 봄철 기후.

Top Topics

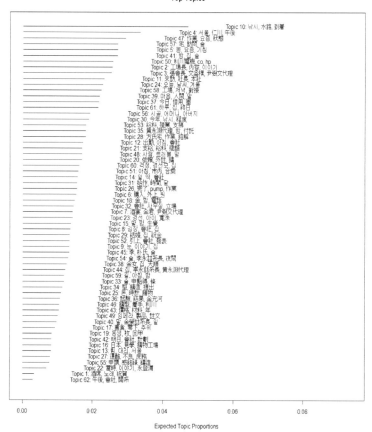

Expected Topic Proportions

〈그림 7〉 전체 토픽의 가중치 분포

전체일기에서 각 토픽(주제)들이 차지하는 크기를 보여주는 그림 7을 보면 낚시(T10), 서울인천이동(T4), 작업부진상태(T47), 댁/방문/술(T57), 건강(T5), 밤/술(T41), 이천전기/co/hp(T50)의 순서를 보이고 있다. 낚시회를 조직하여 회장을 맡을 정도로 '낚시광'이었던 저자의 모습이나, 감기나 기침을 염려하면서도 직장관련 사람들이나 친지댁을 서울과 인천으로 이동하며 방문하여 밤에 술을 마시는 주제가 빈번하게 등장하며, 동시에 이천전기 회사(co)에서 5마력(HP) 양수기를 생산하는 과정과 주물사 동결, 원료 공급 차질, 정전 등으로 작업이 부진한 상태를 다룬 주제들이 빈번하게 기록되어 있음을 알 수 있다.

한편 낚시관련 토픽(T10, T30)이 주로 주말에 나타나고 겨울철 혹한기에는 보이지 않는 점이나, 김장이나 연료비 걱정토픽(T8)이 11월에 집중되고, 건강기침토픽(T5)은 12월에 집중되는 점은 인공지능을 이용하여 기계적인 방법으로 텍스트의 토픽을 추출해주는 토픽모델링 기법이 방법론상으로 타당함을 보여주는 증거라고 하겠다.

2) 직장 · 비직장 토픽의 시기별 분포

직장 관련 토픽들의 연도별 분포를 보면(〈그림 8〉 참조), 토픽3(장회장, 문익모, 윤필문, 곽재근, 노조)이 1965년과 1969-73년에 높게 나온 점이 주목된다. 토픽3은 장회장, 문익모(노조위원장), 윤필문, 곽재근(주물과내 가까운 직원들)등으로 회사 내의 인물들이 주로 나열된 토픽이다. 1965년에는 이천전기 노동조합위원장 선거가 치열하게 진행된 시기이며 이시기에 박○○은 장회장의 지시 하에 문익모를 노조위원장에 다시 당선시키기 위해서 주물과내의 가까운 직원들과

수시로 접촉한다. 그런데 문익모 노조위원장 당선을 위해 가동되었
던 박○○의 사내인맥을 보여주는 토픽3이 이천전기 양대 대주주인
장병찬 회장과 서상록 사장간의 세력갈등 시기(1969~1973)에도 높
은 빈도로 나타난다. 이는 결국 문익모 위원장 지지세력이 장병찬 회
장 지지세력으로 동원되었기 때문이며 이는 당시 노동조합의 어용적
특성을 잘 보여주는 사례라고 할 수 있다. 인천일기에 의하면 노동조
합은 상습적인 임금체불에 맞서 잔업거부투쟁을 주도하기도 하지만
장회장은 노조위원장선거에서 문익모의 당선을 위해 사내 인력을 동
원하며, 그 반대급부로 대주주간 갈등에서는 문익모노조위원장이 장
회장 지원에 적극나선 것을 볼 수 있다. 그리고 박○○은 학사출신 중
간관리자들과는 달리 그 자신이 현장노동자 출신이었기에 노동자들
과의 유대감도 높아서 장회장과 문익모 위원장 사이의 중개자 역할을
맡았던 것으로 추정된다.

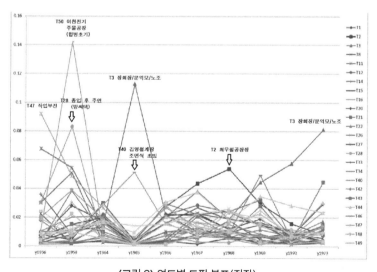

〈그림 8〉 연도별 토픽 분포(직장)

한편 대동공업에 입사한 1956년에는 오랫동안 쉬다가 주물작업을 재시작하게 되어 혹한기 주물사 동결, 고철 등 원재료 공급 부족, 정전 등 다양한 원인으로 주물작업 공정이 안정화되지 못하여 작업 부진 상태토픽(T47)의 빈도가 높게 나타났다. 한편 1959년에는 T50(이천전기, 주물공장)과 T28(終業 後 酒宴)의 분포가 매우 높은데 내용을 보면 T50은 합병초기 이천전기에 주물공장을 신설하면서 주요 작업내용을 작업일지처럼 적어놓은 것이며, T28은 당시 퇴근 후 공장 앞 술집(방씨댁)에서 술을 마시는 내용이 주를 이루고 있다. T50과 T47은 현장노동자 출신의 박○○이 대학출신 기술자들이 부족한 상태에서 대동공업과 이천전기의 주물공장에서 초기 생산공정을 정착시키기 위해 다양한 노력을 경주하는 모습과 그 과정에서 마주쳤던 작업부진 상황, 그리고 퇴근 후 회사 앞 술집에서 동료들과 하루의 피로를 푸는 장면들을 그리고 있는데, 박○○은 이 과정에서 어느 정도 현장기술자로 고용주의 신임을 얻은 것으로 판단된다.

1964~65년에는 T40(金榮喆系長 사표소동과 趙免植 초빙)이 특별하게 높은 빈도로 나타난다. 내용을 보면 학사출신 김영철 계장이 맡은 부서에서 주물생산이 잘 이루어지지 않자 자신과 같은 저학력 현장숙련공 趙免植을 외부에서 스카우트하는데 다리를 놓으려 하지만 김계장의 반발로 불발에 그친 사건을 다루고 있으며, 그 근저에는 생산차질을 둘러싸고 학사출신과 현장숙련공 출신 사이의 갈등이 자리 잡고 있다. 이와 관계된 토픽으로는 T34(型 爐 設計 辭表)토픽이 있다. 이는 T50과 T47이 보여주듯이 초기 주물공장에서 생산차질이나 불량품이 자주 발생하는데, 그 문제를 해결하기 위하여 주물형틀과 용해로의 설계를 검토하고 일기에 용해로에 투입하는 원재료 비율까

지 적어가면서 독학으로 문제를 해결하려고 노력하지만 대학에서 정규교육을 받지 않은 박○○으로서는 신기술의 바탕을 이루는 공학지식의 부족으로 스스로 한계를 토로하기도 하고 사내에서 대졸 학사출신과의 경쟁에서 밀린다고 느껴지자 사표를 제출하지만 결국 장회장의 만류로 회사에 남기로 하는 내용을 보여준다. 당시에는 대학에서 공학 이론교육을 받고 입사한 기술자들은 주물관련 장비나 시설들, 그리고 고철이나 선철 등 공급되는 재료의 상태 등에 대한 현장지식이 부족하여 주물생산공정을 정상적으로 가동시키는데 상당한 어려움을 겪은 것으로 보인다. 반면에 숙련노동자 출신의 주물기술자들은 신기술의 도입과 공정의 개선 등에 필요한 공학적 지식이 부족하여 학사출신 기술자들로부터 주먹구구식이라고 비판을 받는 등 양자간의 갈등이 심했다. 현장노동자출신 기술자 趙免植의 초빙을 둘러싼 소동은 그와 같은 학사출신기술자들과 현장노동자출신 기술자들 간의 대립을 배경으로 발생한 것이며, 박○○은 그런 과정에서 '대학교 졸업했다고 해봐야 한 5년은 자기들 밑에서 배워야 제대로' 생산물량을 낼 수 있을 것이라는 기록을 남기고 있다. 그러나 70년대로 가면서 이천전기는 '현장노동자 출신들의 경우 근속년수가 올라가면 임금은 올려주지만 승진은 더 이상 시키지 않는다'는 방침을 발표하게 되며, 현장노동자출신이 과장으로 승진하는 것은 박○○이 거의 마지막 사례로, 그 후로는 사라지게 된다.[8]

---

8) 산업사회에서 노동자의 계층상승 경로는 중간관리자로 상승하는 경우와 자영업자로 상승하는 두 가지 경로가 있다. 박○○ 역시 회사를 그만두고 독립해서 조그만 주물공장이라도 차릴까 끊임없이 고민하며 사표를 썼다가 접기를 반복하는 모습을 보인다. 한국의 경우 중간관리자 경로는 매우 협소하였으며 대부분 자영업자 경로가 상대적으로 넓었던 것으로 알려져 있다. 노동자에서 중간관리자로 승진하는

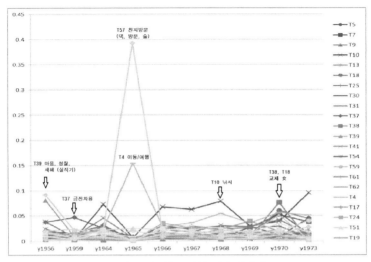

〈그림 9〉 연도별 토픽 분포(가족/여가)

한편 여가 가족 친지 등 직장관련 주제가 아닌 토픽들의 연도별 분포에서는 전직과 실직을 겪었던 1956년의 마음 성찰 토픽(39), 1956, 59년의 금전차용(37)토픽 등이 눈에 띄는데, 금전차용 토픽은 주물 과장 승진을 전후하여 경제적으로 안정되는 1967년 이후로는 거의 보이지 않는다. 반면 1964년 이후로는 낚시 등 여가활동 토픽이 높게

경로를 통하여 세대내 계층상승을 이루는 사례는 70년대 이후로도 매우 드물었으며, 한국은 계층이동에서 육체노동자와 비육체노동자, 혹은 전문기술관리직계층 사이의 이동이 매우 드문 특징을 보여주는데, 박○○의 사례는 압축근대 초기에 열려있었던 계층이동의 경로를 보여주는 사례라고 할 수 있다. 적어도 압축근대 초기에는 고학력자들이 중간관리직을 독점하지 않았으며, 그로 인하여 육체노동자-중간관리자로 상승이동하는 경로가 개방되어 있었음을 보여준다. 현재 한국의 대졸 공급과잉이나 과열된 대입시험 등의 문제는 바로 이와 같은 저학력 육체노동자들의 계층상승 경로가 이후의 산업화과정에서 폐쇄된 데 따른 부작용의 하나라고 볼 수 있다.

나타나고 특히 본처와 사별하는 1970년에는 여성교제토픽(38,18)이
높게 나타난다. 그리고 댁, 방문, 술, 등으로 이뤄진 친지방문토픽(57)
은 1965년에 특이하게 높으며, 1956년에도 높은 빈도를 보인다. 전반
적으로 과장 승진 이후에는 직장관련 토픽에서는 작업현장의 생산공
정에 관한 토픽들은 줄어들고 대신 사내 인간관계나 세력관계에 관련
된 공장장관련토픽(T2)과 회장/노조위원장(T3) 토픽이 잦은 빈도로
나오며, 직장이외 토픽에서도 경제적 곤궁함보다는 낚시 등 여가활동
토픽이 자주 기록되어 있다.

3) 전체 토픽 간의 네트워크를 통해서 본 일기 주제들의 연관성

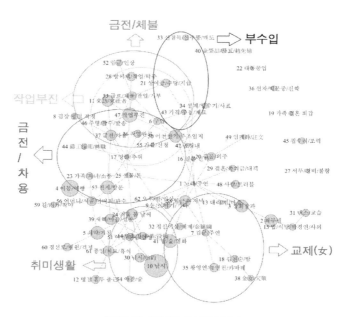

〈그림 10〉 62토픽 간 네트워크 1

〈그림 11〉 62토픽 간 네트워크 2

〈그림 12〉 62토픽 간 네트워크 3

일기의 주제들은 상호연관되어 있다. 일기의 동일 날짜 공출현도 (co-occurrence)에 기반 한 토픽 간 상관도 네트워크를 보면 급료체 불/잔업거부 토픽(T53)은 작업부진(T47), 來訪來社(T11), 임금인상 (T52), 상여금지급(T21), 금전차용(T37), 물품구입(T6)토픽과 연결 되어서 급료체불 블록을 형성하고 있다. 인천일기의 기록에는 60년 대까지는 임금체불에 관한 기록이 매우 빈번하게 나타나 거의 임금이 제 날짜에 지급되는 경우가 없을 정도이며, 이는 바로 노동자들의 잔 업거부로 이어져 급료체불/잔업거부가 하나의 단일 토픽을 형성하고 있다. 그런데 이런 체불/잔업거부 토픽이 등장하는 일기에는 잔업거 부로 작업부진 상황이 초래되고, 이를 해결하기 위하여 본사간부(공 장장이나 회장)들이 인천공장을 來訪/來社하여 임금인상이나 상여 금 지급을 약속하는 등으로 사태를 해결하려하지만, 저자 자신은 생 필품 구입 등을 위해 돈을 빌려야하는(금전차용) 일이 빈번하게 나타 남을 급료체불 토픽블록이 잘 보여주고 있다.

다음으로는 금전차용토픽(T37)이 허브를 이루어서 방사선 모양으 로 친지방문(T57), 돈/선물(T25), 김장연료걱정(T8), 추위(T17), 작 업부진(T47), 임금체불(T53) 등과 연결되어 있다. 금전차용 블록은 추위가 닥치니 김장이나 겨울 연료비 걱정이 앞서고 친지방문하려니 선물이라도 들고 가려면 돈이 필요한데 작업부진과 임금체불로 어쩔 수 없이 돈을 빌려야하는 생활난을 잘 보여주고 있다.[9][10]

---

9) 상여금, 주철/고철매도, 신주똥 등의 토픽은 일종의 부수입원을 보여주는 내용들 로서 임금, 급료 관련 토픽에 가깝게 위치하고 있다. 용해나 주물성형공정에서 부 산물로 나오는 고철이나, 신주(황동)를 외부업체에 매도하고 그 이익금의 일부를 노조와 공유하기도 한다. 이는 초기의 주물공장의 임금제도가 도급제와 유사한 집 단성과급 현태였던 점과도 연관된다(신원철, 2012). 용해로에서 생산된 주물을 톤

한편 중간에 있는 작업부진(T47)토픽과 직접 연결되어 있는 토픽들로 이루어진 작업부진 토픽블록을 보면, 양쪽으로 체불잔업거부(T53), 차용(T37)과 연결된 외에 이천전기(T50), 추위(T17), 주형작업(T46), 내사/사장(T11) 토픽과 연결되어 있어서 1956~1959년 대동공업과 이천전기 초기에 혹한기 주물사 동결로 인한 주형작업의 문제가 작업부진으로 이어지고 이 때문에 사장이 공장에 내사한 내용을 보여준다.

　노래/주연토픽(T1)은 '酒席, 노래, 祝賀, 酒宴' 등의 어휘로 구성되어 있는데 토픽의 크기는 크지 않지만 가장 많은 주제들과 연결되어 있다. 노래/주연(T1)토픽의 연결선을 보면 이천전기, 공장내 관계, 일본견학, 사내트러블, 힘, 퇴근 후 대접, 밤일정, 선물, 회장/문익모, 축의금/행사 등의 토픽과 연결되어 있다. 직장(이천전기)을 둘러싼 트러블, 힘, 관계, 세력, (직장동료)결혼축의금 등이 퇴근 후 접대, 밤일

당 일정금액으로 계산하여 해당 주물생산과정에 참여했던 노동자들이 참여한 공수(작업일수)에 따라서 배분하는 방식을 취하였는데 주물팀장이었던 저자는 생산물량에 따라서 전체 도급액이 지급되면 여기서 비용을 제하고 나머지 금액을 배분하고 있다. 이러한 도급제방식의 집단성과급은 원래 노동투입량을 늘려서 생산을 독려하기 위한 방편으로 사용되었으나 부수적으로는 생산이나 분배에서 주물팀 자체가 일정한 자율성을 지니고 있었음을 보여준다. 주물팀 자체적으로 비용을 공제하는데서 나아가 작업과정에서 나오는 부산물에 대한 처분권도 암묵적으로 행사했던 것으로 보인다.

10) 저자의 경제적 형편을 보면 1967년 주물과장으로 승진할 무렵을 전후하여 뚜렷한 차이를 보인다. 이전에는 늘 생활고에 시달리며 자녀들 교과서 대금을 제때에 내지 못하고 쌀값 마련에도 쫓기면서 늘 가불과 금전차용에 전전긍긍하며 월급날이 되어도 빌린 돈을 갚고 나면 남는 돈이 거의 없는 신세를 한탄하는 장면이 수시로 나온다. 그렇지만 주물과장으로 승진할 무렵부터는 자신의 주택을 구입한 외에도 당시 서울 수도권의 단독주택가격을 상회하는 금액의 돈을 사채시장에서 굴리는 모습을 보여준다.

정, 주연/노래를 매개로 연결되어 있음을 보여준다.

홍미로운 점은 주연/노래(T1)-장회장/문익모/노조(T3)-최공장장(T2)-공장내관계(15)-댄스교습(31)로 이어지는 토픽연결망이다. 마찬가지로 사냥토픽(T9) 역시 여가블록과 주연/주석의 중간에 위치하여 댄스교습이나 사냥 등 겉보기로 단순히 여가활동으로 보이는 토픽들도 사내의 인간관계, 세력관계와 연관되어 있음을 시사한다. 회사생활의 관계맺기가 결국 밤 술자리, 접대, '2차'로도 이어지기도 함과 동시에 때로는 댄스교습을 매개로 여성교제까지 이어지기도 함을 보여준다.

인천일기에도 다른 일기와 마찬가지로 시각을 나타내는 어휘들 즉 오늘, 내일, 어제, 오전, 낮, 오후, 밤, 금년 등의 단어들이 빈번하게 등장한다. 그런데 홍미로운 점은 이처럼 시각을 나타내는 어휘들 중에서 '밤'이 가장 높은 빈도로 기록되어 있다는 점이다. 그만큼 인천일기에는 다양한 밤의 활동이 기록되어 있다. 밤의 활동은 기본적으로 주연/노래 토픽블록에서 보는 것처럼 회사 내의 인간관계나 행사들과 밀접하게 연결되어 있으나 동시에 저자의 취미생활이나 여가생활 및 이성교제와도 연결된다. 퇴근 후 저녁의 생활은 직장생활과 긴밀하게 연관되어 있으면서 동시에 영화나 댄스, 이성교제 등으로 이어진다. 그리고 낚시, 사냥, 댄스, 영화관람 등의 다양한 여가나 취미활동으로 이어짐을 볼 수 있다. 박○○의 일기를 보면 직장의 작업과정과 인간관계가 저녁의 술자리나 접대로 이어지고 나아가서 취미나 여가활동 심지어 이성교제로까지 이어진다. 이성교제는 오늘날의 관점에서 보면 매우 사적이고 개인적인 활동으로 간주된다. 그러나 인천일기에는 직장동료들의 소개로 댄스교습을 함께하고 회사 야유회나 저녁 술자리 접대가 이성교제로 이어지기도 하며, 이러한 이성교제활동을 친밀한 직장동료들과 공공연하게 공유하고 있음을 보면, 직장이 단지 공적인 생산활동의 세계였을 뿐만 아니라 사적인 친밀성의 영역까지 침투/포섭한 정황조차 포착된다. 오늘날에도 한국의 직장문화나 조직문화는 개인의 모든 것을 헌신하고 몰입할 것을 강요한다. 직장생활에서 살아남기 위해서는 골프나 테니스 등 취미생활은 물론 '밤문화'로 일컬어지는 술자리나 매춘 심지어 종교활동까지 직장상사나 동료와 함께하지 않으면 치열한 사내 파벌 경쟁에서 살아남기 힘든 현상을 보이고 있다. 인천일기를 보면 오늘날의 직장문화가 이미 60년대에 그 원형을 보이고 있음을 알 수 있다.

토픽네트워크에서 노드의 크기는 토픽의 크기를 보여주는데, 토픽의 크기별로는 앞에서 보았듯이 낚시, 밤/술/영화, 작업부진, 이천전기 토픽이 크고 이와 더불어서 이동(왕래발착), 친지방문, 건강ㆍ기침 토픽이 커서 일기에 이런 주제들이 자주 기록되어 있음을 보여준다. 친지방문토픽은 돈/선물, 금전차용, 추위, 왕래발착이동, 시골등과 연결되어 있으며, 건강쇠약토픽은 경선모 병원, 기후, 종일휴식등과 연결되어 있다. 다만 양자사이에 시골부모토픽이 있어서 두 토픽군들을 이어주고 있다.

그런데 인천일기에는 비슷한 시대의 농촌일기에 비해서 자녀관련 토픽이 적다. 자녀학업은 독립적인 토픽을 이루지 못하고 있으며, 유일하게 차녀의 중학진학을 둘러싼 내용이(T46) 독립적인 토픽을 구성하고 있을 따름이다. 등장어휘 빈도 측면에서도 학교 483위, 국민교 1267위, 박문교 1489위, 중학교 2238위, 고등학교 3342위, 박문중학교 8018위로 학교관련 어휘들은 비교적 낮은 빈도를 보이고 있다.

등장인물 중에서는 장녀(경선)나 외동아들(관수)의 등장 빈도는 높은 편이나 자녀관련 내용이 별도의 토픽을 구성할 정도로 비중있는 주제를 형성하지는 못하고 있다.

토픽간의 네트워크를 보아도 경선모병원 토픽(60)이나 자녀소풍(23)토픽은 연결의 중심부에 위치하지 못하고 있으며, 심지어 차녀박문중입학(36) 토픽은 고립되어 아무 토픽하고도 연결되지 않고 있다. 따라서 직장활동이나 여가 및 이성교제토픽을 제외한 친지/가족/자녀토픽이 상대적으로 적은 가운데 본인건강과 친지방문이 그나마 중심을 이루고 있으며 처나 자녀관련토픽은 상대적으로 수도 적고 연결 정도도 약함을 보인다.

박○○의 가족은 도시화된 환경에서도 핵가족이 아닌 확대가족의 모습을 띠고 있다. 부모는 주로 시골 고향에 거주하였지만 집에는 늘 동생들이나 사촌들이 지속적으로 거주하여 핵가족만으로 가정을 이룬 시기는 오히려 예외적으로 보일 정도이다. 그러나 부모를 방문하거나 자녀를 돌보는 일은 아내의 몫이어서 고향방문은 자주 부인에게 맡기고 자신은 회사일이나 여가활동을 하기도 한다. 장남으로서 책임감에 부모를 자주 언급하며 집안 대소사에 돈을 대는 일도 도맡아 하지만 막상 자신은 회사일 등으로 인하여 시간을 내기는 어려웠던 것으로 보인다. 자녀교육과 관련해서는 수시로 부인을 탓하는 모습이 나온다. 다만 자신은 자녀의 상급학교 진학에 문제가 생겼을 때 자신의 사회적 관계망을 통하여 직접 나서는 것 외에는 주로 교육비를 제공하는 생계책임자의 역할에 머문다. 그런 면에서 박○○은 가정과 관련한 자신의 책임은 생계부양자일 뿐이며 자신의 활동은 일우선주의 회사중심주의에 충실했던 것으로 보인다.

4) 일기의 주요 인물 및 주요 어휘들 간의 네트워크

인천일기에는 다양한 인물들이 등장하는데 전반적으로 가족친지들에 비해서 직장동료가 훨씬 많이 등장한다. 동일일자 일기(동일 문서)에 공출현하는 빈도에 기초하여 그려본 인물 간 네트워크를 보면 대체로 가족친지와 직장동료들이 별도의 그룹을 형성한다.

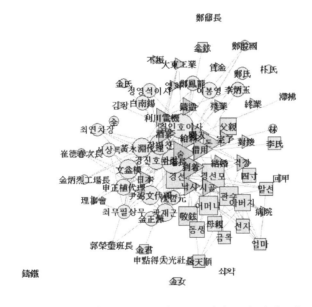

〈그림 13〉 인천일기 주요 인물(50명) + 주요 어휘(29개) 간 네트워크

62개 토픽에서 각각 핵심어휘를 추출하여 인물50명과 연결망을 그려본 결과 아버지, 선자, 관수, 경현, 동생, 어머니, 모친, 엄마, 경선모, 경선 등의 가족들과 가까운 어휘는 종일, 걱정, 심정, 결혼, 회갑, 쇠약, 시골 등이다. 반면 회사동료들과 가까운 어휘들은 상대적으로 돈,

차용, 급료, 구입, 완료, 임금, 잔업, 주조, 트러블, 사표, 부진, 주문, 이 사회 등이다. 등장인물의 측면에서 보면 일찍이 도시화·산업화를 경험한 박○○의 일기는 공동체의 특성을 지니고 있는 동시대 농민들의 일기와는 커다란 대조를 보인다. 동시대 농민일기속 등장인물들이 마을공동체의 주민들이었던 점에 비해서 인천일기에는 마을주민이나 이웃사람들이 나타난 경우는 극소수에 불과하며, 가족이나 친지에 비해서도 직장관련 인물들이 훨씬 많이 등장한다. 농민일기와 달리 박○○의 일기를 보면 직장생활이 일기의 전반을 관통하고 있으며 상대적으로 가족관련 내용이 적은 가운데 개인의 여가나 취미 관련 주제들도 다양한 측면에서 직장에서의 인간관계와 연결되어 있음을 보여준다.

5. 맺음말

한국은 압축적 근대화 혹은 돌진적 산업화를 경험해온 것으로 알려져 있다. 압축적 근대화는 공백위에 세워진 것이 아니며 이전의 발전경로에 의존적일 수밖에 없다. 그러나 압축적 근대화 시기와 이전시기를 이어주는 과정에 대한 연구는 많지 않으며 그 이유 중 하나는 압축근대 초기과정을 들여다 볼 수 있는 자료의 부족이다. 그런 면에서 보면 일제강점기인 1926년에 출생하여 일찍이 이농과 도시화, 농업에서 제조업으로, 농민에서 노동자로 세대 간 이동을 경험한 박○○은 압축근대의 초기 진입과정을 걸었던 전형적 인물의 하나이며, 박○○의 일기는 압축근대 초기 전개과정의 생산현장과 가정 및 공동체, 그리고 개인의 내면세계를 보여줄 수 있는 소중한 자료로 판단된다.

　박○○은 해방 이후 십대에 일본에서 배운 주물기술을 기반으로 제조업의 초기 정착과정에 기여하였으며, 그 과정에서 자기 자신도 현장노동자에서 중간관리자로 계층상승을 이루어낸 경험을 가지고 있다. 1960년대의 산업화와 고도성장은 제조업의 빠른 성장에 기반하고 있다. 박○○의 일기는 이 같은 제조업 성장의 기반에는 생산현장을 책임진 현장노동자 출신의 중하위관리자들이 존재했음을 잘 보여주고 있다. 해방 이후 과거 일본인 소유였던 귀속재산의 불하를 통해 제조업 복구과정이 진행되는데, 초기의 공장재건과정에서는 학사출신 엔지니어들이 작업현장 사정에 어두워 구숙련 위주의 현장관리자들에게 크게 의존한 것으로 보인다. 그러나 70년대에 들어서면 제조업의 숙련노동자는 공고를 졸업한 신규양성 숙련공들로 채워지고 현장기술자와 관리자들은 대졸자로 교체되면서 일제시기 현장노동자 출신의 생산현장 역할은 마감된다.[11] 박○○처럼 일제시기 현장노동자경험에서 출발한 중관관리자들은 관리자로 승진한 후에도 대졸관리자들과는 달리 정서적으로 현장관리자와 가까워 현장노동자와 고용주를 연계하는 역할을 하였으며, 이는 부정적 측면에서는 어용노조 현상으로 나타나기도 한 것으로 추정된다.

---

11) 70년대 이후 한국 기업들의 경영방식은 미국식으로 변화한다. 그러나 생산 현장의 기술이나 숙련은 생산시설이나 용어의 측면에서 여전히 일본제 장비와 용어들이 활용되는 모습을 보이는데 이는 박○○처럼 일제하에서 숙련을 습득한 현장기술자들의 영향도 있었을 것으로 짐작된다. 더욱이 60년대 이후 한국의 제조업 성장방식이 일본으로부터 기계와 중간재를 도입하여 조립생산 후 수출하는 가공무역방식으로 전개되었는데, 일제하에 습득한 이들의 현장 숙련이 그러한 제조업의 성장방식과 친화력을 가졌던 것으로 짐작된다.

　인천일기에 의하면 1950~60년대의 주물공장은 정전, 주물사 동결, 원료공급차질, 불안정한 생산장비와 생산공정, 임금체불과 연관된 노조의 작업거부 등으로 빈번한 조업중단과 생산차질을 빚고 있다. 이천전기가 1959년 국내최초로 370KW 변압기와 22KV 전동기를 자체 생산한 重電機 분야의 선도업체였음을 감안하면 인천일기에 나오는 50~60년대의 공장현황은 당시 국내 제조업체의 전형적 풍경이었을 것으로 추정된다. 인천일기에는 주물생산 과정만이 아니라 주물공장의 노동사정에 대해서도 임금형태, 고용형태, 노동시간 및 잔업 특근 현황, 숙련공 양성과 노무인사 관리 방식, 노동조합과 노사관계 등에 관련된 생생한 내용들이 다양하게 기록되어 있어 향후 이 분야의 심층적 연구를 위한 좋은 자료가 될 것으로 기대된다.

　한편 인천일기에는 직장생활에 관련된 주제들 이외에 가족이나 친족, 본인의 건강과 여가 및 취미활동 등에 관한 다양한 주제들도 포함되어 있다. 특히 퇴근 후의 술자리나 접대 등 소위 밤문화에 관련된 주제들이 높은 빈도로 등장하며, 그밖에 낚시, 영화, 사냥, 댄스 등 여가나 취미활동에 관련된 주제들도 다양하게 기록되어 있다. 그에 비하면 아내나 자녀, 부모 및 친지에 관련된 주제들은 비교적 적은 편이라 할 수 있다. 그런데 흥미로운 점은 인천일기에는 직장생활에 관한 기록이 가족이나 개인에 관한 기록에 비하여 압도적으로 많다는 점이다. 등장인물을 보아도 직장관련 인물이 압도적으로 많다. 뿐만 아니라 개인의 취미나 여가, 심지어 이성교제영역조차도 직장생활과 깊이 연관되어 있다. 인천일기에서는 퇴근 후의 술자리나 접대 및 모임, 그리고 낚시나 사냥 및 댄스 등의 여가활동도 모두 치열한 직장 내의 경쟁에서 생존하기 위한 필수적 활동으로 여겨진다.

　인천일기가 보여주는 산업화 도시화된 압축근대 초기의 생활세계는 농촌 공동체의 삶과는 다른 모습으로 그려지고 있다. 그러나 근대화와 더불어 가정과 직장이 분리되고, 합리적 개인주의에 기반을 두어 개인의 사적영역이 존중되었던 서구의 경험과는 달리 인천일기에서는 직장생활이 개인의 전 영역으로 침투하여 지배하고 있다. 인천일기가 보여주는 직장생활은 공장 내에서의 근무시간에 한정되지 않고 퇴근 후의 밤의 문화 역시 철저하게 직장영역과의 연관하에 진행되고 있으며, 여가나 취미활동, 나아가 이성교제까지 직장과 관련하에 진행된다. 여기에 더해서 장례식 과정에서 부고를 알리고 부의금을 걷는 일은 물론 장례식을 진행하고 조문객을 접대하는 과정도 상당부분이 회사의 공적인 일처럼 진행된다. 이는 도시화된 근대세계에서 공동체는 해체되고 원자화된 개인들이 군중속의 고독으로 살아가는 모습과는 전혀 다른 모습이다. 어떤 면에서 농촌공동체를 회사공동체가 대체한 인상마저 느낄 수 있다. 그러나 급료조차 정시에 지급하기 어려웠던 기업여건 하에서는 직장공동체라기 보다는 직장이 가정과 개인의 사적세계까지 침투하고 지배하였다고 판단하는 것이 정당할 것으로 여겨진다.

　박○○의 일기를 보면 농촌과는 달리 산업화된 도시에서 가정과 직장이 분리된 세계를 분명하게 보여준다. 가정에서의 가사노동이나 자녀양육 및 노부모 돌봄은 철저하게 아내의 몫이었으며, 박○○ 자신은 일우선주의, 직장우선주의적인 모습을 보이고 있다. 그러나 이러한 박○○의 모습은 박○○ 자신의 선택이라기보다는 파벌과 경쟁이 난무하는 직장환경에서 살아남기 위한 방편이었을 것으로 판단되며, 인천일기속이 직장문화는 향후 조직에 대한 고도의 헌신과 몰입을 강요하는 기업문화로 자리 잡게 된 것으로 판단된다.

　한편 인천일기에 토픽모델링을 적용해본 결과 낚시나 감기 등의 토픽은 해당 계절에 주로 나타나 토픽모델링에 의해서 추출된 주제들의 타당도를 입증해주었다. 그런데 인천일기는 국한문혼용체로 기록되어 있는데다가 한글 역시 문법에 맞지 않는 표기가 많아서 전처리과정에서 어떤 한글 형태소분석 프로그램을 사용하는가에 따라서 다소 상이한 결과가 나왔다. 이런 현상은 특히 명사 이외의 품사에서 더욱 심하게 나타났는데, 향후 일기를 비롯한 한글 디지털 텍스트를 대상으로 한 토픽모델링 분석이 활성화되기 위해서는 한글 전처리 과정의 개선이 중요한 과제라고 하겠다.

참/고/문/헌

• 강범일 · 송민 · 조화순. 2013. "토픽 모델링을 이용한 신문 자료의 오피니언 마이닝에 대한 연구."『한국문헌정보학회지』, 47(4): 315-334.

• 김준철. 2009.『한국전기산업진흥회 20년사』. 한국전기산업진흥회.

• 남춘호. 2016. "일기자료 연구에서 토픽모델링 기법의 활용가능성 검토."『비교문화연구』, 22(1): 89-135.

• 박자현 · 송민. 2013. "토픽모델링을 활용한 국내 문헌정보학 연구동향 분석."『정보관리학회지』, 2013(30): 7-32.

• 신원철. 2012. "임금형태의 변화와 노사 갈등."『사회와 역사』, 94: 333-335.

• 정병욱. 2013. "식민지 농촌 청년과 재일조선인 사회. 정병욱 이타카키 유타 편,『일기를 통해 본 전통과 근대, 식민지와 국가』. 소명출판.

_____. 2013.『일기를 통해 본 전통과 근대, 식민지와 국가』. 소명출판.

• Blei, D. M., Ng, A. Y., & Jordan, M. I. 2003. "Latent dirichlet allocation." *Journal of machine Learning research*, 3(Jan): 993-1022.

• Blevins, Cameron. 2010 "Topic Modeling Martha Ballard's Diary." http://historying.org/2010/04/01/topic-modeling-martha-ballards-diary/.

• Bonilla, T., & Grimmer, J. 2013. "Elevated threat levels and decreased expectations: how democracy handles terrorist threats." *Poetics*, 41(6): 650-669.

• DiMaggio, P., Nag, M., & Blei, D. 2013. "Exploiting affinities between topic modeling and the sociological perspective on culture: Application to newspaper coverage of US government arts funding." *Poetics*, 41(6): 570-606.

• Gerrish, S., & Blei, D. M. .2010. "A language-based approach to measuring scholarly impact." In Proceedings of the 27th International Conference on Machine Learning (ICML-10), pp. 375-382.

• Jockers, Matthew L., David Mimno, 2013 "Significant themes in 19th-century literature." *Poetics*, 41(6): 750769.

• Mohr, J. W., P. Bogdanov 2013 "Introduction Topic models: What they are and why they matter." *Poetics*, 41(6): 545-569.

• Newman, D. J., & Block, S. 2006. "Probabilistic topic decomposition of an eighteenth century American newspaper." *Journal of the American Society for Information Science and Technology*, 57(6): 753-767.

• Rhody, Lisa M. 2012 "Topic Modeling and Figurative Language." *Journal of Digital Humanities Vol.2*. No.1. http://journalofdigitalhumanities.org/2-1/.

• Roberts, M. E., Stewart, B. M., & Tingley, D. 2014. stm: R package for structural topic models. R package version 0.6, 1.

- Urlich L. 1991. A Midwife's Tale: *The Life of Martha Ballard, Based on Her Diary, 1785-1812*. Vintage Books.
- Weingart, Scott. 2012 "Topic Modeling for Humanists: A Guided Tour," http://www.scottbot.net/HIAL/?p=19113/.
- Yang, T. I., Torget, A. J., & Mihalcea, R. 2011. "Topic modeling on historical newspapers." In Proceedings of the 5th ACL-HLT Workshop on Language Technology for Cultural Heritage, Social Sciences, and Humanities, Association for Computational Linguistics, pp. 96-104.

부록

부록 1

한국의 해방 후 일기 출판 목록

번호		내용
1	제목	『독농가 하사용씨의 성공사례와 1970년대의 새마을운동』
	출판물의 저자	박진환
	출판사	농협대학 농촌개발연구소
	출판년도	2001
	일기의 저자	충북 청원군의 하사용
	관련 시기와 내용	2000년 하사용의 농가를 방문하여 하사용이 1970년 농어민 소득증대 특별사업 경진대회 전국 1등을 하여 자신의 사례를 박정희 대통령 앞에서 발표한 다음, 3000여회에 걸쳐 새마을강사로 출강한 내용을 기록한 3권의 기록일지를 확보하여 새마을운동이 어떻게 전개되었는지, 새마을정신이 어떻게 내면화되었는지를 분석한 책.
2	제목	『평택일기로 본 농촌생활사-평택 대곡일기, 1-3』
	출판물의 저자	지역문화연구소
	출판사	경기도 문화재단
	출판년도	2007-8.
	일기의 저자	평택시 청북면 대곡마을의 신권식(1928-)
	관련 시기와 내용	농민이 1959년부터 2005년까지 46년간 써 온 일기를 정리하여 입력하고 해제하여 출판한 것이다. 날자 그대로 입력한 것이 아니라 주제에 따라 재분류하여 개관, 경제생활, 의식주생활, 사회생활, 고잔리 민속 등으로 분류하여 실었다. 이 일기와 관련된 여러 연구들이 출판되었다.

3	제목	『창평일기 1-5』
	출판물의 저자	이정덕, 이성호, 김규남, 안승택, 양선아, 문만용, 김희숙 등
	출판사	지식과 교양
	출판년도	2012-2014
	일기의 저자	최내우(1923-1994)
	관련 시기와 내용	빈농에서 부농으로 성장한 최내우 옹이 작성한 1927년부터 1994년의 회고록과 일기를 입력하여 출판하였고 일기내용을 설명하고 분석하는 해제를 작성하여 덧붙였다. 특히 압축적 근대화(특히 60-80년대)를 배경으로 농민, 농촌, 농촌조직, 경제, 사회관계, 태도가 어떻게 변하고 있는가를 잘 보여준다.
4	제목	『아포일기 1-5』
	출판물의 저자	이정덕, 이성호, 손현주, 소순열, 남춘호, 안승택, 문만용, 임경택, 진양명숙 등
	출판사	전북대학교 출판문화원
	출판년도	2014-2015
	일기의 저자	경상북도 김천에 거주하는 권순덕(1944년~)
	관련 시기와 내용	이 일기는 1960년대 후반부터 급속하게 구미공단이 커지는 상황, 즉 도시화와 농업이 교차하는 상황에서 잘 살기 위해 양쪽의 일에 몰두하며 도시화되고 있는 농민의 일기를 입력하였고, 생애과정, 노동, 농민층분해, 농가경제, 농업, 보건의료, 결혼, 가족, 친족, 여성, 자녀교육, 마을신앙, 근대적 가치관 등을 해제하여 설명하고 있다.
5	제목	『금계일기1-5』
	출판물의 저자	이정덕, 이성호, 손현주, 소순열, 남춘호, 문만용, 진양명숙, 임경택, 이태훈, 박성훈, 유승환, 오현아, 이정훈 등
	출판사	전북대 출판문화원, 지식과 교양
	출판년도	2016-2017
	일기의 저자	청주 부근에서 평생 교육에 종사하면 살았던 곽상영(1921-2000)
	관련 시기와 내용	이 일기는 1937년-2000년 사이의 농촌에서의 교사와 교장을 지냈던 농촌 교사의 가족생활, 친족생활, 교육생활, 성찰을 보여주고 있다. 해제에서는 압축성장의 맥락에서 일기 저자의 생애사, 교사생활, 일상생활, 여행경험, 가족, 친족생활을 분석하고 설명하고 있다.
6	제목	『인천일기 1-2』

6	출판물의 저자	이정덕, 이성호, 손현주, 소순열, 남춘호, 문만용, 진양명숙, 유승환, 오현아, 이정훈 등
	출판사	지식과 교양
	출판년도	2017
	일기의 저자	박병훈(가명)
	관련 시기와 내용	『인천일기』는 주물 기술자 박병훈(朴炳勳, 1925-2002)의 일기 기록이다. 그는 일제 강점기 말 일본에 건너가 주물공장에서 기술을 배우고, 해방이 되자 국내로 들어와 서울의 '대동공업'과 인천의 '이천전기'에서 주물 기술자로 일한 현장 노동자이다. 그는 충북 옥천에서 태어난 시골 청년으로, 이 일기는 그의 도시 경험에 관한 기록이다.
7	제목	『연변일기 1-2』
	출판물의 저자	이채문, 박경용, 박신규, 이정덕, 남춘호
	출판사	지식과 교양
	출판년도	2017
	일기의 저자	중국 길림성 연변조선족자치주 최정걸(1942~)
	관련 시기와 내용	1960년 중학교를 졸업하자 태양소학교에서 교사생활을 시작하여, 73년 공산당에 입당하여 학교 주임, 교장, 당지부 서기로 근무하며 생활했던 내용을 담고 있다. 58년부터 간단하게 하루를 메모하는 식의 일기를 썼다. 83년도 일기부터 남아 한글로 번역되었다. 중국의 개혁개방 이후 공산당원이자 교장, 학교 당서기로서의 다양한 삶의 변화를 보여주고 있다.
8	제목	『교직 반생기: 조선족 천직교수 최정걸의 삶』
	출판물의 저자	이채문, 박경용, 박신규
	출판사	책과 세계
	출판년도	2015
	일기의 저자	중국 길림성 연변자치주 최정걸(1942~)
	관련 시기와 내용	이 책은 1942년 길림성 연변조선족자치주 안도현에서 태어난 최정걸의 구술인생사와 한자로 된 일기를 담고 있다. 1960년 중학교를 졸업하자 태양소학교에서 교사생활을 시작하여, 73년 공산당에 입당하여 학교 주임, 교장, 당지부 서기로 근무하며 생활했던 내용을 담고 있다.
9	제목	『이광환 일기』(전시회)
	출판물의 저자	수도국산달동네박물관

9	출판사	수도국산달동네박물관
	출판년도	2007
	일기의 저자	인천 출생의 이광환(1926-2000)
	관련 시기와 내용	인천에서 전기공으로 살았던 이광환의 1945년에서 1970년까지의 일기를 수도국산달동네박물관에서 전시를 하였고 관련 도록을 냈다. 일기 자체를 입력하여 출판하지는 않았다. 일기에는 날마다의 날씨, 생활, 봉급, 만난 사람, 돈 문제, 약 복용 등이 자세히 기록되어 있다.
10	제목	『기억, 기록, 인생이야기: 학호 박래욱선생의 일기 인생』(도록)
	출판물의 저자	최명림 조사 집필
	출판사	국립민속박물관
	출판년도	2008
	일기의 저자	전남 장성 출신의 한약사 박래욱(1938-)
	관련 시기와 내용	1971년 한약사에 합격하여 장성, 광주, 서울에서 한약사로 일했다. 2008년 진행된 국립민속박물관의 〈내 삶의 감초, 55년간의 일기〉전시회는 〈박래욱 일기 98권〉(1950년~2005년), 금전출납부(1961년~), 처방전(16권)을 바탕으로 여러 주제로 나누어 전시하였고 도록이 출간되었다. 모두 국립민속박물관에 기증되었다.
11	제목	『학호일기』
	출판물의 저자	박래욱
	출판사	삶과 꿈
	출판년도	2003
	일기의 저자	전남 장성 출신의 한약사 박래욱(1938-)
	관련 시기와 내용	1948년부터 일기를 썼으나 소실되고 1954년 이후의 것이 남아 있다. 일기의 일부만 입력하여 일기 가운데 3개월 동안 겪은 6·25전쟁의 기록들을 추려내 수록하였다.
12	제목	『한국 국민에게 고함』
	출판물의 저자	박정희
	출판사	동서문화사
	출판년도	2006
	일기의 저자	박정희
	관련 시기와 내용	1961년 광복절 기념사에서부터 1979년 10월 26일 삽교천 방조제 준공식 치사까지 50편의 연설문, 그리고 일부 일기와 시편들이 선정되어 이 책에 수록되어 있다. 일기에는 10월 유신을 "능률극대화와 국력조직화를 가장 효율적으로 발휘할 수 있는 제도"로 기록하였다.

	제목	『우리들의 전태일 전』(전시회)
13	출판물의 저자	전태일 재단
	출판사	전태일 재단
	출판년도	2004
	일기의 저자	전태일
	관련 시기와 내용	1960년대 서울 평화시장에서 재단사로 일하다가 열악한 노동실태에 저항하고 절망하여 "근로기준법을 준수하라"고 외치며 1970년 분신한 전태일(1948-1970)의 일기(노트 7권 분량), 유서, 모임의 회칙과 회의록, 노동환경 조사 설문지 등을 전시하였다.
14	제목	『전태일 평전』
	출판물의 저자	조영래
	출판사	전태일 재단
	출판년도	2009 [1983]
	일기의 저자	전태일
	관련 시기와 내용	봉제공장의 견습공과 재단사로 일하면서 쓴 일기와 해고된 이후에 쓴 수기를 기반으로 조영래(1993)가 『전태일 평전』을 썼다. 전태일의 일기와 수기는 15살 정도의 대체로 농촌에서 쏟아져 들어온 '2만 명의 노동자가 하루 15-16시간 90원-100원을 받고 일하는 평화시장의 봉제공장의 생생한 모습과 자발적인 노동운동의 모습과 문제의식을 보여주고 있다.
15	제목	『4·19 혁명과 소녀의 일기』
	출판물의 저자	이재영
	출판사	해피스토리
	출판년도	2011
	일기의 저자	이재영
	관련 시기와 내용	1960년 4.19 당시 고등학생이었던 이재영의 일기로 1959년 8월부터 1960년 8월 27일까지의 일기로 1960년 3.15 부정선거에서 4.19로 이어지는 과정에서 시위에 적극 참여했던 한 여학생이 생생한 부정선거 이야기와 이에 대한 항의시위와 상념을 날마다 적고 있다. 당시의 부정선거, 폭압적 진압, 혁명적 열기를 생생하게 보여주고 있다.
16	제목	『인턴일기』
	출판물의 저자	홍순범
	출판사	글항아리

16	출판년도	2008
	일기의 저자	홍순범
	관련 시기와 내용	인턴의사의 전 과정을 기록한 15권의 수첩을 바탕으로 전문직의 직업훈련과정을 생생하게 묘사하였다. 의과대학생이 새내기 의사로 만들어지는 전 과정을 경험한 그대로 기록하여 전문가가 어떻게 만들어지는가를 생생하게 보여준다. 개인기록에 기반한 책이지만 날자 별로 그대로 보여주는 것이 아니라 주제 별로 다시 정리하여 책으로 출간하였다.
17	제목	『바람의 사상』
	출판물의 저자	고은
	출판사	한길사
	출판년도	2012
	일기의 저자	고은
	관련 시기와 내용	1973년부터 1977년까지의 일기로서 유신체제가 폭력화되어가는 과정이 드러나고 있다. 문인들이 술을 마시고 글을 쓰는 모습들이 나타난다. 이러한 문인적인 감성이 독재체제의 국가폭력과 긴장할 수밖에 없는 상황이 곳곳에 나타나고 있다.
18	제목	『주소연, 김현경의 일기 등』(전시)
	출판물의 저자	미출판 전시
	출판사	5·18민주화운동 기록관
	출판년도	2013년 5월 13일 개관
	일기의 저자	주소연, 김현경
	관련 시기와 내용	5·18민주화운동 기록관에 당시의 일기들을 전시하고 있다. 5.18 당시 여고생이던 주소연이나 초등생이었던 김현경의 일기가 수집되어 광주항쟁 기록물로서 2011년 유네스코 세계기록유산으로 등재되어 5.18민주화운동 기록관에 전시되어 있다. 당시의 치열한 저항과 공수부대의 폭압을 기록해놓고 있다. 1980년 5월 19일 초등학생의 일기에는 아래의 글이 적혀 있다. "도청에서 난리가 났다고 한다. 그래서 난 교정소에도 못가고 벌벌 떨었다. 젊은 언니 오빠들은 잡아서 때린다는 말을 듣고 공수 부대 아저씨들이 잔인한 것 같았다. 꼭 김일성이 쳐들어올 것 같다. 왜 그런지 그런 느낌이 자주 든다. 하루빨리 이 무서움이 없어져야겠다."
19	제목	『이오덕 일기 1-5』
	출판물의 저자	이오덕

19	출판사	양철북
	출판년도	2013
	일기의 저자	이오덕(1925-2003)
	관련 시기와 내용	학교 교사이던 이오덕이 1962년부터 2003년 죽을 때까지 쓴 일기이다. 5권으로 되어 있는데 당시 국가에서 벌어졌던 사건들(예를 들어 박정희 시해사건, 12.12 사태, 5.18광주 민주화운동, 폭압적 5공화국 등)이 일기에도 잘 기록되어 있다. 또한 학교의 비정상적인 상황(예를 들어 장학사나 교육장이 오면 돈봉투를 주어야 하고 학생들은 청소에 집중하고, 각종 이유로 학생들로부터 얼마씩 걷는 일이 수없이 반복되고 등)에 대한 기록도 빈번하게 나타나고 있다. 3권부터는 1986년 퇴직 후 아동문학가와 글쓰기 운동을 하면서 지속적으로 사회와 교감하는 내용을 담고 있다.
20	제목	『행복한 책읽기-김현의 일기 1986-1989』
	출판물의 저자	김현
	출판사	문학과지성사
	출판년도	1992
	일기의 저자	김현(1942-1990)
	관련 시기와 내용	서울대 불문과 교수였던 김현은 문학평론가로서의 사유, 독서, 꿈 등을 일기 형식으로 읽은 책에 대한 감상과 비평 그리고 자아성찰을 담았다. 1985년 12월 30일부터 1989년 12월 12일까지 만 4년의 381일치의 일기로 문학평론가로서의 사유과정을 보여준다.
21	제목	『평범한 가정에서 태어났더라면』
	출판물의 저자	박근혜
	출판사	남송
	출판년도	1993
	일기의 저자	박근혜
	관련 시기와 내용	박정희 전 대통령의 딸이며, 본인 또한 전 대통령인 박근혜가 1989년 1월부터 1993년 7월까지 자신이 쓴 일기를 발췌하여 엮어낸 에세이집이다. 해마다 소제목이 붙어있는데 1989년은 '10년 만에 불러 본 아버지'는 아버지의 기념사업과 사람의 배신에 대한 내용이 있으며, 1990년 '평범한 가정에 태어났더라면'는 대통령 딸로서의 삶의 고통과 아쉬움을 드러내고 있다. 구체적인 자신의 삶은 별로 적지 않았고 추상적인 감성의 토로가 많다.
22	제목	『하버드, MIT 동시 합격한 미스코리아 진 금나나의 공부일기』
	출판물의 저자	금나나, 이원홍

22	출판사	효리원
	출판년도	2005
	일기의 저자	금나나
	관련 시기와 내용	경북대 의대생으로 2002년 미스코리아 진에 당선되고 2004년 하버드대학에 합격한 다음 우등으로 졸업한 금나나가 명문대 합격비결, 공부습관을 초등학교 때의 일기, 노트 등의 자료를 이용해 어머니의 교육방법을 제시하고 금나나의 하버드 생활기를 수록하고 있다. 공부방법에 대한 책의 하나이지만 일기를 활용하였다. 공부방법에 대한 책이 잘 팔리기 때문에 관련 일기나 노트도 가끔 출판되고 있다.
23	제목	『박정희 할머니의 육아일기』
	출판물의 저자	박정희
	출판사	한국방송출판
	출판년도	2001
	일기의 저자	박정희(1923~)
	관련 시기와 내용	1944년 의사와 결혼하여 대가족으로 살았다. 1945년부터 5남매를 키우면서 막내가 7살이 된 63년까지 그림일기를 썼다. 5남매에 대한 육아를 그림일기의 원본으로 수록하였다. 누가 어떻게 놀고 자랐는지, 돌잔치 때 받은 선물의 목록 등이 상세하게 기록되어 있다. 핵가족이 되면서 혼자 육아를 배워 아이를 키우는 경우가 많아 여기에 참조가 되는 다양한 육아일기가 출판되고 있다.
24	제목	"5월 12일 일기 프로젝트"
	출판물의 저자	한국국가기록연구원
	출판사	프로젝트 유형
	출판년도	매년 5월 12일의 일기수집
	일기의 저자	다양한 개인
	관련 시기와 내용	영국의 서섹스대학 인류학자들이 국왕 조지6세의 대관식이 있던 1937년 5월12일, 일반인의 삶은 어떠할까에 궁금증을 느껴, 일반 시민들에게 일기를 작성하여 수집하는 것을 1955년까지 했고, 다시 2010년부터 같은 행사를 부활하였다. 영국인의 일상사를 연구하는 중요한 자료로 인정받고 있으며, 국가문화예술유산으로 지정되었다. 한국국가기록연구원은 2013년 5월 12일 일기를 수집하는 이벤트를 개최한 이후 매년 5월12일 유치원생에서부터 80대까지 육필(그림)일기, 전자문서, 디지털사진/영상, 음성녹음 등 다양한 유형으로 생산된 일기를 수집하고 있다. 개인의 일상생활과 활동을 통해 시대적 생활사를 파악하고자 한다. http://hmarchives.org/omeka/512diary/index.html 에서 볼 수 있다.

25	제목	『글쓰는 농부의 시골일기』
	출판물의 저자	정혁기
	출판사	이담북스
	출판년도	2012
	일기의 저자	정혁기
	관련 시기와 내용	서울대 농대를 졸업하고 20, 30대에 민청련활동과 언론운동을 하다가 충북 괴산군의 농장으로 귀농하여 2010년 3월에서 2011년 10월까지 매주 지인들에게 보낸 편지를 쓴 것을 모은 글이다. 농촌생활과 생명의 신비로움 그리고 농업문제를 주로 다루고 있다.
26	제목	『아궁이 불에 감자를 구워먹다 - 전희식의 귀농일기』
	출판물의 저자	전희식
	출판사	역사넷
	출판년도	2003
	일기의 저자	전희식
	관련 시기와 내용	노동운동을 하던 전희식이 가족과 1994년 전북 완주로 귀농하여 일기로 썼던 내용과 신문에 썼던 내용을 정리한 책이다. 농촌에서의 다양한 생활모습, 가족생활, 농사, 생명에 대해 느끼고 배워나가는 내용으로 되어 있다. 귀농인들이 늘어나면서 관련 책들에 대한 욕구도 증가하여 귀농과정을 보여주는 여러 귀농일기들이 출판되고 있다.
27	제목	『공기업 판도라의 상자: '반칙의 관행'에 반기를 든 감사일지 1, 2』
	출판물의 저자	강동원
	출판사	북엑스프레스
	출판년도	2009
	일기의 저자	강동원
	관련 시기와 내용	노무현 정부에서 2004년 12월 낙하산으로 농수산물유통공사 감사로 내려가 재임하면서 퇴직할 때까지 3년간 감사일지를 작성하였다. 그중 2005년과 2006년의 감사일지를 정리하여 책으로 출판하였다. 감사의 이사회 비판발언은 삭제되고, 중요한 문서가 파기되는 경우가 많고, 감사에 대해 민사소송으로 맞서기까지 하는 공기업의 잘못된 관행, 구조적 비리, 방만 경영 등을 일지를 통해 자세히 드러내고 있다.
28	제목	『고희를 맞은 노사제의 회상 일기-1950년대 밀양소신학교 시절의 일기장』

28	출판물의 저자	김병일
	출판사	카톨릭출판사
	출판년도	2004
	일기의 저자	김병일(1934~)
	관련 시기와 내용	북한에 공산정권이 수립되자 홀홀단신으로 남하하여 중등과정 신학교인 밀양의 소신학교에 입학하여 학생생활과 신앙에 대한 내용을 일기로 썼다. 1962년 사제 수품 후 계속 서울대교구 월곡동본당 주임신부로 생활을 했던 김병일 신부가 70세가 된 고희기념으로 신학교 시절의 일기장을 정리하여 출판하였다.
29	제목	『역사 앞에서: 한 사학자의 6.25일기』
	출판물의 저자	김성칠
	출판사	창작과 비평사
	출판년도	1993
	일기의 저자	김성칠(1913-51)
	관련 시기와 내용	한국전쟁 당시 서울대 사학과 교수였던 김성칠이 6·25 당시 서울에서 인민군 치하에서 숨어살면서 그리고 수복 후에 자신이 직접 경험한 내용을 기록하였다. 해방 직후인 1945년 12월-46년 4월, 50년 1월, 50년 6월 - 51년 4월까지의 일기를 포함하고 있어 당시의 좌우익의 행동을 잘 보여주고 있고, 이에 대한 저자의 비판적 의식을 보여준다.
30	제목	『할머니 의사 청진기를 놓다 6만 입양아의 주치의이자 엄마였던 홀트아동병원 조병국 원장의 50년 의료일기』
	출판물의 저자	조병국
	출판사	삼성출판사
	출판년도	2009
	일기의 저자	조병국
	관련 시기와 내용	1958년 연세대 의대를 졸업하고, 1963년 소아과 전문의 자격증을 취득한 다음, 서울시립아동병원, 홀트아동복지회 부속의원에서 근무하며 50년 동안 버려진 아이들, 입양아들을 돌봐온 여의사의 이야기이다. 장애아와 입양아를 돌보면서 경험한 가슴 아픈 이야기, 감동적인 이야기 등을 전하고 있다.
31	제목	『소록도 일기』과 『속 소록도 일기』
	출판물의 저자	신정식
	출판사	국립소록도병원

31	출판년도	1983, 1984
	일기의 저자	나환자, 의사, 간호사, 자원봉사자 등
	관련 시기와 내용	국립소록도병원장인 신정식이 나환자의 수기, 수필, 간호사와 의사의 감상문, 자원봉사학생의 감상문, 환자와의 편지 등을 수록하였다.
32	제목	『사슴섬 간호일기』
	출판물의 저자	국립소록도병원 간호조무사회
	출판사	국립소록도병원
	출판년도	2011
	일기의 저자	국립소록도병원 간호조무사
	관련 시기와 내용	한센인들과 살아가고 있는 국립소록도병원 간호조무사들의 생생한 경험담이 1993년부터 일기 형식으로 10권에 기록하였다. 생이별한 어린 자식에 대한 그리움으로 몸부림치는 모정, 아들의 결혼식에 참석할 수 없었던 어머니, 한센병에 걸려 집에서 쫓겨나 동냥을 하며 살아야 했던 어린 소녀, 편견과 차별 속에서 살아온 한센인들의 고달픈 삶, 그리고 이들을 치유해 온 간호조무사의 이야기를 담고 있다.
33	제목	『두 남자의 산티아고 순례 일기』
	출판물의 저자	전용성, 황우섭
	출판사	한길사
	출판년도	2008
	일기의 저자	전용성, 황우섭
	관련 시기와 내용	50세 시각디자인의 광고전문가와 대학에서 사진을 전공하고 방황해오던 30세 청년이 함께 산티아고 1천km를 35일간 걸으며 매일 남긴 그림일기와 사진일기를 정리하였다. 서로 다른 시각이 교차되며 글, 그림, 사진으로 드러난다. 걸어가면서 자신의 인생과 미래에 대해서 성찰하며 걸어가는 순례의 모습이 담겨있다. 단순한 여행안내서처럼 생긴 여행일기에서 성찰을 담은 여행일기까지, 여행객에게 도움을 주기위한 다양한 여행일기들이 출판되고 있다.
34	제목	『별이 뜨는 일기장』
	출판물의 저자	서귀포초등학교 아이들
	출판사	인간과자연사
	출판년도	2003
	일기의 저자	서귀포초등학교 아이들

34	관련 시기와 내용	서귀포 초등학교에서는 학생들에게 일기를 쓰도록 하고 있는데 주제를 주어 쓰도록 하고 있다. 사고를 확장하고 글 쓰는 능력을 훈련시키기 위한 숙제이다. 자연, 효경, 우정, 희망, 약속, 학습, 독서의 주제에 따라 잘 쓴 글들을 골라서 수록하였다.
35	제목	『북경일기: 어느 한국인 가족의 북경 생활 20년 분투기』
	출판물의 저자	송훈천
	출판사	서교
	출판년도	2013
	일기의 저자	송훈천
	관련 시기와 내용	IMF 이전까지는 베이징 현대자동차 사무소를 설립하면서 자동차 시장을 개척해나가는 과정이나 베이징에 적응하는 가족생활, IMF 이후 현대자동차를 떠나 무역이나 식당을 하며 경험했던 내용, 그리고 중국 여러 곳과 북한에 대한 여행기를 담고 있다. 외국에서 적응하고 생활하는 과정을 일기로 쓰거나 또는 일기를 정리하여 출판하는 책들이 외국생활에 도움을 주기 위해 많이 출판되고 있다.
36	제목	『구용일기』
	출판물의 저자	김구용
	출판사	솔
	출판년도	2000
	일기의 저자	김구용
	관련 시기와 내용	성균관대 국문과 교수이자 시인인 김구용이 19세가 되던 1940년부터 1980년대 초에 걸쳐 쓴 일기 가운데 일부 글을 편집한 것이다. 젊은 날의 수행처이던 계룡산 동학사 시절, 한국 전쟁 중의 부산 피란 시절, 서울의 60, 70년대로 이어지면서 시인의 종교, 사상, 예술, 인간에 대한 사유와 고뇌가 시대적 흐름을 타면서 드러난다. 시인의 심층으로 안내하는 문학적 통로의 역할을 해준다. 다양한 유명예술인이나 학자들과의 만남도 기록하고 있다.
37	제목	『생명일기』
	출판물의 저자	루이스 최 저, 김유진 역
	출판사	김영사
	출판년도	1995
	일기의 저자	루이스 최

37	관련 시기와 내용	루이스 최는 시카고대학을 다니다가 1991년 아버지가 갑작스럽게 뇌동맥파열증으로 혼수상태에 빠지자 귀국하여 대구의 병원과 집에서 아버지를 돌보면서 일기를 썼다. 혼수에 대한 공부와 아버지를 정성스럽게 돌봐서 소생하게 하였다. 618일의 일기를 정리하여 간병일기를 출판하였다. 아픔과 소생을 통하여 고통, 가족, 사랑, 생명의 소중함을 드러내고 있다.
38	제목	『선방일기』
	출판물의 저자	지허
	출판사	불광출판사
	출판년도	2000
	일기의 저자	지허
	관련 시기와 내용	지허스님이 오대산 상원사 선방에서 동안거를 하던 내용을 1973년 〈신동아〉에 연재하였다가 책으로 출판되었다. 안거가 시작되면 새벽 3시에 일어나서 죽비를 신호로 간단히 3배의 예를 올린 뒤, 공양이나 운력을 제외하고, 밤늦게까지 좌선한 채 선에 들어간다. 치열하고 고독한 이러한 선승(禪僧)의 모습과 인간적인 수행자로서의 이중적인 모습을 잘 묘사하고 있다.
39	제목	『상우일기-왕따에서 세월호까지 소년의 눈에 비친 대한민국 일상사』
	출판물의 저자	권상우
	출판사	북인더갭
	출판년도	2014
	일기의 저자	권상우
	관련 시기와 내용	2014년 고등학교 1학년인 권상우가 2005년 초등학교를 입학할 때부터 일기를 썼고, 초등학교 3학년 때 일기를 티스토리 블로그에 썼다. 아름다운 문체와 인문학적 상상력으로 유명하다. 블로거 기자로도 활동하며, 슈퍼블로거로도 선정됐다. 이렇게 썼던 글들을 정리하여 소년의 일기에 반영된 대한민국의 모습을 책으로 정리하였다. 날마다 사진을 올리고 그 밑에 서너줄 설명을 붙이는 일기앱이 생길 정도로 사이버에서의 일기쓰기가 크게 늘어나고 있다.
40	제목	『나의 정치일기 1955~2008년, 한국 현대사와 더불어』
	출판물의 저자	지명관
	출판사	소화
	출판년도	2009

40	일기의 저자	지명관
	관련 시기와 내용	1924년 평북 정주 출생으로 덕성여대 교수를 하며 〈사상계〉의 주간으로 박정희 체제하에서 반독재운동을 하다가 1972년 일본으로 망명하였다. 1993년까지 일본 도쿄여자대학 교수로 있으면서 한국의 독재실상을 세계에 알리는 활동을 하였다. 이러한 과정에서 한국 사회, 독재, 정치, 사상에 대한 성찰적 일기를 써왔고 그 내용을 추려서 책으로 출간하였다.
41	제목	『최재천의 여의도 일기 1-2』
	출판물의 저자	최재천
	출판사	향연
	출판년도	2008
	일기의 저자	최재천
	관련 시기와 내용	1987년 사법시험에 합격하여 변호사를 하면서 '민주화를 위한 변호사 모임'에서 교육위원장을 지냈으며 자신이 '싸이월드 게시판'에 틈틈히 썼던 글들을 모아놓았다. 국회의원을 하면서 경험하고 느꼈던 내용을 담은 여의도 일기, 다양한 사람들에 대한 이야기, 그리고 음악이나 미술이나 문학 작품에 대한 감상을 적었다. 많은 사람들이 SNS 등에 날마다 이런 저런 글을 쓰면서 종이일기가 점차 사이버기록으로 넘어가는 것으로 볼 수 있다. 또한 정치인들의 출판이 늘어나면서 정치인의 일기식 글의 출판이 많아지고 있다.
42	제목	『신계륜일기』
	출판물의 저자	신계륜
	출판사	나남
	출판년도	2007
	일기의 저자	신계륜
	관련 시기와 내용	국회의원 신계륜이 홈페이지에 써오던 일기를 발췌하여 엮은 책이다. 1부 "총선일기"는 17대 총선 시기인 2004년 3월 1일부터 4월 15일까지의 총 46일간 쓴 일기이다. 총선에 대응하는 정치인의 모습 그리고 이후에 전개된 당시 노무현 대통령에 대한 탄핵현장의 모습과 느낌이 기록되어 있다. 2부 "국정감사일기"는 2004년 통일외교통상위원회의 국정감사에 대한 기록이고, 제 3부 "생활일기"에서는 삭막한 정치의 한 모퉁이에서 느낀 단상이나 감정을 발췌한 것이다. 4부 "좌절과 선택의 일기"는 2002년 민주당 분당사태를 거치며 정치적 좌절과 느낌을 기록했다. 많은 정치인들이 SNS를 통하여 대중과 소통하며 기록하는 모습을 볼 수 있다.

43	제목	『365일 음식일기』
	출판물의 저자	김연미
	출판사	이봄
	출판년도	2017
	일기의 저자	김연미
	관련 시기와 내용	2016년 1월 1일부터 1년 동안 매일 음식일기를 써서 모은 것이다. 사진과 설명을 제시하고 있어 계절의 변화에 따른 과일이나 채소 또는 해산물과 같은 식재료의 변화를 같이 엿볼 수 있다. 계절의 변화에 따라 어떤 식재료로 어떤 것을 어떻게 해 먹는 것이 좋은지를 보여준다. 대중의 음식에 대한 관심이 높아짐에 따라 음식일기가 제철 요리 가이드로서 제작되었다.
44	제목	『맹순할매 억척 기도일기』
	출판물의 저자	한맹순
	출판사	굿플러스 북
	출판년도	2013
	일기의 저자	한맹순(1917~)
	관련 시기와 내용	한맹순은 어린 시절, 결혼 초기, 어린 자식들을 키우던 시기는 회고록으로 다루었고, 그후 일기를 쓰면서 1970~80년대 권위주의 정권 시절의 일기는 직접 보고 겪은 시국 사건에 대한 내용과 느낌을 많이 담고 있다. 일기에는 아들이 빈민운동을 하느라 정치적인 억압을 많이 받아 평생을 가슴 졸이며 살아야 했던 국가폭력의 공포가 생생하게 드러난다.

부록 2

중국 출판 일기 목록

번호	일기	출판물상 저자	출판사	출판년도	일기저자	일기저자 생몰연대	일기내용 관련시기	관련내용
1	《鲁迅日记》中的我	许钦文	浙江人民出版社	1979	鲁迅	1881/09/25 ~ 1936/10/19	불명	루쉰 일기 관련 연구서로 보임. 책 내용에 대한 설명은 찾지 못하였음.
2	1862年上海日记	日比野辉宽 高杉晋作 纳富介次郎 峰洁 松田屋伴吉 名仓敦信	中华书局	2012	일본인다수		1860년대 전후로 추정	1854년 개국정책 이후 일본 막부는 최초로 중국에 정부측 상선을 보내 무역을 시도함. 1862년 일본 공식 상선 千歲丸을 통해 중국 상해에 왔던 일본인 15명이 당대 상하이의 사회 상황을 기록한 일기.

3	1943一盆红红的火:谢韬日记选编	谢韬	中国社会科学出版社	2011	谢韬	1921 - 2010	1943 - 1944 년초	1944년 금릉대학(현 남경대학)을 졸업, 1946년 중국공산당 입당. 중국사회과학원 〈중국사회과학〉학술지 편집심사자, 중국사회과학출판사 부사장, 중국인민대학 교수, 부학장 등 역임
4	家国十年:一个红色少女的日记	张新蚕	作家出版社	2011	张新蚕	1952 -	1966 - 1976	1952년 북경출생. 공산당원. 68년에 취업전선에 뛰어들어 경험을 쌓고, 1973년 하얼빈건축전문대학에 들어가 난방, 통풍 분야를 전공, 76년 10월에 졸업함. 이후 길림성 인민방공설계원 난방, 통풍부서 주임을 맡음. 1990년부터 문인으로 활동.
5	肝胆之剖析:杨玉清日记摘钞	杨玉清	中国时代经济出版社	2007	杨玉清	1906 - 1993	1927 - 1938 년	저명한 정치가이자 법률 전문가, 외교가, 번역가. 청말 가난한 농가에서 태어나 일본 와세다대학에서 정치학 학사학위, 프랑스 파리대학에서 법학 박사학위를 취득, 국민당 시절 입법위원, 사법행정부 정무차장, 국립정치 대학 교수를 역임, 중화인민공화국 설립 후 제6차 민혁중앙고문, 북경중산학원 원장 등을 역임하였음.
6	姜亮夫全集:日记	姜亮夫	云南人民出版社	2002	姜亮夫	1902 - 1995	1945 - 1955 년	전집 중 23권 해당. 윈난 자오퉁 출신. 국학대사. 초사학, 둔황학, 음운학, 역사문헌학자. 교육가. 제1~5차 절강성 정치협상회의 위원을 역임.
7	劫收日记	秦瘦鸥	花城出版社	1982	秦瘦鸥	1908 - 1993	1945 - 1946	1925년부터 소설, 산문집, 평론집 등을 발표해 온 문인. 상해상학원을 졸업하고 각종 신문사, 출판사의 편집인, 상해시 문학예술계 연합회 위원을 역임. 본 일기는 1945년 일본의 패전 이후, 셰쌍(谢桑)으로 대표되는 국민당관원에 의해 이루어진 전횡을 기록하고 있음.
8	缺氧日记	郎峰蔚	新星出版社	2006	郎峰蔚		2005	여기자 한명이 초모룽마 봉에서 생활한 50일간의 일기.
9	经亨颐日记	经亨颐	浙江古籍出版社	1984	经亨颐	1877 - 1938	1918 - 1919	절강 상우(上虞)출신. 근대 교육가이자, 서화가.

10	季羡林日记:留德岁月	季羡林	江西人民出版社	2014	季羡林	1911 - 2009	1935 - 1945	국제적으로 저명한 동양학대가. 언어학자, 문학가, 국학자, 불학자, 사학자, 교육가이자 사회활동가. 중국과학원 철학사회과학부위원, 랴오청(聊城)대학 명예학장, 베이징대학 부학장, 중국사회과학원 남아시아 연구소소장 등을 역임. 일기는 저자가 독일 괴팅겐 대학에서 유학하던 10년간의 일기.
11	季羡林全集 (第4~5卷):日记·回忆录1,2	季羡林	外语教学与研究出版社	2009	季羡林	1911 - 2010		지셴린(季羡林) 전집 중 일기 및 회고록에 해당하는 4, 5권.
12	高鲁日记	高鲁, 理红	内蒙古大学出版社	2004	高鲁	1921 - 1989		보통의 직업혁명가로 공산당 내에서의 지위는 높지 않았음. 신장과 내몽고 지역에서 문화 및 선전공작에 종사했음.
13	顾准日记	顾准	经济日报出版社	1997	顾准	1915 - 1974	1959 - 1974	사상가이자 경제학자. 1956년 경제연구소(현 중국사회과학원 산하)에 들어가 연구원으로서 상품화폐와 가치법칙이 사회주의 경제에서 가지는 지위문제에 대해 연구, 계획경제체제가 상품화폐관계와 가치법칙을 완전히 제거할 수 없다는 명제를 처음 제기 및 증명하였으며 사회주의 시장경제론을 최초로 제기하였음.
14	昆曲日记	张允和	语文出版社	2004	张允和	1909 - 2002	1956 - 1985	삼국시대 소설 내용을 바탕으로 북경곤곡연습장의 활동 내용을 기재하였음. 각 지역 곤곡과 관련된 주요 사건들도 포함되어 있음. 진귀한 당대 곤곡 역사 자료임.
			中央编译出版社	2012				

15	昆仑旅行日记	温世霖	天津古籍出版社	2005	温世霖	1987 – 1934	1910	일기 내용에 믿기 어려운 진기한 풍속과 서북지역 백성들의 빈곤한 생활 상황들이 많이 기재 되어 있음. 저자는 책임감이 강한 사람으로, 교육으로 나라를 구할수 있다는 신념을 가지고 있음. 저자가 여행한 지역에서 주로 학당을 중점으로 고찰하였음.
16	昆藏自驾旅游日记	刘璟	云南科技出版社	2011	刘璟	1930 –		서장지역에 관한 여행일기임. 본 일기는 서장지역에서의 관광지, 숙박, 먹거리, 놀이 등의 자세한 내용을 사실대로 기재하였으며 저자의 시각으로 서장의 특색과 풍습을 소개하였음.
17	圣歌里的芭蕉箐：富民县东村乡芭蕉箐苗族村民日记	吴晓,李笑频,陶琳	中国社会科学出版社	2009	吴晓,李笑频,陶琳			芭蕉箐는 운남성의 한 지역으로 본 일기의 내용은 해당 지역에서 살고 있는 주민들의 사소한 일상을 기재하여 매일 보고 들은것 혹은 느낀 점 등을 기록하였음.
18	郭沫若日记	郭沫若	山西教育出版社	1997	陈漱渝	1941 –	1892 – 1978	현대 중국 비평계의 거장 귀모뤄(郭沫若)가 각 시기별로 작성한 일기 중에서 일부분을 다시 재편집을 하였음. 그의 사상 변화와 사랑, 가족생활 그리고 항일전쟁에서의 경험과 조국에 대한 사랑이 담긴 내용임.
19	欧行日记	郑振铎	河北教育出版社	1994	郑振铎	1898 – 1958	1927 –	저자는 사회활동가, 작가, 시인, 문학평론가, 예술가이자 유명한 수집가임. 일기 내용은 주로 각 나라의 도서관에가서 보기 드문 서적들을 읽어보고 느낀 점을 기록하였음.
20	军中日记	童小鹏	解放军出版社	1986	童小鹏	1914 – 2007	1933 – 1936	1930년 6월 군대에 입대한 후 군생활을 기재한 내용임.
21	起步到发展：李鹏核电日记	李鹏	新华出版社	2004	李鹏	1928 –		국무원 총리직 역임하였음. 일기 내용은 강소성과 절강성의 개혁 개방 이후 경제 및 사회 발전의 과정을 기록하였음.

22	那桐日记: 1890－1925	北京市档案館	新华出版社	2006	北京市档案館		1890－1925	1890년에서부터 1925년까지 총 36년간 청일전쟁, 무술정변, 신해혁명 등 중요한 역사적 경험을 기재. 민국 초기 정치, 외교, 군사 등의 내용을 기재하였음.
23	内外蒙古考察日记	馬鶴天,范子烨	中国青年出版社	2012				내몽골에서 9개월 동안 현지 조사한 내용을 기재하였으며 사회, 경제, 종교, 인종, 교통 등에 대한 내용이 명확하게 기록되어 있음.
24	农民日记: 一个农民的生存实录	侯永禄	中国青年出版社	2006	侯永禄	1931－2005		중학생 수준의 문화를 가지고 있는 농민이 60년 동안 작성한 일기내용임. 항일전쟁, 해방전쟁, 항미원조, 합작사, 인민공사, 문화대혁명, 개혁개방 각 시기에서 한 가정, 한 마을, 한 민족의 운명, 그리고 저자와 농민들의 생존 경험을 기록함.
25	谭其骧日记	谭其骧	文匯出版社	1998	谭其骧	1911－1992		저자는 중국의 유명한 역사지리가. 본 일기는 문학 혁명 시기에 작성한 내용이며 그 시대의 특색을 있는 그대로 기록하였음.
26	谭献日记	谭献	中华书局	2013	谭献	1832－1901		본 일기에서 저자는 당시의 지식인들을 품평하고 새로운 정치와 문학에 대해 자기만의 해석과 의견을 기록하였음. 저자는 당시의 많은 유명 인사들과도 친분을 가졌으며 그들에 대해서도 자세하게 기록하였음.
27	唐景崧日记	唐景崧	中华书局	2013	唐景崧	1841－1903		저자는 청불전쟁에 참가하였고 전쟁이 끝난 후 대만에서 순무[청(淸)대의 지방 행정 장관]직을 하게 되었음. 저자는 많은 주요 역사 사건의 체험자로서 그의 일기는 상당한 역사적 가치를 가지고 있음.
28	唐君毅日记	唐君毅	吉林出版集团有限责任公司	2014	唐君毅	1909－1978	1948－1978	저자는 평생 책을 저술하여 자신의 이론을 정립하였고 엄청난 양의 저서를 남겼음. 이 책은 저자가 30년간 작성한 일기를 토대로 재편집한 것이며 문장이 간략하고 통속적이며 시대를 뛰어넘은 학자의 생활관 경험을 기록하였음.

29	唐骏日记	唐骏	安徽教育出版社	2009	唐骏	1962 -		중국의 유명한 전문 경영인이며 중국, 일본과 미국에서 각각 학사와 석사, 박사학위를 받았고 1994년도 미국 마이크로소프트사에서 경영 관리 책임자로 있었음. 본 일기는 저자가 30년 동안 직장, 인생 등에 관한 경험을 기록하였음.
30	大英博物馆日记(七)	陈平原	山东画报出版社	2002	陈平原	1954 -		저자는 북경대학교 문학박사학위를 가지고 있으며 현재 북경대학교 중문학 및 현대문학 교수직에 있으며, 중국 문학학회 회장직을 맡고 있음. 본 일기는 저자가 영국박물관에서 관람하고 느낀 점을 기록한 내용임.
31	戴鸿慈出使九国日记	戴鸿慈	湖南人民出版社	1982	戴鸿慈	1853 - 1910		1905년 청나라 시기 미국, 영국, 프랑스, 독일, 덴마크, 이탈리아 등 여러 나라에서 현지 조사를 통해 느낀 점들을 기록한 내용임.
32	独行众神之地——墨西哥日记	Dyson 丁丁						저자는 4주동안 멕시코, 과테말라, 벨리즈 세 나라를 여행하면서 총 20여개 정도의 세계문화유산을 관람하였음. 이 책은 여행하는 동안 보고 느낀 점을 기록한 여행 일기.
33	董康东游日记	董康, 王君南	河北教育出版社	2000	董康	1867 - 1947		저자가 4차례 동쪽여행 경험을 기록한 내용을 일기 9권으로 구성한 것으로 연구 가치가 아주 높은 학자 일기.
34	东史郎日记	东史郎 [日]	江苏教育出版社	1999	东史郎 [日]	1912 -	1937 - 1939	일본이 중국 화중 지역을 침입한 당시의 경험을 기록한 일기. 저자는 당시 일본군의 상등병이었으며 일기 내용에 난징대학살 관련 내용들이 많이 기재되어 있음.
35	东游日记	黄庆澄	上海古籍出版社	2005	温晓静			1893년 黄庆澄분이 일본에 가서 현지 조사한 내용과 느낀 점을 기록하였음. 일본에 대한 중국과 일본의 관찰과 태도에 대해서 어느 정도 반영을 하고 있기 때문에 중요한 역사적 가치를 가지고 있음.

36	东行日记	曾昭抡	湖南人民出版社	1984	曾昭抡	1899 - 1967		저자는 중국 유명한 화학자이자 교육가, 사회활동자이며 중국 과학기술사업에 헌신하여 큰 역할을 하였음. 본 일기는 저자가 항일 전쟁 시기에 많은 활동을 하면서 느낀 점들을 기록하였음.
37	邓之诚日记	邓之诚	北京图书馆出版社	2007	邓之诚	1887 - 1960		저자는 중국의 유명한 역사학자이며, 특히 본 일기에서는 청나라 당시 운남 지역의 풍속과 민국시기 유명 인물들의 전기를 기록하였으며, 그 외 많은 역사적 사건들도 기록되어 있음.
38	郎平日记与书信	郎平	人民体育出版社	1986	郎平	1960 -		저자는 중국 국가 배구팀의 감독이며, 일기내용은 주로 배구선수를 하는 동안 경험했던 내용들을 기록하였음.
39	梁漱溟日记	梁漱溟	上海人民出版社	2014	梁漱溟	1893 - 1988	1932 - 1981	저자는 20세기 유명한 사상가이며 일기에서는 저자가 50년 동안 경험한 일과 느낀 점을 기록하고 있음.
40	旅途日记五种	叶圣陶	三联书店	2002	叶圣陶			저자는 중국 현대 문학자, 교육가이며 본 일기는 1941년, 1945년, 1949년, 1956년동안 작성한 일기들이 전부 기재되어 있음. 본 일기를 통해서 저자의 인생전환기의 경험과 심리상태를 알 수 있다는 점에서 문학사에서 중요한 가치를 지님.
41	旅俄日记	蔡运辰	上海书店出版社	2000	蔡运辰	1901 -		러시아를 방문한 시기에 작성한 일기 내용임.
42	历代名人日记选	邓进深	花城出版社	1984	邓进深	1940 -		저자는 1965년 중국인민대학 방송통신학과를 졸업한 후 〈남방일보〉에서 편집장으로 일을 시작하였음. 본 저서는 일기의 일부를 저자가 편집한 것임.

43	鲁迅日记	鲁迅	人民文学出版社	1976	鲁迅	1881-1936	1912-1936	저자인 루쉰은 중국 유명한 문학가이자 사상가이며, 중국 현대 문학의 창시자임. 본 일기에는 저자의 일상생활, 서신왕래, 친구교제, 문고기록, 여행기록 등이 포함되어 있음.
44	雷锋日记	雷锋	解放军文艺社	1963	雷锋	1940-1962		본 저서는 저자가 1957년부터 쓴 일기들을 합본한 것이며 저자가 경험한 다양한 일들을 기록하고 있음.
45	雷锋日记选	总政治部	解放军文艺出版社	1989	总政治部			주로 雷锋의 도덕적인 품위를 찬양하는 내용.
46	流亡日记	冯斐	[出版者不详]	1992	冯斐		1937-1945	저자는 30년대 절강대학교 영어학과의 여학생이며 항일전쟁시기 7개도시를 돌아다니면서 경험했던 일들을 기록하였음.
47	刘节日记	刘节	大象出版社	2009	刘节	1901-1977	1939-1977	저자는 현대중국의 유명한 역사학자임. 본 저서는 저자가 40년 동안 복잡한 환경 속에서 겪은 인생경험을 기록하고 있으며, 문학대혁명시기 한 지식인의 생활과 학술연구 등에 관한 내용을 담고 있는 일기임.
48	利比亚战地日记	闾丘露薇	光明日报出版社	2011	闾丘露薇	1969-		저자는 기자, 언론가이며 본 일기에서는 저자가 리비아 동부지역에서 리비아 국민을 만나 그들이 전쟁으로 인해 겪은 고통들, 전쟁이 그들의 일상생활에 미치는 영향 등을 낱낱이 기록하고 있음.
49	李锐日记	李锐	作家出版社	1998	李锐	1917-		저자는 국내외 유명한 모택동 연구 전문가임.
50	李敖大全集:李敖大学后期日记乙	李敖	中国友谊出版公司	2010	李敖	1935-		저자는 대만작가이자 시인. 본 저서는 본문 내용에 대해 대륙의 규정에 따라 정치 관념 등의 내용은 기술적 편집을 하였지만, 학술 사상과 관념의 차이에 대해서는 그대로 남겨 재편집하였음.

51	李庄朝鮮战地日记	李庄	宁夏人民出版社	2007	李庄	1918 -	1950.12-1951.3	저자는 당시 중국 유명한 기자. 본 일기는 총 72편 일기로 편성되었음. 북한전쟁 시기의 상황을 반영하였고 진실성이 담긴 역사가 기록되어 있음.
52	李钟玄战斗日记	李钟玄	解放军出版社	2005	李钟玄	1918 - 2015		본 일기는 86세 나이를 가진 군인이 혼자 타이핑을 하여 편집한 것으로 전쟁 당시 자신이 직접 경험한 것을 낱낱이 기록한 전쟁 일기임.
53	李桦日记一九四四	李桦	人民美术出版社	2015	李桦	1907 - 1944		저자는 직접 일본군인들이 도시를 폭격하고 난민들이 사방으로 도망가는 장면을 목격한 사람으로서 문장과 그림으로 전쟁으로 인해 사람들이 겪은 불행을 기록하였음. 본 일기에서는 항일 전쟁의 역사적인 상황들을 기록하였음.
54	林伯渠日记	林伯渠	中共中央学校出版社	1981	林伯渠	1886 - 1960		저자는 유명한 혁명가이자 교육가임.
			湖南人民出版社	1984				
55	林一厂日记	林一厂	中华书局	2012	林一厂	1882 - 1950	1942 - 1947	본 일기는 총 22권. 일기 내용은 가정생활 이외에는 대다수가 중국 공산당에서 근무할 시기 관련된 내용들임. 많은 역사적 원자료들이 기록되어 있음.
56	马燕日记——一个感动世界的现代童话	马燕, (法)韩石, 王征摄	华夏出版社	2003	马燕			15살 여자아이의 일기 내용. 일상 생활에 관한 내용이지만 그 중에서 한 여자아이가 학업에 대한 간절함과 교육, 사회 진보에 대한 희망을 담긴 사회 현실을 그대로 반영하였음.

57	莫斯科日记	邵宁	上海人民出版社	1992	邵宁			본 저서는 저자가 소련에서 유학생활을 한 경험을 기록하였음.
58	梅贻琦日记	梅贻琦	清华大学出版社	2001	黄延复王小宁整理		1945.9-1946.4	저자인 메이이치(梅贻琦)는 전 청화대학교 교장직을 역임하였음. 일기에서는 주로 청화대학교를 재개하는 과정과 쿤밍 "12.1" 운동 이후 학생들에 대한 처리, 수업재개 내용 등이 기록되어 있음.
59	缅边日记	曾昭抡	辽宁教育出版社	1998	曾昭抡	1899-1967		본 일기는 저자가 항전 시기 쿤밍 지역에서 현장 조사한 내용을 기록하고 있음.
60	茗山日记	茗山	上海古籍出版社	2002	许钧整理			밍산(茗山)은 한 지역 이름으로, 본 저서에서는 이 지역에 살고 있는 사람들의 일생을 서술하고 있음. 특히 인생철학, 불교에 대한 견해, 풍속, 인정 등이 기록되어 있음.
61	名人日记	斯人	江苏文艺出版社	1990	斯人			본 저서는 수백편의 동양과 서양의 유명 인물들의 일기들이 기재되어 있음.
62	默念的日子:亲历抗震救灾日记	黄伟灿	上海三联书店	2009	黄伟灿	1952-	2008.5.12	저자가 지진을 맞서서 재난을 구제하는 시기에 작성한 일기 내용들을 재정리한 것. 주로 그 당시 매일 보고 느낀 점을 기록하였음.
63	文革日记	王林	出版社不详]	2008	王林		1966-1968	문화대혁명 시기에 작성한 일기 내용. 본 일기는 문화대혁명 초기 사회의 현황을 정확히 기록하였음.
64	美国传教士的日记与书信	章开沅	江苏人民出版社:凤凰出版社	2005			1937-1938	본 저서에서는 전면적으로 난징대학살의 주요 사건들, 정황들을 소개하였음. 서양인의 시선을 통해 사람들에게 그 당시의 역사적 진실을 전하고 있음.

65	美国草根政治日记	老摇	社会科学文献出版社	2005	老摇			본 저서는 중국유학생이 미국 정치 활동에 참가한 경험을 기록하고 있음.
66	潘德輿家书与日记	潘德輿	凤凰出版社	2015	朱德慈整理			저자가 가족과 왕래한 편지를 일기 형식으로 작성한 내용.
67	环美建筑日记	史伦	清华大学出版社	2014	史伦	1986 -		저자가 미국에서 유학생활을 할 때 54일 동안 여행을 하면서 기록한 내용이며 건축에 관한 일기임.
68	白坚武日记	白坚武	江苏古籍出版社	1992	白坚武	1880 - 1937	1915 - 1937	본 저서는 저자의 20여년간 일상생활을 기록하여 그 당시의 사회현상 그리고 저자의 사교, 사업, 문학작품 등 다양한 활동 내용들을 담고 있음.
69	卞白眉日记	卞白眉	天津古籍出版社	2008	卞白眉	1884 - 1968	1914 - 1968	일기의 내용은 저자의 55년간 일상 생활과 작업 기록이 담겨 있음.
70	复堂日记	谭献	河北教育出版社	2001	谭献	1832 - 1901		저자는 사인[사(詞)를 잘 짓는 사람], 학자임. 본 저서에서는 저자의 일상생활이나 학문에 관한 내용들이 많이 기재되어 있음.
71	凤凰号航海日记	郑浩	中信出版社	2005	郑浩	1959 -		정화의 원정을 기념하기 위해 선원 3명이 배를 타고 태평양에서 인도양까지 항해하여 총 20여개 나라를 거쳐 갔음. 본 저서는 그 과정에서 선원들이 작성한 일기를 편집한 것.
72	赴康日记	唐柯三	新亚细亚学会出版科	1934	唐柯三	1882 - 1950		1931년 저자가 정부에서 서장지역 문제를 해결하라는 임무를 받아 그 임무를 해결하던 시기 작성한 일기 내용.

73	不独在异乡:一个孔子学院院长的日记	王宏图	上海文艺出版社	2011	王宏图	1963.12.29 -	2008.11 - 2009.11	저자가 공자(孔子)학원에서 원장직을 한 시기 작성한 업무, 생활 일기. 저자가 문화전통, 근무이념 등의 문제들을 해결하기 위해 어떠한 노력을 해왔는지에 관련된 내용들이 기록되어 있음.
74	傅秉常日记:傅秉常日记	傅秉常	中央研究院近代史研究所		傅秉常	1896 - 1965	1943 - 1945	저자는 민국 시기 유명한 외교관임. 본 저서는 저자가 소련 대사 관직을 맡을 시기, 약 3년 간의 일기 내용들이 담겨져 있음. 1943년 일기 내용은 소련 대사 관직을 맡은 첫 해동안 보고 느낀 점을 기록하였음. 1944년 일기 내용은 국내 정치, 군사 현황에 관련된 내용들이 기록되어 있음. 1945년 일기는 중국과 소련 관계의 변천 등에 대한 내용들이 기록되어 있음.
75	傅云龙日记	傅云龙	浙江古籍出版社	2005	傅云龙	1840 - 1901		저자는 청나라 유명한 외교관이자 학자임. 본 저서는 당시 각 나라들을 탐방한 과정에서 보고 느낀 점을 기록하였음.
76	北京大学图书馆藏胡适未刊书信日记	胡适	清华大学出版社	2003	胡适	1891 - 1962		저자는 중국 현대 학술 사상사에서 가장 많은 영향력을 가진 학자임. 본 일기는 저자의 많은 비공개 서신 등이 기재되어 있음.
77	北大日记	朱家雄	文汇出版社	2008	朱家雄	1990 - 2008		본 저서는 25명의 북경대학 학생들의 일기들을 기재하고 있음. 북경대학 청년들의 성장 과정, 심리 변화과정 등에 대한 내용들이 많이 기재되어 있음.
78	菲律宾教育考察日记	马鹤天	山西学术研究会	1923	马鹤天			필리핀 현지 고찰할 당시 그 과정을 기록한 일기.
79	使德日记	李凤苞	商务印书馆	1936	李凤苞	1834 - 1887		저자는 청나라 말년에 유명한 외교관. 본 저서는 저자가 외교 사절로 독일에 간 당시 작성한 일기.

80	师伏堂日记(全6册)(精)	皮锡瑞(清)	北京图书馆出版社	2009		皮锡瑞	1850 - 1908	1892 - 1908	본 일기에서는 저자의 독서, 저작, 사교 등에 대한 기록이 자세히 설명되어 있음.
81	使西日记:外一种	曾纪泽,张玄浩,李凤苞,...	湖南人民出版社	1981		曾纪泽	1839 - 1890		저자가 외교 사절로 영국, 프랑스, 러시아에 가서 회담하는 기록들이 기재 되어 있음.
82	丝绸之路:古城日记	徐宏宪	陕西人民美术出版社	2015		徐宏宪			장안(长安:중국 서한(西漢)·수당(隋唐)대의 수도. 현재의 산시(陕西)성 시안(西安)시)에서 로마까지의 비단길에서 중요한 도시의 역사 문화, 민족풍속, 산림풍경 등에 대한 내용들을 담아 중국 문화의 오랜 역사의 풍모를 전개하였음.
83	丝绸之路:钱币日记	徐宏宪	陕西人民美术出版社	2015		徐宏宪			비단길(丝绸之路)은 내륙 아시아를 횡단하여 중국과 서아시아 지중해 연안 지방을 연결하였던 고대의 무역 통상로로, 고대 중국의 특산물인 비단을 서방의 여러 나라에 가져간데서 유래함. 저자는 각 나라, 각 지역, 각 역사 시기의 인물 문화 배경을 연계시켜 화폐의 문화를 전개하였음.
84	谢觉哉日记	谢觉哉	人民出版社	1984		谢觉哉	1884 - 1971		저자의 기나긴 혁명 일생 중에서 보고, 듣고, 겪은 실록임.
85	谢持日记未刊稿	谢持	广西师范大学出版社	2007		谢持	1876 - 1939	1913 - 1916, 1917 - 1918, 1924 - 1928, 1931	저자의 일기는 중화민국 역사, 중국 국민당 역사, 국민당과 공산당 관계 역사 연구에 대해서 자료를 제공하고 있음. 예를 들면 일본 정보기관은 쑨원이 중화혁명당을 설립한 당시에 일본과 큰 타협을 했다고 말했지만 저자의 일기를 통해서 이런 논리를 반박할 수 있음.
86	山中日记	徐汉明	中国文联出版社	2001		徐汉明	1951 -		저자는 산을 굉장히 좋아하는 사람으로, 본 일기도 주로 산의 풍경, 자연에 대한 감정을 담은 내용들이 많이 기록되어 있음. 저자가 다녀본 산의 경치를 소개하는 글이 많이 기재되어 있음.

87	三十年日记	黄尊三	湖南印书馆	1933			저자의 일본 유학 시기 관련 내용들이 기록되어 있음.
88	生命日记:勇战晚期肺癌	陈安	哈尔滨出版社	2015			폐암 말기 여자가 아픔을 이겨내 결국 살아 남은 실화.
89	生存日记	吕岛	广东人民出版社	2001	吕岛	1973 -	저자는 시, 잡문, 수필, 여행기 등 형식으로 기록 도전자들의 생존 이야기를 기록했음.
90	西北考察日记	顧頡剛,达浚张科	甘肃人民出版社	2002	顧頡剛	1893 - 1980	저자가 민국 시기 서북 지역에 가서 현지를 돌아본 경험을 서술한 내용.
			中华书局	2015			
91	徐旭生西游日记	徐旭生	宁夏人民出版社	2000	徐旭生	1888 - 1976	1927.5 - 1928.1	저자는 중국 역사학자이자 고고학자. 본 저서는 저자가 서북지역에 가서 현지 조사한 내용들을 기록하고 있음.
93	西游日记	徐炳昶	甘肃人民出版社	2002			위와 동일(저자 동일) 동일한 내용
94	西藏日记	李爱华	现代出版社	2007	李爱华	1951 -	저자가 서장에서 근무하는 동안 작성한 활동 일기.
95	徐志摩未刊日记	虞坤林	北京图书馆出版社	2003	徐志摩	1897 - 1931	저자의 유명일기들을 재 편집.
96	徐志摩日记书信精选	徐志摩	四川文艺出版社	1991			

97	徐志摩翰墨辑珍:留美日记	徐志摩	中央编译出版社	2014	徐志摩	1897 – 1931	1919	저자는 중국의 유명한 시인이자 수필가(散文家). 본 저서는 저자의 젊은 시절의 생활, 학업 현황과 사상 경향의 관한 내용.
98	西行日记	陈万里	朴社	1926	陈万里			본 저서는 고고학, 역사, 지리, 민속 등 다양한 영역에 관한 내용들이 기록되어 있음.
99	薛福成日记	薛福成	吉林文史出版社	2004	薛福成	1838 – 1894	1868 – 1894	저자가 20여년간 작성한 일기.
100	聂耳日记	聂耳	大象出版社	2004	聂耳	1912 – 1935	1926. 6 – 1935. 7	중국 유명 음악가. 중국 애국가의 작곡가. 본 저서는 청년 음악가의 힘든 인생 여정을 기록하였음.
101	邵式平日记	邵式平	江西人民出版社	1983	邵式平	1900 – 1965		저자는 중국 무산 계급 혁명가이자 군사 전문가임.
102	邵元冲日记	邵元冲	上海人民出版社	1990	邵元冲	1890 – 1936		저자는 국민당 중앙 홍보위원회 주임. 시안(西安)사변 [1936년 12월 12일, 시안(西安)에서 장쉐량(张学良)과 양후청(杨虎城)의 서북군(西北軍)이 공산군 토벌을 독려하러 온 장제스(蒋介石)를 감금하여 국민당(國民黨)과 공산당(共産黨)이 연합하여 항일 투쟁을 전개할 것을 요구한 사건] 시기 사망.
103	宋教仁日记	宋教仁	湖南人民出版社	1980	宋教仁	1882 – 1913	1904 – 1907	저자는 구민주주의 혁명 시기 유명한 혁명가이자 정치가임. 일기 내용 관련 시기는 구민주주의 혁명 발전의 제일 중요한 시기이며, 관련된 많은 중대 역사 사건들이 기록되어 있음.

104	首闯南极的日子:中国首次南极考察队长日记	郭琨	海洋出版社	2011	郭琨	1935-	본 일기는 저자가 남극 현지에 가서 조사할 당시 관련된 자료들이 많이 기록되어 있음. 저자는 일기를 매일 쓰는 습관을 가지고 있으며 본 일기의 내용들은 중국의 남극 고찰사 연구에 상당한 가치를 지니고 있음.
105	施蛰存日记	施蛰存	文汇出版社	2002	施蛰存	1905-2003	저자는 중국 현대(중국 역사 구분에서 현대는1919년 5 · 4운동에서 현재까지의 시기를 가리킴) 유명 소설가. 저자가 작성한 일기는 심리 분석과 주요인물들의 의식흐름 묘사를 중시함.
106	新千年日记	赵丽宏	华东师范大学出版社	2000	赵丽宏		본 저서는 저자가 2000년 일기의 형식으로 작성한 수필집(随筆集). 새 천년을 맞이하면서 사회 진보에 대한 감회를 기록하였음.
107	辛丑日记	华学澜	商务印书馆	1936	华学澜	1860-1906	1901(신축조약체결)	본 일기는 1901년 신축조약이 체결한 당시에 작성되었음. 주로 일상 생활에 대한 내용들이 많이 기록되어 있음.
108	心血管科医师日记与点评	刘光辉	人民军医出版社	2010			의학 관련 내용. 저자는 외과 의사이며 진단하기 어렵거나 치료하기 어려운 질병 등에 관한 내용들이 기록되어 있음.
109	十八国游历日记	金绍城	文海出版社	1975	金绍城	1878-1928	본 일기는 저자가 미국, 영국, 독일, 프랑스, 이탈리아, 일본 등 18개 나라에 가서 10개월 동안 탐방하면서 작성한 내용 중에서 주로 각 나라의 역사, 기관, 제도 등에 대한 자료들이 기록되어 있음.
110	俄罗斯日记	阿莹	陕西人民出版社	2015	阿莹		본 저서는 저자가 러시아 방문 시기 작성한 20여편의 여행일기와 사진 등 내용들이 기재되어 있음. 저자가 러시아문화에 대한 탐구과 해석을 하여 예술적 감각이 아주 강한 작품.

111	亚非会议日记	李慎之	中国新闻出版社	1986	李慎之	1923-2003		아이아 아프리카 회의 일기
112	我的旅行日记	王雪纯	中国旅游出版社	2005	王雪纯	1970-		저자는 아나운서 출신이며 직업 및 촬영 때문에 많은 지역을 다녀봤음. 본 일기는 이 과정에서 보고 느낀 점들을 기록한 것.
113	我的视觉日记	王小慧	学林出版社	2001	王小慧	1957-		저자는 중국 당대 예술가. 소설, 촬영 사진 작품들도 많이 기재 되어 있음.
114	我的视觉日记: 旅德生活十五年	王小慧	学林出版社	2006				
115	颜惠庆日记	颜惠庆	中国档案出版社	1996	颜惠庆	1877-1950	1908-1929	저자는 중국 정치가이자 외교가, 작가. 1909년 외교부 계장직으로 일을 할 때부터 1927년 천진으로 거처를 옮겨 은행 회장직을 할 때까지 작성한 일기.
116	爱新觉罗·溥仪日记	宣统皇帝	天津人民出版社	1996				애신각라 부의(爱新觉罗·溥仪)는 중국 청 왕조의 마지막 황제이며 본 저서는 그의 아내가 왕칭샹(王庆祥)에게 부탁하여 그의 일기를 재정리, 출판한 것임. 일기에서는 가정 생활과 주요 정치 사건 등에 대한 내용들이 많이 기재 되어 있음.
117	让庐日记	杨静远	武汉大学出版社	2003	杨静远	1923-	1941-1945	항일 전쟁 시기 낙산 무한대학교 여학생이 당시 사회현상을 자기만의 시선으로 보고 느낀 점을 기록한 일기.
			商务印书馆	2015				
118	杨尚昆日记	杨尚昆	中央文献出版社	2001	杨尚昆	1907-1998		본 저서는 20세기 중국 정치와 관련해 가장 중요한 일기 중 하나임. 일기 내용은 저자의 직업에 관련된 일과 중요한 역사 사건들이 기록 되어 있음.

119	杨闇公 日记	杨绍 中	四川 人民 出版 社	1979		杨绍 中		1924 - 1926	양안공(杨闇公, 1898-1927)은 중국 공산당 충칭 서기직을 맡았음. 본 일기는 양안공 열사의 2년 간의 혁명 생활내용을 기록.
120	阳翰笙 日记选	阳翰 笙	四川 文艺 出版 社	1985		阳翰 笙	1902 - 1993		저자는 중국 혁명가이자 연극 작가.
121	余绍宋 日记	余绍 宋	北京 图书 馆出 版社	2003 2006		余绍 宋	1882 - 1949		저자는 민국 시기 외교부에서 주임직을 하였음. (일기 내용 관련 자료 부족)
122	余肇康 日记	闾四 秋	湖南 人民 出版 社	2009			1872 - 1930		중국의 정치 경제 변혁, 사회 불안정한 60년 간의 일기 내용 기록. 저자는 사회와 문화 영역에서 높은 지위를 가지고 있는 사람으로서 그의 일기는 중요한 역사적 가치가 있음.
123	茹志鹃 日记	茹志 鹃	大象 出版 社	2006		茹志 鹃	1925 - 1998	1947 - 1965	본 일기는 저자가 22살부터 40살까지 18년 간의 청년시대의 일기들임.
124	缘督庐 日记	(清) 叶昌 炽	吉林 文史 出版 社	2010		(清) 叶昌 炽	1849 - 1917	1874 - 1917	본 일기는 48년간 학술문화, 정치, 풍속의 변천 등에 대한 내용을 기록.
			广陵 古籍 出版 社	2014					
125	阎锡山 日记	阎锡 山	九州 出版 社	2011		阎锡 山	1883 - 1960	1931 - 1950	"산시왕"으로 불리던 저자가 매일 아침 세수하고 양치질하면서 구술하면 이를 비서가 기록한 일기임. 저자의 일기는 대부분 처신, 일 처리, 학문, 정치에 관한 내용임.
	阎锡山 日记	閻錫 山	社会 科学 文献 出版 社	2011					

126	英韶日记	载振	民族出版社	2010	载振	1876-1947	1902	1902년 여름, 영국이 청나라를 국왕 취임식에 요청했음. 청나라의 광서(光绪)황제는 진국장군인 저자를 영국에 파견했음. 이와 동시에 벨기에, 프랑스 일본 등 요청으로 현지 조사에 나섰음. 반년동안 8만 리를 넘나들면서, 저자는 도착한 곳 마다 현지의 풍습, 특히 각 나라의 정치, 학술, 법률 등에 관해서 일기에 기록했음.
127	艺风老人日记	缪荃孙	北京大学出版社	1986	缪荃孙	1844-1919	1891-1918	본 일기는 저자와 陈三立의 교류를 기록했음.
128	吴宓日记	吴宓	生活·读书·新知三联书店	1998				
129	吴宓日记续编		生活·读书·新知三联书店	2006	吴宓	1894-1978	1910-1948	저자는 중국의 유명 학자로, 본 일기는 저자의 10년간 학술 생활, 개인적 기회와 학계의 활동, 사교에 관한 내용들을 기록하고 있음.
130	吴宓日记续编. 第2册, 1954~1956		北京三联出版社	2006				
131	吴宓日记续编. 第7册, 1965~1966		北京三联出版社	2006				
132	吴语亭日记	吴语亭	文海出版社有限公司	1991	吴语亭	1897-1997		중국 유명 시인이자 화가, 작가.

133	吳虞日记	吳虞	四川人民出版社	1984	吳虞	1872 – 1949		중국 근대 사상가, 학자. 중국 "5.4 신문화운동"시기 영향력이 아주 강한 인물임.
134	吳祖光日记: 1954~1957 / 吳祖光 著.	吳祖光	大象出版社	2005	吳祖光	1917 – 2003	1954 – 1957	일상 생활, 친구들의 평가 그리고 정치 운동에 대한 지지, 불만 등이 낱낱이 기록 되어 있음. 본 일기를 통해서 한 지식인의 신중국 설립 초기 일, 생활, 사교, 사상 등에 대해서 정확히 반영하였음.
135	狱中日记	吳振洲	中国水利水电出版社	2010	吳振洲			저자는 중국 츠창(馳创)전자 회장이었으며 2008년 미국에서 체포되어 감옥에서 수감되었음. 본 책은 저자가 수감당시 작성한 일기.
136	温迪雅日记	温迪雅	东方出版中心	1998	温迪雅			저자는 중국 유명 프로그램의 진행자(MC)이며, 본 저서는 저자가 1년 이상의 시간 동안 중국과 홍콩, 파리에서의 근무, 생활 경험 그리고 사회, 인생, 문화 등 많은 부분에서 느낀 점을 기록하였음.
137	翁文灏日记	翁文灏	中华书局	2010	翁文灏	1889 – 1971	1936 – 1942	저자는 중국 청나라 시기 첫 지질학 박사. 중국 공업화 초기의 이론가이자 추진자임. 저자는 약 10년간 국가 경제와 국가 업무를 관리 하였음.
138	汪东兴日记	汪东兴	当代中国出版社	2010	汪东兴	1916 –	1947 – 1976	중국 혁명가, 약 30년 동안 마오쩌둥(毛泽东) 옆에서 근무. 본 일기는 주로 마오쩌둥 따라 근무할 당시 관련된 내용을 기록하였음.
			中国社会科学出版社	1993				
139	王世杰日记	王世杰日记	中央研究院近代史研究所	1990	王世杰日记	1891 – 1981		저자는 중국 현대 역사의 중요인물. 학술, 정치, 외교 등 부분에서 많은 직무를 담당하였음. 본 일기는 저자가 30년동안 작성한 내용들이 기록되어 있으며 근대 정치 및 외교 역사 연구자들에게 많은 관심을 받고 있음.

140	汪荣宝日记	汪荣宝	中华书局	2013	汪荣宝	1878 - 1933	1909 - 1912	저자는 중국근대의 유명학자이자 외교 전문가임. 본 일기는 저자가 3년간 작성한 내용들이 기록 되어 있으며 청나라 마지막 3년의 사회 현황과 주요 역사 사건들이 기록되어 있음.
141	王恩茂日记	王恩茂	中央文献出版社	1995	王恩茂	1913 - 2001	1934. 10.23 - 1949. 11.30	저자는 중국 혁명가이자 중국 인민해방군 지도자. 본 일기는 저자가 중국 혁명 전쟁에 참가하였을 당시의 활동들을 집중적으로 기록하였음. 당시 정부와 군사에 관한 역사 연구에 중요한 사료적 가치를 가지고 있음.
142	王子壮日记	王子壮	中央研究院近代史研究所	2001	王子壮	1900 - 1948	1921 - 1948	본 일기에서는 북경 대학교의 풍경, 교내 동태, 정치로 인한 학술 관련 사건 등에 관한 내용들이 기록되어 있음. 그리고 항일전쟁시기 중국 정치의 변천, 지방과 정부의 관계, 사회 변화, 물가 변동, 당내 분쟁 등 당내 정치, 사회, 문화 문제에 관한 다수의 역사적 사건들이 기록 되어 있음.
143	姚锡光江鄂日记(外二种)	姚錫光,祁世長,周長森	中华书局	2010				청나라 말년 중하층 관료가 작성한 일기이며 당시 사회 현황에 관한 내용들이 기록 되어 있음.
144	牛棚日记	陈白尘	三联书店	1995	陈白尘	1908 - 1994		저자는 중국 연극 작가이자 소설가. 본 일기는 저자가 문화혁명 시기 작성한 내용들이 기록 되어 있음. 그 당시 일어난 다수의 역사 사건들에 대해서도 기록 되어 있음.
145	郁达夫日记	郁达夫	山西教育出版社	1997	郁达夫	1896 - 1945	1926 - 1937	저자는 중국 현대의 유명 소설가이자 수필가(散文家). 본 일기에서는 당시의 사회 현황, 풍습, 인정, 친구 모임, 혼인 생활 등 많은 내용들이 기록 되어 있음. 저자 자신의 국가, 문학, 이성, 사랑, 우정과 가족 등에 대한 생각이 고스란히 담겨져 있음.
146	郁达夫日记集	郁達夫,胡從經	陕西人民出版社	1984				
147	恽代英日记	恽代英	中共中央党校出版社	1981	恽代英	1895 - 1931		저자는 중국 혁명가이자 중국 공산당 초기 청년운동의 지도자.

148	运书日记	陈训慈/著/周振鹤/整理	中华书局	2013	陈训慈	1901-1991		본 일기는 저자가 절강 지역의 도서관 관장직을 하고 있을 때 일본군의 포화를 피해 가면서 文澜阁《四库全书》(청(清)대 고종 시기 역사책)를 운송하는 과정을 기록.
149	恽毓鼎澄斋日记	恽毓鼎	浙江古籍出版社	2004	恽毓鼎	1862-1917		본 저서는 평생에 걸친 저자 본인의 일기로서 문헌, 필기, 시, 집안 가사 등 내용들이 기록 되어 있음.
150	原子弹日记	李旭阁	解放军文艺出版社	2011	李旭阁	1927-2012	1964-1965	원자 폭탄 실험과 폭발의 과정들을 목격하여 관련된 내용들을 작성한 일기.
151	越南受降日记	朱契	商务印书馆	1946	朱契	1907-1968		저자는 중국 유명 경제학자이자 역사학자임.
152	越缦堂国事日记	吴语亭	文海出版社	1978	吴语亭	1897-1997		저자는 중화 민국의 시인이자 화가, 수필 작가.
153	威尼斯日记	钟阿城	作家出版社	1998	钟阿城	1949-		저자는 중국 소설 작가. 그의 작품들은 중국 전통 문화의 영향을 많이 받음. 본 저서는 저자가 3개월간 작성한 일기 내용들이 기록 되어 있음. 저자가 베네치아(베니스)에 여행할 당시 작성한 일기.
154	魏特琳日记	沃特林	江苏人民出版社	2000	沃特林	1886-		미국 작가가 남경대학살 관련 내용들을 기록한 일기
		沃特林	江苏人民出版社	2015				
		Minnie autrin, 张连红, 杨夏鸣	江苏人民出版社：凤凰出版社	2006				

155	游历日本考查商务日记	刘学询	文海出版社有限公司	1972				일본 탐방 사무 일기.
156	柔石日记	赵帝江	山西教育出版社	1998	柔石			저자인 러우스(柔石)는 중국 30년대 유명 작가. 본 저서는 러우스(柔石)의 생활 일기. 작가의 일생, 사상과 창작을 이해하기 위한 중요한 자료를 제공하였음.
157	俞平伯日记选	俞平伯	上海书店	1993	俞平伯	1900-1990	1918-1982	저자는 중국의 유명 작가이자 신문학운동 초기의 시인. 본 저서는 저자가 1918-1982년 동안 작성한 일부 일기들을 기록.
158	一个国民党女兵的日记	赵显裔	武汉出版社	2010	赵显裔			본 저서는 한 국민당 여군의 일기를 재정리한 것임. 일기의 내용은 17살 소녀의 잔혹한 청춘 역사를 담고 있음.
159	一个小学校长的日记	刘百川	华文出版社	2012	刘百川	1903-1971		본 저서는 초등학교 교장 선생님이 3개월 간 작성한 일기임. 일기 내용은 교장 선생님의 근무 일기.
160	一个外企女白领的日记		中国友谊出版公司	2008				한 여성이 외국 기업에서의 근무했던 일기
161	一个乡村小学教员的日记	俞子夷	商务印书馆	1929				농촌 초등학교 선생님의 근무 일기
162	日记三抄	叶圣陶	花城出版社	1982	叶圣陶			东归江行日记(1945.12.25-1946.2.9), 북상일기(1949.1.7-1949.3.25), 내몽골일기(1961.7.29-1961.9.2, 1961.9.5-1961.9.23)의 합본.
163	日记的胡适	李伶伶	陕西人民出版社	2007	李伶伶			중국 신문화의 대표 인물인 후스(胡适)의 일기. 본 저서는 후스(胡适)의 일기를 재정리 한 것임.

164	日本日记	罗森	岳麓书社	2008	罗森	1900 -		일본 여행 일기
165	任访秋文集:日记	任访秋	河南大学出版社	2013	任访秋	1909 - 2000	1970 - 1996	저자는 중국 현대 문학 학술 연구에서 많은 성과를 낸 바 있음.
166	任正非华为管理日记	马立明	中国铁道出版社	2011	马立明	1953 -		런정페이(任正非; 중국 华为기술유한회사 회장)의 개인 전기.
167	任之堂跟诊日记		人民军医出版社	2013				의학 일기
168	孕事:一位80后妈妈的怀孕日记	黄慕秋	中国商业出版社	1970				80년생 엄마의 임신 일기
169	紫骝斋日记	马嘶	海天出版社	2013	马嘶	1934 -	1977 - 2011	저자는 허베이 당산 사람으로 57년 북경대학 중문과 졸업, 중국 작가협회 회장으로서 중국의 1급 작가. 본 일기는 주로 저자가 현대 학술사, 문학사, 중화민국 역사와 관련된 저서들을 저술하는 과정과 친구들을 방문하는 과정을 기록했음. 학술적 가치가 높음.
170	柳亚子先生文集(自传·年谱·日记)	柳亚子	上海人民出版社	1986	柳亚子	1887 - 1958		저자 평생의 시, 자서전, 일기, 서신 등을 전부 기록하여 만든 책.
171	长江魂:一个探险家的长江源头日记	杨欣	山东省岭南美术出版社	1997	杨欣			저자는 사진작가이자 탐험가. 저자가 중국 창장(长江)에 가서 탐험하는 과정에서 작성한 일기.

172	蒋介石家书日记文墨选录	曾景志	团结出版社	2010	曾景志		본 저서는 장개석이 부인과 아들, 손자들에게 쓴 서신들을 선별하여 편집하였음. 그리고 장개석이 중요한 역사적 사건들이 발생 전후 작성한 수필문, 시, 일기의 일부도 기록 되어 있음. 본 저서는 장개석의 정치, 군사 활동에 관한 내용들뿐만 아니라 그의 가정, 혼인 생활, 사교 그리고 역사 인물들에 대한 평가 등이 다수 기재되어 있음.
173	蒋介石日记揭秘	张秀章	团结出版社	2007		1915 - 1949	본 저서는 장개석의 1915-1949년 일기 내용 일부를 기재하였으며 저자의 연구와 정리를 통해 일기 내용에 대해 평가하고 분석하였음. 일기에서는 주로 국민당 업무, 군사, 행정, 외교 및 가정사 등의 내용들이 기록되어 있음.
174	张謇日记笺注选存	祁龙威	广陵书社	2007	祁龙威	1922 - 2013	1894 - 1901	저자인 장젠(张謇)은 중국 역사상 영향력이 높은 인물임. 본 저서의 제목은 〈장젠(张謇)일기〉이며 장젠은 청일전쟁, 경자 의화단 전쟁, 무술 변법의 중요한 역사적 인물이며 실질적인 사업과 교육이 나라를 구할 수 있다는 관념을 제창하였음.
175	蒋经国日记	张日新	中国文史出版社	2010	张日新主编		저자인 장징궈(蒋经国)는 장개석(蒋介石)의 장남. 일기에서는 소련에서의 유학생활, 장춘 회담, 중국 대륙을 떠날 당시 작성한 내용들이 기록되어 있음.
176	张舜徽壮议轩日记	张舜徽	国家图书馆出版社	2010	张舜徽	1911 - 1992	1942 - 1947	저자는 중국 현대의 유명 역사학자이자 문헌학자. 본 저서는 저자의 독서, 교육, 연구, 학술 교류, 일상 생활 등과 관련된 내용들이 기록 되어 있음.

177	张元济 日记	张元济	商务 印书 馆	1981	张元济	1867 - 1959		저자는 중국의 출판가. 본 저서는 저 자 평생의 사건들을 담고 있는 일기 들이 기재되어 있음.
178		張元 濟,张 人风	河北 教育 出版 社	2001				
179	张元济 全集 第6卷, 日记	张元 济	商务 印书 馆	2008				
180	张元济 全集. 第7卷, 日记	张元 济	商务 印书 馆	2008				
181	张人骏 家书日 记	张守 中	中国 文史 出版 社	1993	张守 中	1936 -		사회 변혁 시기에 작성한 일기
182	蒋作宾 日记	北京 师范 大学	江苏 古籍 出版 社	1990			1928 - 1932	저자는 장작빈(蒋作宾, 1884-1942) 으로 민국 시기 독일, 일본 공사(公 使)직을 하였음. 본 저서는 장작빈 (蒋作宾)이 1928-1932년 작성한 일 기들을 기재하였음. 일기에서는 당 시의 다수 역사적 사건들을 기록하 였으며 중요한 역사적 가치를 가지 고 있음.
183	长征日 记	萧峰	上海 人民 出版 社	2006	萧峰	1916 - 1991	1934 - 1936	본 일기는 중앙군의 간부인 저자가 장정 당시 매일의 행군에서 기록한 일기임.
		萧锋	上海 人民 出版 社	1996				
		肖锋	上海 人民 出版 社	1979				

184	长征日记	陈虎	中国长安出版社	2005				본 일기는 중앙군의 간부인 저자가 장정 당시 매일의 행군에서 기록한 일기임.
185	张葱玉日记·诗稿	张珩	上海书画出版社	2011	张珩	1938-1941		저자인 장총위(张葱玉, 1914-1963)는 서화 감정 대사(书画鉴定大师). 본 저서는 장총위(张葱玉)의 1938-1941년간 작성한 일기를 기재하였으며 저자의 일상생활, 사회사교 그리고 서화를 감정하는 활동 등의 내용들을 기록하였음.
186	张学良遗稿:幽禁期间自述´日记和信函	窦应泰	作家出版社	2005	窦应泰			저자는 중국 작가협회 회원이며 역사 전문 연구자임. 본 저서는 장쉐량(张学良, 1901-2001, 국민 혁명가)이 대만에 유폐된 당시 작성한 일기 내용들을 기재하였음.
187	张海迪书信日记选	張海迪共青团中央宣传部,中国青年出版社	中国青年出版社	1983	张海迪	1955-		저자인 장하이디(张海迪)는 중국 유명 장애인 작가임. 본 저서는 저자의 서신과 일기를 재편집하였음.
188	荻岛静夫日记	荻岛静夫	人民文学出版社	2005				한 일본 사병이 중국 침략 전쟁 당시 사건을 기록한 일기
189	电力要先行·李鹏电力日记	李鹏	中国电力出版社	2005				저자는 중국 국무원 전 총리인 리펑(李鹏)으로, 중국 전력 공업 개혁 및 발전과 관련된 내용을 기록한 일기.
190	战争年代的日记	王紫峰	中国文联出版社	1986	王紫峰	1905-1994		공화국 장군인 저자의 중일 전쟁부터 중국 내전까지의 생활 일기와 공산당 전투 과정을 기록했음.

191	战地日记	知侠	上海文艺出版社	1993	知侠	1918 - 1991	1986	저자가 회해전역의 경험자로서 이를 기록한 견문록임.
192	静晤室日记	金毓黻	辽沈书社	1993	金毓黻	1887 - 1962	1920 - 1960	본 일기는 1920년부터 1960년까지 저자의 학문 기록임.
193	郑振铎日记全编	陈福康	山西古籍出版社	2006				저자는 중국 현대의 유명한 작가이자 문학사가임. 해방후 문화부 부부장, 문물국 국장을 역임하였음.
194	郑孝胥日记	郑孝胥	中华书局	1993	郑孝胥	1860 - 1938	1882 - 1938	본 저서는 중국 근대사에서 56년 간의 정치, 경제, 군사, 외교, 문학 등 분야의 다양한 사건들이 기록되어 있음. 저자는 청나라 말기와 중화민국 초기 조정(朝廷)의 중요 인물이었기 때문에 황궁의 비밀과 상류층의 일상도 기록되어 있음.
195	朝鲜战场日记	华山	新华出版社	1986				조선 전쟁과 관련된 내용들이 기록된 일기.
196	早春三年日记	贾植芳	大象出版社	2005	贾植芳	1915 - 2008	1982 - 1984	저자가 누명을 벗은 후 옛 직업을 다시 찾은 최초 3년동안의 일상 생활, 작업과 교제 상황을 기록했음. 지식인으로서 그 당시 예측하기 어려운 정치 정세, 경제, 문화에 대한 생각, 인간관계 등을 기록했음.
197	早春三年日记 (1982 - 1984)	贾植芳	大象出版社	2005				위와 동일(저자 동일)
198	从加尔各答到北京:一名军官写于两地的日记		中西书局	2013				영국 작가가 쓴 중국행 일기

199	周佛海獄中日记	周佛海	中国文史出版社	1991	周佛海	1897-1948	1938-1947	본 저서는 저자가 감옥에 있을때 작성한 내용. 일기의 형식으로 장개석(蔣介石)과 왕징웨이(汪精卫) 정권의 잘 알려지지 않은 내용들을 기록하였음.
200	周佛海日记	周佛海	上海人民出版社	1984				
201	周佛海日记	周仏海,蔡德金	中國社会科學出版社	1986				
202	周佛海日记全编	周佛海	中国文联出版社	2003				
203	周璇日记:永远的周璇	周璇	长江文艺出版社	2003	周璇	1920-1957		저자는 중국의 유명 가수이자 영화배우. 본 저서는 저자가 1951년 병원에서 치료받을 시기의 일상생활과 치료 과정에 관련된 내용들을 기록하였음.
204	周恩来旅日日记	周恩来	中央文献出版社	1998	周恩来	1898-1976	1918-1919	본 일기는 저자가 일본에 있던 시기 중 1년동안의 일상생활, 공부, 사교생활을 기록했음. 특히 저자 사상의 중대한 변화를 기록했음.
205	周作人日记	周作人	大象出版社	1996				본 일기는 총 4개 시기로 나누어 있음. 1898-1905년의 학업 시기. 1912-1917년의 집에 거주한 시기. 1917-1937년의 북대시기. 1937-1945년의 나라가 함락된 시기.
206	朱峙三日记	胡香生,严昌洪	华中师范大学出版社	2011			1893-1905	저자인 주치삼(朱峙三, 1886-1967)은 중국 蒲圻지역 현장직을 하였음. 본 저서는 저자인 주치삼(朱峙三)이 1893-1905년간 작성한 일기들을 기록하였음.

207	周太玄日记	周太玄	国家图书馆出版社	2015	周太玄	1895 - 1968	1913, 1966	저자는 중국 유명한 생물학자이자 교육학자, 정치평론가, 시인. 본 일기는 저자의 독서, 근무, 사교 현황 등의 내용들이 기록되어 있음.
208	朱希祖日记	朱希祖	中华书局	2012	朱希祖	1879 - 1944		저자는 중국 현대 유명 역사학자이자 도서수집가. 본 저서는 저자가 유학시설 작성한 일기내용들이 기록되어 있음.
209	中国留守儿童日记	杨元松	江苏文艺出版社	2012				본 저서는 부모를 따라 외출하지 못하고 집에 남아있는 26명 아이들의 일기 내용들을 기재하였음.
210	中国日记史略	陈左高	上海翻译出版公司	1990				역사책
211	中国现代作家日记研究	张高杰	中国社会科学出版社	2014				논문
212	中华民国八年学校日记	商务印书馆编译所	商务印书馆	1918				중화민국 8년의 학교 일기
213	志摩日记	陆小曼	书目文献出版社	1992	陆小曼	1903 - 1965		저자인 서지마(徐志摩, 1897-1931)는 시인이자 수필작가. 본 저서는 서지마(徐志摩)의 일기들을 재편집하였음.
214	志摩的书信日记:我没有别的天才, 就只有爱		北方文艺出版社	2014				서지마(徐志摩)의 서신일기. 제목은 〈나는 다른 재능은 없고 사랑만 있다〉.
215	陈赓日记	陈赓	战士出版社	1982	陈赓	1903 - 1961	1937 - 1952	본 저서는 항일전쟁시기와 해방초기 두 시기의 일기를 기록하고 있음. 저자의 많은 경험들이 기재 되어 있음.

216	陈光甫日记	陈光甫	上海书店出版社	2002	陈光甫	1881-1976		저자는 중국 은행가(銀行家)이자 중국 근대 관광업의 창시자. 1909년 미국 펜실베니아 대학교 졸업.
217	陈君葆日记全集	陈君葆	商务印书馆(香港)有限公司	2004	陈君葆	1898-1982	1933-1949	본 저서는 저자의 16년 간 일기를 기록하였음. 본 일기는 홍콩의 30-40년대 거대한 변화의 시기와 관련된 내용들을 제공하고 있음.
218	进军西藏日记	林田	中国藏学出版社	1994				서장 진군 일기
219	陈克文日记	陈方正	社会科学文献出版社	2014	陈方正		1937-1952	저자인 천커원(陈克文)은 민국 시기 행정원 참사. 본 저서는 저자가 1937-1952년간 보고 느낀 점을 기록하고 있으며 민국 시기 역사 연구에 있어 중요한 자료를 제공하고 있음.
220	陈伯钧日记	陈伯钧	上海人民出版社	1987	陈伯钧	1910-1974		본 일기는 "장정"의 전과정을 기록하고 있음.
221	陈伯钧日记·文选	陈伯钧	中国财政经济出版社	2002				
222	此生未完成·一个母亲妻子女儿的生命日记	于娟	湖南科学技术出版社	2015	于娟	1978-2011	2009	저자의 투병일기.

223	此心安 处是吾 乡:季羡 林归国 日记	季羡 林	重庆 出版 社	2015	季羡 林	1911 - 2009	1946 - 1947	본 저서는 저자가 독일에서 중국으 로 돌아온 후 대학교에서 교수직을 할 당시 작성한 일기내용들을 기록 하고 있음. 주로 일상 생활, 근무, 사 회 사교등 내용들이 많이 기재되어 있음.
224	采访日 记		北京 三联 书店	2008				취재 일기
225	蔡元培 日记	王世 儒	北京 大学 出版 社	2010	王世 儒	1894 - 1940		저자인 채원배(蔡元培, 1868-1940) 는 혁명가이자 교육가, 과학자임. 본 저서는 채원배의 30여년간 경험을 기록한 일기임. 독일 유학생활, 신해 혁명 활동 참가 경험 등 관련 내용들 이 기록되어 있음.
226	穿越生 死线日 记	李黎	中央 编译 出版 社	2011	李黎	1960 -		저자의 일생 경험을 기록한 일기.
227	天风阁 学词日 记	夏承 焘	浙江 古籍 出版 社	1984	夏承 焘	1900 - 1986	1938 - 1947	본 저서는 저자의 1938-1947년간 일기 내용들을 기록하였음. 중국 고 전 문학사에 대한 저자의 탁월한 식 견과 학술 활동 관련 내용들도 기재 되어 있음.
228	铁凝日 记:汉 城的事	铁凝	人民 文学 出版 社	2004	铁凝	1957 -		한국과의 국제적인 사상 문화의 교 류를 기록
229	清华园 日记	浦江 清	江苏 文艺 出版 社	2013				저자가 유럽에 유학을 갔을때 기록 한 일기.
			三联 书店	1987				

230	达化斋日记	杨昌济	湖南人民出版社	1981	杨昌济	1871 - 1920		저자가 기록한 일기의 일부임. 내용은 독서노트(劄記), 교육 계획, 그 시대의 추세, 도덕 윤리 등을 포함하고 있음. 저자의 공부에 대한 부지런함, 학문에 대한 엄격한 태도, 그리고 저자의 정치, 철학에 대한 관점, 특히 도덕 윤리에 대한 관념이 기록되어 있음.
			湖南人民出版社	1978			
231	竺可桢日记	竺可桢	人民出版社	1984	竺可桢	1890 - 1974	1966 - 1967	저자는 중국 현대 과학자이자 교육가. 저자는 특히 중국 기상학 연구에 공헌하였으며 본 일기도 기후 연구에 관련 내용들을 기록하고 있음.
232	出使九国日记	戴鸿慈	第一书局	1906	戴鸿慈	1853 - 1910		1905년 청나라 시기 저자가 미국, 영국, 프랑스, 독일, 덴마크, 이탈리아 등 나라에 가서 현지 조사를 통해 느낀 점들을 기록한 내용임
233	沈浩日记	沈浩	科学出版社	2010	沈浩			본 일기는 저자의 인생관과 일상생활 등 내용들을 기록한 일기.
234	退想斋日记	刘大鹏,乔志强	山西人民出版社	1990	刘大鹏	1857 - 1942		본 저서는 청나라 시기 농촌에서 아편을 재배하고 아편을 피워서 재난을 일으킨 내용들을 기록하고 있음.
235	彭雪枫书信日记选	彭雪枫	河南人民出版社	1980	彭雪枫	1907 - 1944		저자는 중국 군사가이며 "장정"에 참가했던 군대 지휘관.
236	彭绍辉日记	彭绍辉	解放军出版社	1988	彭绍辉	1906 - 1978		저자는 중국 해방군 고급 장교. 항일전쟁, 해방전쟁 시기 중요한 역사 인물.
237	冯玉祥日记	冯玉祥	江苏古籍出版社	1992	冯玉祥	1882 - 1948		저자는 국민당 시기 혁명가로 장개석(蒋介石)과 의형제.
238	皮定均日记	皮定均	解放军出版社	1986	皮定均	1914 - 1976		저자는 중국 군사전문가. 중국 해방전쟁과 항미원조전쟁에 참가하였음.

239	贺葆真日记	贺葆真	凤凰出版社	2014	贺葆真	1874 -		본 저서는 저자가 17살부터 54살까지 작성한 일기를 기록하였음. 앞 부분은 학업, 일상생활 관련 내용들이 기재되어 있고, 뒷 부분은 당시 유명 인물들에 대한 내용들이 많이 기재되어 있음.
240	夏济安日记	夏济安, Hsia, Chih-tsing	辽宁教育出版社	1998	夏济安	1916 - 1965	1946	본 일기를 기록하던 당시 저자는 대학교 교수였음. 일기에는 중일 전쟁 시기의 중국의 상황과 본인의 정치관, 그리고 대학교 교수로서의 생활, 보았던 영화와 책을 기록했음. 저자가 짝사랑한 여대생에 대한 내용과 그 마음을 추측하는 본인의 심리를 기록했음.
			人民文学出版社	2011				
241	闲寂日记昭苏日记	施蛰存	文汇出版社	2002	施蛰存	1905 - 2003		저자는 중국의 유명 문학자이자 번역전문가, 교육가, 대학 교수. 저자는 특히 문학 창작, 고전 문학 연구, 외국문학 번역 등의 부문에서 많은 성과가 있음.
242	缄口日记	陈白尘	大象出版社	2005	陈白尘	1908 - 1994		저자는 중국 연극 작가이자 소설가. 본 일기는 저자가 문화혁명 시기 작성한 일기들이 기록되어 있음. 그 당시 일어난 다수의 역사적 사건들도 기록 되어 있음.
243	抗美援朝战地日记:朝鲜战争最前线志愿军生活全记录		长江出版社	2011				항미 원조 전쟁 시기 병사들의 생활을 기록한 일기.
244	解放日: 1949年的故事	陈虎	当代中国出版社	2004	陈虎		1949	1949년 중국의 운명을 결정하는 한 해동안 일어난 일들을 기록한 일기.
245	向南向蓝:亚丁湾护航日记	张旗	上海文艺出版社	2012	张旗			저자는 해방군 일보의 기자로서 항해 임무를 수행하면서 관련 내용들을 기록한 일기.

246	向阳日记:诗人干校蒙难纪实	张光年	上海远东出版社	2004	张光年		1970 - 1976	일기 내용 관련 자료 부족
247	许宝蘅日记	许宝蘅,许恪儒	中华书局	2010	许宝蘅		1892 - 1960	저자는 청대, 북양국민당정부 시기, 사회주의 신중국 시기 등을 모두 겪어오며 역사의 변천을 전부 목격하였음. 본 일기는 근대 중국 사회로의 변천과정을 잘 보여주는 사료임.
248	胡适留学日记	胡适	岳麓书社	2000				
249	胡适留学日记(下)	胡适	安徽教育出版社	1999	胡适	1891 - 1962	1910 - 1917	본 일기는 저자가 미국에서 유학하는 시절에 기록했음. 저자는 본인의 문학적 견해, 사상의 변화, 친구와 토론한 문제, 편지 내용들을 요약해서 기록하고 있음. 본인이 생각하는 문제의 재료, 절차, 결론과 자기의 기쁨, 야망, 꿈 등도 기록하고 있음.
250	胡适日记	胡适	山西教育出版社	1998				
251	胡适日记全编	胡适	安徽教育出版社	2001				
252	胡适的日记	胡适	中华书局	1985				
253	红军长征日记	陈伯钧	档案出版社	1986	陈伯钧	1910 - 1974		본 일기는 "장정"의 모든 과정을 기록하였음.
254	黄侃日记	黄侃	江苏教育出版社	2001	黄侃	1886 - 1935		저자는 중국 근대 혁명가이자 문학가. 본 일기의 내용은 책과 관련 내용들이 기록 되어 있음.
255	黄侃日记(上中下)(黄侃文集)	黄侃	中华书局	2007				

256	黄文弼蒙新考察日记 (1927 - 1930)	黄文弼,黄烈	文物出版社	1990	黄文弼	1893 - 1966	1927 - 1930	저자가 신장웨이우얼자치구에 가서 관찰한 당시 관련 내용을 기록한 일기.
257	黄炎培日记	黄炎培	华文出版社	2008	黄炎培	1878 - 1965		저자는 중국 애국주의자이자 민주주의 교육가. 본 저서는 저자의 지역 고찰 일기이며 내용이 간략하고 그 시대의 정치, 경제, 문화, 사회 현황, 교육문화, 공업 현황 등 관련 내용이 많이 기재되어 있음.
258	回归荒野:穆尔山径日记	于珈	中信出版社	2015				여행 일기
259	厚重与天真:一个诗人的日记	苗欣	中国文史出版社	2013	苗欣		1950 - 2012	저자는 유명 작가이자 시인. 본 저서는 신중국의 역사적 사건과 문학 예술의 다양한 활동들과 관련된 내용들을 기록하였으며 신중국 설립 이후 사회의 변천과 발전을 반영하고 있음.
260	建国日记	喻世长,王金昌	东方出版社	2009	喻世长	1916 - 1999	북평해방 (1949. 01.15) 전후	자료부족
261	黑龙江教育日记	林傅甲	商务印书馆	1914				자료부족
262	考察政治日记	蔡爾康戴鸿慈,载泽	岳麓书社出版	1986				자료부족.. 추가 검색 필요
263	过海日记	蒋子龙	北京文艺联合公司	1983	蒋子龙	1941 -		자료부족
264	九十年代日记	王元化	浙江人民出版社	2001				자료부족

265	南征日记		中华全国图书馆文献缩微复制中心				자료부족
266	桐城吴先生日记	(清)吴汝纶	中国书店	2012			자료부족
267	东游日记	李兴盛	黑龙江人民出版社	2009			자료 부족
268	旅人日记	熊文文	悦读客	1970			자료부족
269	李仙根日记·诗集	王业晋	文物出版社	2006			자료부족
270	李星沅日记	黄宗羲	鞍山大众出版社	2010			자료부족
271	李星沅日记	李星沅	中华书局	1987			자료부족
272	李兴锐日记	李兴锐	中华书局	2015	李兴锐	1827 – 1904	자료부족
			中华书局	1987			
273	忘山庐日记	孙宝瑄	上海古籍出版社	1983	孙宝瑄	1874 – 1924	자료부족
			上海人民出版社	2015			

274	补斋日记	胡骏	文海出版有限公司	1986			자료부족
275	北征日记	由云龙	出版者不详		由云龙	1876 - 1961	자료부족
276	赛米尔日记		外语教学与研究出版社	1985			자료 부족
277	书信日记集	郑逸梅,陈左高	上海书店	1992			서신과 일기의 합본
278	石达开日记	许国英	世界书局	1922	许国英		자료 부족
279	蔬香馆日记	金芝原	台湾学生书局	1987			자료 부족
280	松沪大战日记	刘子清	亚东图书馆	1938			자료 부족
281	阿英日记	阿英	山西教育出版社	1998			자료 부족
282	鄂多台日记	鄂多台	文海出版社有限公司	1990			자료 부족
283	英敛之先生日记遗稿	方豪	文海出版社有限公司	1974	方豪	1910 - 1980	자료 부족

284	王杰日记	王杰	人民出版社	1965				자료 부족
285	王文韶日记	袁英光	中华书局	1989	王文韶	1830-1908		자료 부족
286	王子霖古籍版本学文集(3)-日记.信札及其他	王雨	上海古籍出版社	2006				자료 부족
287	张溥泉先生回忆录·日记	张继	文海出版社有限公司	1985				자료 부족
288	钱玄同日记		北京大学出版社	2014	钱玄同	1887-1939		자료 부족
289	曾慕韩(琦)先生日记选	曾慕韩	文海出版社	1966				자료 부족
290	曾惠敏公手写日记	曾纪泽	台湾学生书局	1965				자료 부족
291	直庐日记	胡嗣瑗	中华全国图书馆文献缩微复制中心	1994				자료 부족

292	晋游日记	李燧	山西人民出版社	1989				자료 부족
293	詹天佑日记书信文章选	詹天佑	北京燕山出版社	1989				자료 부족
294	清季洪洞董氏日记六种	董寿平	北京图书馆出版社	1997				자료 부족
295	坦园日记	杨恩寿	上海古籍出版社	1983				자료 부족
296	荷戈纪程；南疆勘垦日记	方士淦林则徐	[中央民族学院图书馆]	1983				자료 부족
297	郝总长日记中的经国先生晚年	郝柏村	天下文化出版股份有限公司	1995	郝柏村	1919-		자료 부족
298	香港沦陷日记	萨空了	三联书店	1985	萨空了	1907-1988		자료 부족
299	黄季刚先生手写日记	黄侃	台湾学生书局	1977				자료 부족
300	程砚秋日记	程砚秋	时代文艺出版社	2010				자료 부족
301	解放日记	陈虎	当代中国出版社	2004				자료 부족

부록 3

대만 중앙연구원대만사연구소 문서관 소장 일기 목록

＊일기가 기록되기 시작한 년대의 선후에 따라 순서를 배열함

1	熱蘭遮城日誌	1629-1662年		數位内容	江樹生譯注(2000-2011)。《熱蘭遮城日誌》。臺南市：臺南市文化局。
2	馬偕日記(英、中)	1871-1901年(缺1883)	12	數位典藏	吳文雄等編校(2015)。《The Diary of George Leslie Mackay , 1871-1901馬偕日記》。臺北市：中研院臺史所。 林昌華等譯(2012)。《馬偕日記：1871-1901》。臺北市：玉山社。
3	三好德三郎回憶錄(日、中)	1888-1938年	4	數位典藏	謝國興等主編，陳進盛、曾齡儀謝明如譯(2015)。《茶苦來山人の逸話：三好德三郎的臺灣記憶》
4	籾山衣洲日記(日、中)	1898-1912年(缺1908-1911年)	9	數位典藏	許時嘉、朴澤好美編譯(2016)。《籾山衣洲在臺日記，一八九八--一九〇四》。臺北市：中研院臺史所。
5	傅錫祺日記(中)	1902-1946年(缺1926、1928、1930、1934、1935、1938、1939、1943-1945)	35	數位典藏	

6	駐臺南日本兵日記(日、中)	1904年	1	數位典藏	松添節也翻譯、編注(2016)。《駐臺南日本兵一九〇四年日記》。臺北市：中研院臺史所。
7	林癡仙日記(中)	1906-1915(缺1907、1910-1912)	6	實體寄存	
8	張麗俊日記(中)	1906-1937年	27	數位典藏	許雪姬、洪秋芬、李毓嵐編纂解讀(2000-2004)。《水竹居主人日記(一)～(十)》。臺北市：中研院近史所。
9	吉岡喜三郎日記(日)	1909-1937年(缺1913、1920)	20	捐贈	
10	黃旺成日記(中)	1912-1973年(缺1918、1920、1932、1938、1940、1944、1947、1948、1952、1954、1965、1967、1969)	48	數位典藏	許雪姬編註(2008-2016)。《黃旺成先生日記(一)～(十六)》。臺北市：中研院臺史所。
11	池田幸甚工作日誌(日)	1914-1923年	4	數位典藏	
12	林紀堂日記(中)	1915-1916	2	數位典藏	
13	下村宏日記(日)	1915-1921年	7	影印典藏	
14	陳懷澄日記(中)	1916-1932年(缺1917、1923、1929)	16	數位典藏	許雪姬編註(2016)。《陳懷澄先生日記(一)一九一六年》。臺北市：中研院臺史所。
15	石井光次郎日記(日)	1917-1920年	4	影印典藏	
16	田健治郎日記(中)	1919-1923年	5	數位典藏	吳文星等主編(2001-2009)。《臺灣總督田健治郎日記(上、中、下)》。臺北市：中研院臺史所。

17	林玉雕日記 (中)	1923-1943年 (缺1922)	10	數位典藏	
18	陳岑日記(中)	1924	1	數位典藏	
19	張木林日記 (中)	1925-1939年(缺1926、1927、1929、1932、1938)	10	捐贈	
20	陸徵祥日記 (中)	1925-1947(缺1929-1930)	34	數位典藏	
21	林獻堂日記 (中)	1927-1955年(缺1928、1936)	25	數位典藏	許雪姬編註(2000-2013)。《灌園先生日記(一)～(二十七)》。臺北市：中研院臺史所。
22	劉吶鷗日記 (中)	1927年	1	數位內容	康來新總編輯，彭小研、黃英哲編譯(2011)。《劉吶鷗全集：日記集(上)、(下)》。臺南縣：臺南縣文化局。
23	楊水心日記 (中)	1928年、1934年、1942年	3	數位典藏	許雪姬編註(2014-2015)《楊水心女士日記(一)～(三)》。臺北市：中研院臺史所。
24	簡吉日記(日、中)	1929.12-1930.12; 1936-1937年	2	數位典藏	簡敬等譯(2005)。《簡吉獄中日記》。臺北市：中研院臺史所。
25	高慈美日記 (日)	1929-1932年	4	捐贈	
26	堤林數衛日記 (日)	1929-1937年 (缺1933)	8	數位典藏	
27	黃繼圖日記 (日、中)	1929-1972年(缺1937、1947、1952-1954)	39	數位典藏	
27	南弘日記(日)	1931-1933年	9	數位典藏	
29	何金生日記 (中)	1931-2003年	67	捐贈	

30	吳新榮日記 (日、中)	1933-1967 年(缺1934、 1954)	45	影印典藏 數位內容	張良澤總編撰(2007-2008)。《吳新榮日記全集(1933-1967)》。臺南市：國家台灣文學館。
31	劉永楙日記 (日、中)	1937-1939、 1941、1945、 1954、1956- 1969年	42	數位典藏	
32	葉盛吉日記 (日)	1938-1950年	23	數位典藏	出版中
33	呂赫若日記 (日)	1942-1944年		數位典藏	鍾瑞芳譯(2004)。《呂赫若日記(一九四二－一九四四年)中譯本》。臺南市：國家台灣文學館。
34	楊基振日記 (日、中)	1944-1950年		數位內容	黃英哲、許時嘉編譯(2007)。《楊基振日記：附書簡、詩文》。臺北市：國史館。
35	何川日記(日)	1946年、另1冊 時間不明	2	數位典藏	
36	孫江淮日記 (中)	1947-1950年	3	捐贈	
37	吳嵩慶日記 (中)	1947-1950年	4	數位內容	吳興鏞編注(2016)。《吳嵩慶日記(一)1947-1950》。臺北市：中研院臺史所。
38	邵毓麟日記 (中)	1953-1957、 1966、1971- 1975年	10	數位典藏	
39	洪陳勤日記 (中)	1953-1955年	1	數位典藏	

부록 4

근대 일본의 일기 목록

* 여기에서 소개되는 근대 일본의 일기 목록은 故 후쿠다 히데이치가 메이지 이후 출판 및 제작한 492권의 일기이다. 이 책의 제7장 "근대 일본의 일기장:故후쿠다 히데이치씨가 수집한 일기자료 모음집에서"의 자료에 기반한다.

| 番号 | 日記帳名 | 著者・編者 | 版元 | 究行年月日 | 記入者情報 | | | 記入期間 | 備考・特記事項 |
					氏名	性別	屬性		
1-1	明治十年 酒売立帳				○	男		–	酒的売買記録（1-1から1-10までは一纏まりに袋に收められた日記と帳簿）。
1-2	明治十 日記帳				○	男		1877.2.17 -5.17	奏、米、魚、人足賞金等的支私記録。
1-3	明治十丑五月十日 天満宮家二付寄進帳	自家製和綴				男か		1877.5.10	天満宮家への寄進の記録。
1-4	明治十八年 大福帳					男か		1884.12.26 -1885.2.1	商家の帳簿。
1-5	明治廿八年 人足其他野取簿					男か			各地に要した人足敎を記す。

1-6	蚕日記控帳簿 吉田氏明治三十年					[旧] 1897.4.21 -5.29	
1-7	養蚕日記簿 吉田氏 明治三十一年					[旧] 1898.4.2 -5.12	
1-8	養蚕日記帳 吉田氏 明治参拾弐年	自家製和綴	○	男	福島県田村郡高瀬村。	[旧] 1899.4.5 -5.20	同一記入者による名養蚕の記録。
1-9	養蚕日誌帳 吉田氏 明治参拾参年					[旧] 1900.4.24 -6.9	
1-10	金銭出入控帳 吉田氏明治参拾四年正月吉日					[旧] 1901- (記載公U	
2	授業日誌	自家製和綴			尋常小学校教師。	1888.5.15 -6.4	「読方」「習字」「算術」など、尋常科第三年級の授業日記。ほか、「尋常温習科教案」と題したメモ書きあり。
3	日乗	自家製和綴		男	私立山口商業学校嘱託教員。	1889.1.1 -12.31	教員生活の記録。年間通しての詳細な出納表あり。
4	見聞日録 明治二拾大年一月	自家製和綴	○		不明。	1893.1.1 -12.31	日々の新聞報道等から得た政治動向等の記録。
5	明治甲午孟秋 胡馬日記	自家製和綴	○	男	医者か。	1894.9.1 -14	漢文(白文)で書かれた日記。金銭出納記録がほぼ休全を占める。
6	明治廿八年用 吾家の歴史	聴点居主人(編)	警醒社書店	1894. 11.25	男	不明。	1895.1.1 -2.17	四版(初版1892.11.7)。日記欄は「往來」「為たる事」「得たる思想」「社会の出来事」からなる。日清戦争に関する感想あり。

7-1	日誌			1894.12.23			南桑田郡高等小学校第1-2年生。1885年9月生まれ。士族。	1895.4.6-7.14	和綴。学校生活の記録。毎日の「課業」欄は「受業」「自修」「家事」からなる。「川ヘオヨギニ行キタリ」(1895.7.22)、「父ト共二行軍将棋ヲシテ遊ベリ」(同10.9)等、放課後や休日の記録も多教。
7-2	日誌			1895.6.30				1895.7.15-10.21	
7-3	日誌			1895.10		○		1895.10.22-1896.1.28	
7-4	日誌			1895.12.25		男		1896.1.29-5.7	
7-5	日誌			1896.4.1			同上校 2年生。	1896.5.8-8.15	
7-6	日誌			1896.4.1				1896.8.16-11.23	
8	觀聽日錄	自家製和綴			○	男		1896.1.1-1897.2.2	国内の政治動向や台湾情勢を多く記録。
9	懷中日記簿	服部喜太郎	求光閣	1896.11.5		男か	不明。	1897.1.1-14	三版(初版 1894.11.5)。
10	明治三十一年醫家日記	福山米太郎(編)	英蘭堂	1897.12.20			未使用		四版(初版 1894.12.13)。
11	明治三十一年懷中日記	博文館編輯局(編)	博文館	1897.10.7		男か	不明。	1898.1.2-8.21	金銭出納のみ記録する日が多い。
12	明治三十三年懷中日記	東京圖書出版合資会社	東京固書出版合資会社	1899.10.9		男	岐卓市在住か。	1900.1.1-4.30	「本日他出セズ」の文言が散見され、自宅で過ごすことも多い。
13	明治三十四年當用日記	博文館編輯局(編)	博文館	1900.10.25		男	学生。	1901.1.1-5.23, 9.2-3	授業内容を中心に学校生活が細かく記される。
14	重寶日記	石川謙(編)		1900.11.7		男	役場勤務。	1901.1.1-11.23	出勤記録と業務内容が簡潔に綴られる。
15	修養日誌	自家製和綴			○	女	3年い組。寄宿生活。	1903.4.8-1904.1.12	学校生活、寄宿生活の記録。この年開催の第五回内国勧業博覧会への言及あり(4.15)。

番号	書名	編者	出版社	出版日			記主	日記期間	備考
16-1	明治三十七年當用日記	大橋新太郎(編)	博文館	1903.10.10				1904.1.1 -12.31	日記は「縁記」欄に簡潔に記され、本文では金銭出納の記録のみを記すことが多い。
16-2	明治三十八年當用日記	大橋新太郎(編)	博文館	1904.10.10				1905.1.1 -12.31	
16-3	明治三十九年當用日記	大橋新太郎(編)	博文館	1905.10.8				1906.1.1 -12.31	四版(初版無記)。内容は同上。
16-4	明治四十年當用日記	大橋新太郎(編)	博文館	1906.10.17				1907.1.1 -12.32	
16-5	明治四十一年當用日記	大橋新太郎(編)	博文館	1907.10.18				1908.1.1 -10.18	
16-6	明治四十二年當用日記	大橋新太郎(編)	博文館	1908.10.18				1909.1.1 -12.17	
16-7	明治四十三年當用日記	大橋新太郎(編)	博文館	1909.10.25				1910.1.1 -12.31	
16-8	明治四十四年當用日記	大橋新太郎(編)	博文館	1910.11.10	○	男	浄土真宗僧侶。三重県津市厚源寺。	1911.1.1 -12.28	
16-9	明治四十五年當用日記	大橋新太郎(編)	博文館	1911.10.10				1912.1.1 -12.31	
16-10	大正二年當用日記	大橋新太郎(編)	博文館	1912.11.3				1913.1.1 -12.32	内容は同上。
16-11	大正三年當用日記	行川靜(編)	博文館	1913.9.13				1914.1.1 -12.31	
16-12	大正四年當用日記	行川靜(編)	博文館	1914.9.10				1915.1.1 -12.31	
16-13	大正五年當用日記	大橋新太郎(編)	博文館	1915.10.8				1916.1.1 -12.31	
16-14	大正七年當用日記	積善館編輯所(編)	積善館	1917.9.5				1918.1.1 -12.31	
16-15	大正八年當用日記	積善館編輯所(編)	積善館	1918.9.5				1919.1.1 -12.31	
17	入浴日記(那煩温泉雑誌)	山田治衛門	實來社	1905.4.30			未使用		和綴。湯治用の日記。「普通入浴心得」等の読み物あり。

18	征露紀念明治卅八年懷中日記	東京圖書出版	東雲堂書店	1904.10.10		男		1905.1.1-12.31	出勤記録と業務内容が簡潔に綴じられる。
19	尋常高等生徒日記簿	大西成一	中村鍾美堂	1905.11.12		未使用			再版（初版1905.1.18）。
20	懷中日記明治三十九年	大橋新太郎(編)	博文館	1905.10.13	○	女	岐卓県海津郡在住。| 未使用	持主の名前は記されるが中身は未使用。
21	明治三十九年學生日記		金港堂書籍	1905.10.10			草生和。| 1906.1.1.-1.5, 2.1-2.3	ごく簡潔な生活の記録。
22	明治三十九年當用日記	大橋新太郎(編)	博文館	1905.11.2		男	中草生。| 1906.1.1-12.31	ほぼ毎日「起床後手水ヲツカヒ朝食ヲ終リテ登校ス」等、朝目覚めてからの行動が細かく記される。巻末の「金銭出納録」に詳細な記録あり。
23	銃獵日記	和智部郎	橫濱金九銃砲店	(奥付無、扉に「明治四十年一月元旦」と記載)		未使用			月刊雑誌『銃猟界』臨時増刊。狩猟の記録用。
24	明治四十年當用日記	大橋新太郎(編)	博文館	1906.10.17		男	不明。| 1907.1.1-12.4	天候と外出に関する簡潔な記録。
25	明治四十一年當用日記	大橋新太郎(編)	博文館	1907.10.18		男	不明。| 1908.1.1-3.17	三版(初版無記)。日々の出来事の簡潔な記録。
26	明治四十二年懷中日記	富本長洲(編)	積善館	1908.9.5		男	不明。| 1909.1.1-11.8	日々の出来事の簡潔公記録。計算やメモ帳代わりにした日も多い。
27	明治四十二年重要日記	實業之日本社	實業之日本社	1908.11.1		男	左右田銀行勤務	1909.1.1-12.26	巻末の見返しに母から贈られた日記である旨記される。朝が苦手らしく朝食をかき込んで慌てて出勤したと記すことが頻繁にある。

28	明治四十二年新案當用日記	柳川春葉・齋藤松洲	春陽堂	1908.11.15		男	学生。	1909.1.1 -9.5	卷末の「備忘録」には4月23日に失った母への思いが綴じられる。
29	軍人日記 兵第十六隊第參中隊第貳給養班	軍事普及合	軍事普及合	1908.11.28	○	男	兵第16隊第參中隊第2給養班。	1909.2.4 -5.12	日記欄はその日に学んだ「学科」「術科」のほか、「上官ノ注意」「其ノ日ノ勤務」「記事」を含む。軍事演習の記録が多数。
30	繪入學生日記	林治三郎	中川玉成堂	1909.1.10		男	不明。	1909.12.1	再版（初版無記）。
31	明治四十三年當用日記	大橋新太郎(編)	博文館	1909.11.28	○	女か	東北地方在住か。	1910.1.1 -10.23	三版（初版 1909.10.28.）。老母の介護について記る。
32	休暇日誌尋常小学校第三學年	教育研鑽會	學海指針社	1911.6.17			未使用		休暇中の学習課題付き。
33	化粧日記	野村久太郎(編)	伊東胡蝶園	1911.7.10			未使用		再版（初版 1911.710）。日記欄外には歌舞伎役者の化粧談を掲載。
34	入浴日記 (那須温泉雑誌)	山田治衛門	帝圖寶來社	1912.6.18			未使用		和綴。湯治用の日記。「普通入浴心得」等の読み物あり。
35	大正元年日誌	自家製和緣				男	妻子あり。	1912.5.1 -12.31	新聞雑誌読書の記録多数（『日本及日本人』『陽明草』『萬朝報』『東洋哲学』『神宗』など。
36	固定教科書準拠休暇日誌	普通教育研究会	文林堂書店	1912.7.5			高等小学校2年。	1912.8.1 -8.31	夏休みの活の記録。西山温泉に赴き、「ソノ湯ニハイツタ時ニハナントナクイイキモチガシマシタ」(8.1)、「朝五時ゴロ起マシタ、水カツギヲシ、ソシテ農業ノ本ヲ讀ンダリシマシタ」(8.18)。
37	旅行日記	文運堂編輯部(編)	文運堂	1912.12.5			未使用		「旅行の心得」「旅行携帯品案内」等を收録。
38	夏季復習日誌尋常科第四學年	小宮義比 (編)	神奈川縣教育會	1913.7.14			青木小学校4年生。神奈川県在住。	1913.8.1 -8.31	修身、讀方、書方、算術など、夏休みの復習課題からなる日記。

39-1	教育實習日記	自家製和綴		○	男	第13学級教生。	1913.9.2 -11.12	教育実習生の日誌。読み方、地理など。「自分ガ教壇ニツト子供等ニニコニコ顔ニテ余ヲムカヘヌ」(9.5)。
39-2	日誌	自家製和綴				六週間現役兵。	1914.8.4 -9.9	上記実生の六週間現役兵の経験が記される。
40	大正三年 家政日記	金港堂書籍(編)	金港堂書籍	1913.9.30	未使用			付録に「日本全圖鐵道航路案内地圖」あり。
41	短歌日記	西村寅次郎(編)	東雲堂書店	1914.9.10	未使用			扉に「ひのもと文庫」の印あり。
42	大正四年 新式當用 日記	積善館編輯所(編)	積善館本店	1914.9.5	○	女	小草校低学年か。	1915.1.1 -12.25	ほとんどがひらがなで記された日記帳。未記入の日も多い。
43	大正四年度 養蠶日誌	周防初次郎(編)	明文堂	1915.4.10	○	男	飼育主任。	1915.7.11 -7.15	四版(初版1913.6.5)。「飼育日誌」のほか、「桑葉採取日誌」「蠶種製造成績表」等に記入あり。
44	夏季休業日誌 尋常 第四學年	大日本兒童教養會	尚文堂	1915.7.5	○	女	東京市駒本小学校第4学年。	1915.7.21 -8.15	家族生活や勉強の記録など。休暇中の課題付き。
45	大正五年 懷中日記	積善館編輯所(編)	積善館本店	1915.9.5	○	男	船員。石川県石川郡蝶屋村。	1916.1.1 -12.26	船員業務の記録。香港、大連等にたびたび寄港。
46	大正五年 排句日記	西村寅次郎(編)	東雲堂書店	1915.9.20	○	男	不明。	1916.1.1 -12.31	日記に添えて自作と思われる俳句が書き連ねられる。
47	大正五年 排諧日記	湖山仁三郎(編)	排書堂	1915.11.7		男	不明。	1916.1.11 -2.13	国内外の政治動向を題材にした自作の俳句が記される。
48	夏休おさらひ日記 尋常第一學年用	小学兒童教養會	厚明社	1916.6.30	○	男	麻布尋常小学校第1学年。	1916.7.21 -8.31	一日分の日記は小さい日記欄のほか計算や文章作成の課題からなる。日記欄には毎日の遊びの内容を記録し、課題も真面目にこなす。

番号	標題	編著者	発行所	発行日		性別	記述	期間	備考
49	軍隊日誌大正五年十二月一日自大正大年大月十七日至		自家製和綴		○	男	軍人。「歩兵第9聯隊第中隊第聯隊第中隊第4班」(表紙)、「第6中隊第6內務班」(1表紙)。	1916.12.1 - 1917.6.17	軍隊生活の詳細な記録。
50	一代日記	磯村政富(編)	東京書院	1917.11.30	未使用				箱入りの日記帳。一緒に懐中手簿に収められる。
51	大正七年當用日記	積善館編輯所(編)	積善館	1917.9.5	○	男	草生。	1918.1.1 -12.31	学校生活と交友の記録。
52	大正八年うたひ日記	吉田唯雄	檢▨曲書店	1918.11.20	未使用				毎日、日記欄外に有名歌が掲載。
53	大正八年家庭日記	大橋新太郎(編)	博文館	1918.10.15	女 か	不明。	1919.1.1 -12.31		四版(初版無記)。日々の出来事の簡潔な記録。日記欄には金銭出納も記録される。
54	大正八年夏期休暇日誌福井高等女學校		今本商店	記載なし	○	女	福井高等女學校第4年3組。	1919.7.28 -8.31	女子学生の夏期休暇生活が詳細に記される。母、妹、叔母の話題、友人との交遊。
55-1	大正九年當用日記	積善館編輯所(編)	積善館	1919.9.5		男		1920.1.1 -12.31	
55-2	大正十年當用日記	博文館(編)	博文館	1920.10.4			農業從事。静岡県在住。妻子あり。	1921.1.1 -12.31	家族で農業を営む。仕事と家庭生活の記録。娘は人力車で女学校に通う。
55-3	大正十二年當用日記	積善館編輯所(編)	積善館	1922.9.5				1922.1.1 -12.31	
55-4	大正十六年當用日記	博文館(編)	博文館	1926.10.4				1927.1.1 -12.11	
56	大正九年圖民日記		民友社	1919.11.15	○	男	妻子あり。	1920.1.1 -7.6	起床時からの出来事を毎日克明に記す。毎日ほぼ必ず娘について記す。

57	大正九年文章日記		新潮社	1919.11.20		男	高等草校生か。	1920.1.1-12.31	学校生活の記録。文学や思想の読書をよくする。銀座でクラシックレコードを購入することもしばしば。「ゆふべ急に床に入つてから怖くなって創作的な興奮にねむれなくなってしまった」(4.10)。
58	大正十年小學生日記1921	大橋進一(編)	博文館	1920.10.4	○	女	[前半] 小草校6年生。父、母、妹と暮らす。[後半]楠蔭女草生。	1921.1.1-9.6	日記の前半と後半で執筆者が異なる。前半は学校と家族の話題が中心。後半は別人が使用、日記欄を駅名(立川、吉祥寺、お茶の水)の書き方練習に用いる。
59	大正十年1要日記	實業之日本社	實業之日本社	1920.10.15	○	男か	不明。	1921.1.1-10.19	天候、その日の出来事、金銭の出納がごく簡潔に記される。
60	大正十年當用日記	積善館編輯所(編)	積善館	1920.9.5		女	高等女草校生。奥理在住。	1921.1.9-8.4	「女学校に通いながらたった三年で止める人があるけれど、私は進めるところまで進みたいと思いますわ。こっちの人達は高等学校迄行けばおよめに行くのが遅くなると考えている人が多いようだけれど」(8.2)等、兄への手紙の下書きあり(8.1-8.4)。
61	大正十一年新當用日記	共同出版社編輯局(編)	共同出版社	1921.8.15			化草関連企業に勤務か。	1922.1.1-4.5	ゴム製造、販売、輸出入を取り扱う企業訪問について記すことが多い。
62	大正十一年當用日記	大橋進一(編)	博文館	1921.10.4		男	不明。	1922.1.1-12.25	日々の出来事の簡潔な記録。
63	大正十一年新文章日記	佐農義高(編)	新潮社	1921.11.5	○	男	草生。18歳。	1922.1.1-5.5	学校生活の記録。「読書」欄にも『中央公論』等の雑誌を中心にまめに記録。
64	美用ポケット日記	積善館編輯所(編)	積善館	1922.9.5		男か	不明。	無し	日記ではなくメモ帳として使用。1950年代のメモ書きも含む。
65	家計日記	博文館(編)	博文館	1922.10.4	未使用				

66	少女日記	婦人之友社編輯局(編)	婦人之友社	1922.11.15	○	静岡県浪松市在住。	未使用	表紙に氏名が記されるが、中身は未使用。
67	少年日記	婦人之友社編輯局(編)	婦人之友社	1923.11.20		未使用		「精一ぱいに運動した後では、ドカリと腰を下ろして暫く休む」ことが必要である。甘いのも食べたあとでは、お茶を飲まなくてはならない。少年諸君の快活な一日の終らおうとする時に、一人静かに日記に向う十分間は、諸君の日々の生活にもよいすべくくりをつけるものである。明日の楽しい希望も計画も自然とそこに湧き出してくる」(前書きより)。
68	1924當用日記		積善館	1923.9.5	女	主婦。	1924.1.1-12.31	夫と子供に関する話題が多い。
69	大正十三年新文章日記	佐藤義亮(編)	新潮社	1923.11.20	男	文筆業か。東京在住。妻子あり。	1924.1.1-1.21	「新聞と雑誌を見た外、終日子供と遊ぶ。敕題は『新年言志』とあるが若しほんたうに自分の思っている事を言ったなら、警視庁あたりからくくりに来るだらう」(1.2)。
70	懐中日記	積善館編輯所(編)	積善館	1923.9.5	男	農学校生。	1924.1.29-6.5	農学校生の日常が綴られる。1月1日から28日迄の日記の部分が破られている。
71	大正十四年當用日記	博文館(編)	博文館	1924.10.4		未使用		横書き用の日記帳。
72	演芸趣味日記	渥美清太郎、河竹繁俊(編)	春陽堂	1925.12.14		未使用		「日本演劇略史」「舞踊細見」「親劇備忘録」等の附録も充実した日記帳(同じものが2冊あり)。
73	農場日誌	岩瀬博之	東京光原社	1926.2.15		未使用		はしがきに「日進月歩の今の世はチョン曲げ時代と一寸違ふ。學理を實地に應用する。之れが大正の實農夫」とあり。
74	大正十五年當用日記	博文館(編)	博文館	1925.10.4	男か	不明。	1926.1.1-12.31	日々の出来事の簡潔な記録。

75	新文藝日記	佐藤義高(編)	新潮社	1925.11.1	○	男	新潟在住。	1926.1.1-12.9	排句好き。父母との生活の記録が多い。新聞切り抜き、日記をメモした紙片の差し込みあり。
76	1927 小學生日記	安藤藤治郎(編)	積善館	1926.9.5			未使用		
77	横線 當用日記	博文館	博文館	1926.10.1			未使用		
78	大正十六年ライオン當用日記	小林富次郎	東京ライオン齒磨本舗	1926.10.20			未使用		
79	文藝自由日記	餘木氏亨(編)	文芸春秋社	1926.11.18		男か	不明。	無し	日記帳の中程に「東洋の性論」と題された論考が書かれる。
80	現代文化日記大正十六年	積善館編集所(編)	積善館	1926.9.5		男	行政関係者か。神戸周辺在住。娘がいる。	1927.1.1-8.13	「後日参考重要事項」欄にしばしば「部落支配割」と記される。
81	大正十六年懐中日記	博文館(編)	博文館	1926.10.4		男	学生(高等学校、あるいは専門学校か)。	1927.1.1-12.31	学生生活をつぶさに記す。奥付には大正 十六年とあるが、恐らく急な改元に対処したため、扉には昭和二年の判が押される。
82	農家經營日誌三重県農會編纂	三重縣農會(編)	記載なし				未使用		日記欄のほか、財産台帳等を含む。付録に記された東京府の自治体名から1928-32年頃発行の日記と推定される。
83	商店日記	會本長治	誠文堂	1927.10.15			未使用		
84	新家庭日記昭和三年	安東鼎(編)	鈴木商店出版部	1927.10.30			未使用		
85	昭和三年歯科医師 日記	高津弌	日本口腔衛生社	1927.12.10			未使用		

86	昭和三年 短歌日記	短歌雑誌編輯部(編)	紅玉堂書店	1927.12.15	未使用				
87	令女日記 昭和三年	藤村耕一(編)	寶文館	1927.10.25	○	女	高等女学校生。	1928.1.1 -7.12	友人関係や人生の意味について悩むことが多い。
88	暑中休暇日誌 高等女學校用	日本教育研究會(編)	日本女性教育研究會	1928.7.12	○	女	高等女学校生。	1928.7.21 -8.31	三版(初版1928.6.18)。家事、裁縫の記録が多い。明治大正文学全集(春陽堂)に読み耽り時間を忘れる(7.22)。
89	夏期休暇日誌 尋常科第二學年		愛知師範同窓會	1928.6.15	○	女	尋常科第2学年2組。	1928.7.22 -8.30	毎日「さんじゆつ」「よみかた」等の課題に加え、「はやおき」「おさうち」など、日替わりの学習課題が設けられる。
90	新家庭日記 昭和四年	安東鼎(編)	餘木商店出版部	1928.11.3	未使用				
91	中學校、高等女學校用 夏季休暇日誌	圖本清(編)	中等学校日誌編纂會	1929.6.15	未使用				
92-1	昭和四年 當用日記	博文館(編)	博文館	1928.10.4				1929.1.1 -12.31	
92-2	昭和五年 當用日記	博文館(編)	博文館	1929.10.4				1930.1.1 -12.31	
92-3	昭和六年 當用日記	博文館(編)	博文館	1930.10.4				1931.1.1 -12.31	
92-4	昭和七年 當用日記	博文館(編)	博文館	1931.10.4	○	男	林業を営む。1892年生れ。	1932.1.1 -12.31	出張記録をご(簡潔に記す。利用交通機関名に合印が捺される。
92-5	昭和八年 當用日記	博文館(編)	博文館	1932.10.4				1933.1.1 -12.31	
92-6	昭和九年 當用日記	博文館(編)	博文館	1933.10.4				1934.1.1 -12.31	
92-7	昭和十年 當用日記	博文館(編)	博文館	1934.10.5				1935.1.1 -12.31	

92-8	昭和十一年當用日記	博文館(編)	博文館	1935.10.5		男	林業を営む。1892年生れ。	1936.1.1-12.31	出張記録をご(簡潔に記す。利用交通機関名に合印が捺される。
92-9	昭和十二年當用日記	博文館(編)	博文館	1936.10.5				1937.1.1-12.31	
92-10	昭和十三年當用日記	博文館(編)	博文館	1937.10.5	○			1938.1.1-12.31	
92-11	昭和十四年當用日記	博文館(編)	博文館	1938.10.5				1939.1.1-12.31	
92-12	昭和十五年當用日記	博文館(編)	博文館	1939.10.5				1940.1.1-12.31	
92-13	昭和十六年當用日記	博文館(編)	博文館	1940.10.5				1941.1.1-12.31	
93	令女日記 昭和四年	藤村耕一(編)	寶文館	1928.11.15		女	役所勤務、東京近郊在住、母と暮す。	1929.1.1-12.31	仕事のほか、母や知人について記すことが多い。関東大震災の記録(9.1)。「歳をとるのがいやになってった」(9.17)等、加齢に悩むこともしばしば。
94	少女ダイアリー	藤村耕一(編)	寶文館	1928.11.15	○	女	小学4-5年生大阪在住。	1929.1.1-4.29	学校生活や友人との交際について記す。「早く少女倶楽部がくればよいと思ひながら中々こないのでつまらなかった少女倶楽部はほんとに面白い私は早くからまってカる」(3.9)。
95	昭和四年 自由日記		至誠堂書店	1928.11.20	○	男	会社員。妻、息子1人、娘2人あり。	1929.1.1-12.31	仕事、家庭、外出、食事の話題などが5詳細に記される。巻頭の「前年記」にも月毎に細かな記録あり。しばしば日記に添えてその日に関心のあった新聞記事が貼付される。
96	家庭1空日記1929	都河竜(編)	婦女界社	1929.1.1		女	主婦か。	1929.1.1-12.31	『婦女界第39巻第1号附録こ、掃除や洗濯などその日に済ませた家事の2隣が中心。同じ日記帳がもう1冊あり(未使用)。
97	文藝自由日記1929	文藝春秋社(編)	文藝春秋社出版部	記載なし		男	横浜高等商業学校1年生。	1929.1.1-12.31	寄宿寮生活の記録。友人関係の悩み、家族との不和、卓球部の活動、文部省の補助金を得た学内の「思想善導懇親会」に参加した記録あり(1.28)。

番号	タイトル	編者	発行	発行日	○	性別	使用者	期間	備考
98	校外實習日誌		仙臺高等工業学校	記藏なし	○	男	仙臺高等工業学校生、1928年入字。	1929.7.16 -8.15	校外実習の記録。実習地は東京電燈株式会社岩室発電所(群馬県利根郡)。
99-1	夏休的日記	渦卷春藻(編)	學生文藝社	1929.7.9	○	女	甲府高等女学校 1年3組	1929.7.21 -9.1	十六版(初版1929.6.1)。帰省生活が綴られる。
99-2	夏休的日記			記藏公レ			甲府高等女学校 本科第4年3組	1932.7.21 -8.31	夏休みの生活の記録。教師による添削とコメント多数。
100	昭和五年 設起日誌	竹内重固	竹内騰寫舘	1929.11.14			未使用		「事件一覧」「中止中断事件一覧」等の記録欄が設けられる。巻末附録に「日本全国弁護士名簿」あり。
101-1	昭和五年 當用日記	博文館(編)	博文館	1929.10.4				1930.1.1 -12.31	
101-2	昭和七年 當用日記	博文館(編)	博文館	1931.10.4		男	不明。	1932.1.1 -12.31	生活の克明な記録。妻の介護をする。毎日、神仏に読経感謝祈藤」をおこなう。
101-3	昭和十一年 半圓當用日記	博文館(編)	博文館	1935.10.5				1936.1.1 -12.31	
102	趣味的日記	改善社編輯部(編)	改善社	1929.10.8			未使用		
103	新式育兒日記	廣滿興(編)	育嬰協合	1929.11.10			未使用		同じ日記が二冊あり。
104	新家庭日記	安東鼎(編)	味の素本舗	1929.10.20		女公、	不明。	1930.1.1 -1.17	1月1-2分の日記は破り取られている。ほぼ毎日、西條八十等の流行歌詞が日記代りに記される。
105	當用日記 昭和五年	藤村耕一(編)	寶文館	1929.11.15		女	主婦か。	1930.1.1 -2.28	家庭生活の記録。自作と思われる歌も頻繁に記される。
106	俳人日記 昭和五年	0本俳書大系刊行會	春秋社	1929.11.15		男公	不明。	1930.1.1 -9.4	ほは毎日、自作の句が記される。

107	少年倶樂部日記 少年倶樂部新年号付錄			1930.1.1	○	男	中学生。1917年1月41日生まれ。大阪市住吉区在住。	1930.1.1-1.8	友人との交流が中心に記される。
108	山日記一九三〇	松方三郎(編)	梓書房	1930.6.15			不明。	1930.6.15	富士山登頂記録のみ。同じ日記帳が1冊あり(一冊は未使用)。
109	昭和五年新文藝日記	佐藤義高(編)	新潮社	1929.11.12			役所関係者か。	11.6.13	日記は書かれず、代わりに土地売渡契約書や在郷軍人会用の感謝状が下書きされる。ほか、「何故在郷軍人までが平素より戦争の準備をせねばならぬか」と題した小文あり(12.7)。
110	文藝自由日記	餘木氏字・齊藤龍太郎(編)	春陽堂	1925.11.18	○	女	主婦、妊娠中。	1930.12.6 1931.11.22	巻末の見返しに「昭和五年」とあることから、1930年用として使われた日記帳と半断。出産(1.5)と子育ての日記。「出産用費」の一覧あり(1.31)。
111	美術日記	石井相事(編)	中失美術社	1930.10.22		男	不明。	1930.12.26 1938.1.2	政治批評と日常生活の記録。病気がち。巻末付録に「美術便覧」あり。
112	書道日記昭和六年度	長取金雄	雄山閣	1930.10.30			未使用		和綴。凡例に「手本の文字は斯道の大家阪正臣先生に御願ひした」とある。
113	少年少女譯海日記	少年少女譯海編輯部(編)	博文館	1930.11.1			未使用		
114	商店日記	商店界社(編)	誠文堂商店界社	1931.1.1			未使用		非売品。
115	集印帖全兼松仓關西旅日記	河口由次	開陰堂書店	1931.4.25			未使用		名所1日贖案内、感想録、ノート、スタンプ貼を兼ねた日記。
116	山日記1931	角田吉夫(編)	梓書房	1931.5.10			未使用		

117	北國家庭日記 十月号	宮下奥吉(編)	北國新聞社	1931.9.30			未使用		北國新聞特別付録。
118 -1	昭和大年 家庭日記	博文館(編)	博文館	1930.10.4				1931.1.1 -12.31	三版(初版無記)。天候の記録を中心とした生活のごく簡潔な記録。ほ1ま毎日、「さしみ」「まめ魚」など、食材(あるいは食事)の内容が記録される。
118 -2	昭和七年 家庭日記	博文館(編)	博文館	1931.10.4				1932.1.1 - 1932.12.31	二版(初版無記)。内容は同上。
118 -3	昭和八年 家庭日記	博文館(編)	博文館	1932.10.4	○	女	主婦、静岡県在住。	1933.1.1 - 1933.12.31	内容は同上。
118 -4	昭和九年 家庭日記	博文館(編)	博文館	1933.10.4				1934.1.1 - 1934.12.31	二版(初版無記)。内容は同上。
118 -5	昭和十年 家庭日記	博文館(編)	博文館	1934.10.5				1935.1.1 - 1935.12.31	内容は同上。
118 -6	昭和十一年 家庭日記	博文館(編)	博文館	1935.10.5				1936.1.1 - 1936.12.31	内容は同上。
119	昭和大年 家計日記	博文館(編)	博文館	1930.10.4		男	学校教師。	1931.1.1 -2.28	「本日の日記」「支払概要」「金側で1日分が構成さ4る家計主軸の日記帳。
120	昭和大年 重寶日記	博文館(編)	博文館	1930.10.4	○	男	[二代目記入者] 慶應義塾大学生。	1931.1.1 -1.7, 1942.8.22 1944.10.11	記入者(一代団の死後、日記帳を譲り受けた親族が1餅)(二代団, 日記帳の見返しに恐らく最初の著者により「人生はお前の考へる様にONNAを目的とするのではない。さうかな?」と書かれる。二代目の著者により「さうかな?」が赤字の二重線で消され、「人生は努力せんが為の人生なり。努力して始めて人生を味ひ得たと言ひ得る」と反駁される。
121	研究社 新英文日記	研究社編輯部	研究社	1930.10.15		男	学生か。	1931.1.1 -1.2	

122	にこ日記		弘文社	1930.10.20	男	不明。	1931.1.1-12.31 1932.1.1-12.31 1933.1.1-12.31	3年間用。日々的出來事的簡潔公記錄。
123	この一年一九三一年	横山隆(編)	寶文館	1930.11.15	男	大学生か。25歳。	1931.1.1-12.31	中扉に肖像写真。濃密な内面の記録。巻末の金銭出納帳に細かな記載あり。
124-1	自由日記我が生活より		第一書房	1928.12.5	男 男	東京市役所勤務。子供がいる。	1931.1.1-12.31	使用年は1931年C子供の話題が多い。『主婦之友』や『改造』等の読書記録しばしお「夜」文学時代を讃むC。何かすばらしい『貴物はないものだろうか。此頃の小説はあまりにくだらなさ過ぎる。少し何か書いて見たし気持はあるのだがどうも億劫だ。想を練ることすら面倒なのだから仕方がない」(2.19)。
124-2	昭和八年當用日記	博文館(編)	博文館	1932.10.4			1933.1.1-12.23	「社会のことや文学青年染た文学論などを九時頃まで続けた。こんな話をすると文学に対する熱を高められて創作欲がしきりに起って来る。今年こそ何か書上げて見たいものだ」(1.15)。『中央公論』『改造』「サンデー毎日」など雑誌読書の記録多数。就寝前に葡萄酒を飲む習慣がある。
125	自由日記我が生活より		第一書房	記載なし	男	大学生。東京在住。	1931.1.1-1932.7.2	「女の子は可愛いとは私の偽はらざる告白だ」『告白だ』『偽はらざる』こんな言葉を何故使ふのだら う私は「無為に昭和七年を終らんとしてカる前半の家庭生活後半の軍隊生活も残る何物もない有るのは除隊のみ」(冒頭の白紙ページへの書き込みより)。
126	昭和七年懐中日記	博文館(編)	博文館	1931.10.4		未使用		

127	昭和七年婦女日記	博文館(編)	博文館	1931.10.4			未使用	
128	新撰書道日記昭和七年	長坂金雄(編)	雄山閣	1931.10.30			未使用	見開きの左頁に書道家による手本が掲載。
129	昭和七年新文藝日記	佐農義高(編)	新潮社	1931.11.20			未使用	
130	北國家庭日記新年号		北國新聞社	1932.1.1			未使用	北國新聞特別号附録。
131	新式育児日記	廣瀬興	育嬰協合	1932.1.1			未使用	四版(初版1929.12.6)。
132	譚海日記	少年少女譚海編輯部(編)	博文館	1932.4.15			未使用	巻末に「このノートを持つ人の心得」として、「このノートは自由に使ってください。文を書いてもよし、絵を書いてもよし、雑誌についての感想でもよし、もし面白いものができたら、どしどし編輯あてにノートをお送り下されば、新しいノートをさしあげます」と謳われる。
133	樂しい懐かしい行樂日記	加藤儀一郎	京都萬成社	1932.5.15			未使用	旅行用◎日記帳。
134	山日記1932	日本山岳会(編)	梓書房	1932.6.10			未使用	
135	昭和七年懐中日記	博文館(編)	博文館	1931.10.4	○	男	農業従事。埼玉県比企郡管谷村在住。	1932.1.1-12.31	懐中日記の狭い日記欄にびっしりと書かれる。農作の記録のほか、血盟団事件党の事件や政党の趨勢、選挙結果など、政治へ○)関心も高い。
136	女學生日記	平井佐兵衛(編)	圕民出版社	1931.10.5	○	女	小学生。大阪在住。	1932.1.1-8.8	学校の授業内容、友人との交流を記す日が多い。読書好きで、『少女の友』、『少年世界』等を好む。毎日の天候を自作のイラストで示す。

137	中學生日記	改善社編輯部(編)	改善社	1931.10.8		男	中学生。山梨県甲府市在住。	1932.1.1-12.18	横書き用の日記。家庭や学校の出来事が綴られる。「夜は近所の子供や女中等でみかんまきをした」(1.4)。
138	向上日記	修養因	修養因	1931.11.10			機械工。	1932.1.1-12.29	織機の修理に関する記述がしばしば見られる。
139	實用日記1932	誠文堂(編)	誠文堂	1931.11.25		男	合社勤め、東京在住。	1932.1.1-9.7	会社生活の記録。毎日欠かさず起床時刻が記される。
140	昭和八年 橫線當用日記	博文館(編)	博文館	1932.10.4			未使用		
141	育兒日記	オンオン社編輯部(編)	玉置合名会社	1932.11.1			未使用		非売品。育児日記としては用いず、冒頭の数頁に山村暮鳥「父上の御手の詩」など数編を書写したのみ。
142	新短歌日記1933	短歌新聞社編輯局	立命館出版部	1933.1.1			未使用		
143	メンソレタム本舗編日記	諸川稔(編)	近江■七一此X株式会社	1933.9.15			未使用		巻末に「メンソレータム御愛用家へお願ひ」と題したアンケートの呼びかけあり。
144	昭和八年 半圓當用日記	博文館(編)	博文館	1932.10.4		男	百貨店店員か。	1933.1.1-10.23	玩具部での毎日の仕事の記録。父を看取る(1.6)。
145	書道日記 昭和八年度	長坂金雄(編)	雄山閣	1932.11.10		男公、	不明。	記載公┘	日記棚には「お手本」欄と「清書欄」が設けられる。清書欄の多くが使用済み。
146-1	新當用日記 昭和八年	積善館編輯所(編)	積善館	1932.10.5		男	行政関係者か。関西在住。妻子あり。	1933.1.1-12.31	仕事の話題が中心。「支配書執務」が頻繁に登場する。
146-2	當用日記	瀧本恭治郎(編)	改善社	1933.10.8				1934.1.1-12.23	
147	日記1933		建設社	1933.1.1	○	男	大学生。	1933.1.1-12.13	大学を卒業し、就職した青年の気持ちの変化が書かれる。

148	昭和八年 農業日誌	文運堂(編)	文運堂	1932.10.25		男	農業從事。	1933.1.1-5.6	日々の記録は農作業の内訳を記す「農事」が中心で、「記事」欄がページ下部に小さく設けられる。
149	令女日記 昭和八年	笹島1夫(編)	寶文館	1932.11.10		女	23歳、東京近思在住、着護婦または看護学校生。	1933.1.1-9.5	家族や親戚との交流の記録。産婆になることを目指す04月以降、食事の記録がつけられる。
150	昭和八年 軍隊日記	神田豊德	春秋社	1932.11.10	○	男	海軍軍人。	1933.1.1-8.25	「今日も不相変猛烈な寒気で朝の短艇訓練のときは聯かではあるが雪が降りてヰタ」(1.27)といった具合に軍事訓練の日々が綴られる。「監修者の言葉」に、「軍隊生活のその日その日を書きとめて道いたら、後になつてどんなになつかい、思出になるかも知れまい」とあり。
151-1	育兒日記	オンオン社編輯部(編)	玉置合名合社	1932.11.1		女	青森県在住。	1933.2.23-5.13	長男九十九の誕生と成長の記録。
151-2	育兒日記	オンオン社編輯部(編)	玉置合名合社	1934.4.10			青森県在住。	1935.2.25-26	長女亀子の育児記録。
152	その日その日	武田春夫(編)	寶文館	1933.11.10		男	不明。	1933.4(日付無)	伊勢参拝の記録。
153	昭和八年 新日記		日本評論社	1932.11.20				1933.5.4-5.7	学習記録や美術評論の抜粋など、メモ用途で使われる。
154	昭和五年 小學生日記	博文館(編)	博文館	1929.10.4		男	小草生。	1933.6.16-6.26	1930年用の日記帳を33年用として用いる。執筆期間中はほ1ま毎日、歯磨きの記録(「ハミガケリ」、「ハミガカズ」)あり。1月上旬の日記力被れている。巻末ノートに1942年4月付の書き込みあり。出征也の親戚への心配が綴られる。

No.	書名	編者	発行所	発行日	性別		職業・居住	使用期間	備考
155	山日記1933	日本山岳会(編)	梓書房	1933.6.1				1933.8.16-20	日記欄は5月末日までしかないため、メモ欄を利用して登山記録が潜かれる。登山中に摘んだと思しき数本の草花を押し花にして空白ページに挿んである。
156	約人日誌	村上静人(編)	元光社	1933.10.1	未使用				巻末に釣りガイドあり。
157	昭和九年常用日記(兵庫縣)	相佐一郎(編)	三省堂	1933.10.5	未使用				
158	にこ日記		弘文社	1933.10.10	未使用				
159	排句日記 昭和九年	山本三生(編)	改造社	1933.11.11	未使用				
160	山日記1934	日本山岳合(編)	梓書房	1934.6.1	男	か	不明。	記載なし	登山用のメモが記されるのみ。
161	昭和九年半圓当用日記	博文館(編)	博文館	1933.10.4	女		役所勤務。東京在住。	1934.1.1-10.6	母や姉とよく外出し、買い物をする。「役所へ勤める様になってからどの位給料をもらったか概算して見た」(9.19)。
162-1	1934卓上日記	岡本領雄(編)	伊東屋	1933.10.10			職務上で天文に関わる。静間県在住。	1934.1.1-12.31	天文観測の記録が多数あり。ほか、天文学者(神田茂等)との面会の記録もしばしば。
162-2	昭和十年OS卓上日記	岡本領雄(編)	OS間本ノート	1934.10.5				1935.1.1-12.31	
162-3	昭和十一年卓上日記	土田豊治(編)	務洋义製造株式合社	1935.10.5	男			1936.1.1-12.29	
162-4	卓上合理日記	教育研究合(編)	日本ノート学品株式合社	1936.9.5				1937.1.1-12.31	
162-5	1947卓上日記	記載なし						1947.1.1-12.29	
162-6	1948卓上日記	記載なし						1948.1.1-12.31	

162 -7	1948 卓上日記		静岡谷島屋出版部	記載なし		男		1949.1.1 -12.31	1948年用の日記を49年用に転用したもに（表紙の西暦を手書きで訂正）。内容は同上。
162 -8	1950年卓上日記	記載なし						1950.1.1 -12.26	
162 -9	1951 卓上日記	記載なし						1951.1.1 -12.27	
162 -10	1952年卓上日記	記載なし						1952.1.1 -12.28	
162 -11	1953 国華卓上日記		文運堂	記載なし				1953.1.1 -12.18	
162 -12	1954 ユタカ卓上日記		文運堂	記載なし				1954.1.1 -12.18	
162 -13	1955 国華卓上日記		文運堂	記載なし				1955.1.1 -12.31	
162 -14	1956 卓上日記		東京積善館	1955. 10.10				1956.1.1 -12.31	内容は同上。
162 -15	1957 卓上日記		積善館	1956. 10.10				1957.1.1 -12.31	
162 -16	1958 DESK DIARY	記載なし						1958.1.1 -12.31	
162 -17	1959 CALENDER	記載なし						1959.1.1 -12.31	
162 -18	1960 国華卓上日記		文運堂	記載なし				1960.1.1 -12.26	
162 -19	文衆堂の卓上日記 昭和三十六年		文衆堂	記載なし				1961.1.5 -12.31	
163	少年少女生活日記 昭和九年	婦人之友社編集局(編)	婦人之友社	1933. 11.15		女	聖心女学校生。	1934.1.1 -8.4	学校生活の記録が主。浅間山の噴火に関する言及あり(8.4)。

164	FIVE YEARS PRIVATE DIARY	記載なし			男か	不明。	1934.1.1 -12.31	鍵付きの横書き日記帳(5年間用)。1日の日記欄はごく狭い。日々の出来事が簡潔に記される。
165	昭和九年経済日記	果田書店	1933. 11.15		男	電工か。	1934.1.6 -2.9	電線の取り扱いに関する記録が多い。
166	新日記1934	日本評論社	1933. 11.20		男	東京在住。	1934.1.31 -6.29	仕事の内容を簡潔に記す。未記入日も多い。「景品付回数券費出シノ為、一日忙しく送る。寝たのは一時過ぎて居た」(4.29)。
167	昭和九年度釣日記	刀禰館正雄(編)	朝日新聞社	1933. 10.15	男か		1934.4.3, 4.27- 4.29, 5.27, 7.1 -7.2	7日間の釣りの記録。釣場、目的魚、釣方、仕掛、収穫、同行者を記す。
168	昭和十年當用日記	由多仁吉之助(編)	固民出版社	1934. 10.5		未使用		
169	昭和十年當用日記	博文館(編)	博文館	1934. 10.5		未使用		
170	昭和十年時間日記	大塚佳三(編)	田中朱英堂	1934. 10.15		未使用		日記欄は朝5時から夜12時まで1時間毎に区切って設けられる。
171	昭和十年経済日記	高造五一(編)	野村証券	1934. 10.15		未使用		日記欄下部に「證券こよみ」があり、前年の同じ14寸の相場を確認できるようになっている。
172	信毎使覧日記1935		記載なし		未使用			和綴じ。1935年1月用の日記。
173	昭和十年當用日記	三省堂編集所(編)	三省堂	1934. 10.5	男	林業関係。	1935.1.1 -12.31	林業、農業、養香の記録。
174	昭和十年小學生日記	博文館(編)	博文館	1934. 10.5	男	炭作りが生業か。	1935.1.1 - 1935.12.31	父と2人、炭作りに励む。買い物の記録もしばしば。小学生向けの日記帳だが、書き手は大人である。
175	昭和十年家庭日記	有離生命保險(編)	有隣生命保險	1934. 11.1	男	合社員。	1935.1.1 -12.31	その日の出来事や仕事内容を中部に箇条書きで書かれた日記。

176	クラブ女日記 1935	後藤虎之助 (編)	中山太陽堂	1934.12.1		男	株取引に携わるか。	1935.1.1 -3.18	「仕掛」に関する記述が多い。相場、株式にも関心。亡功(高い)。バルカン問題やブルガリア問題など国際情勢への言及も多い。
177	文藝自由日記 1935	餘木氏字(編)	文安春秋	1934.12.5			小学校教師。	1935.1.1 - 1936.3.3	仕事の記録が中心。「生涯伸びて伸びてあかないいまくは生涯がたのしみで輝く」(日付無)。
178	昭和十年一日一想心の日記	教育資料株式会社(編)	教育資料株式合社	1934.10.15	○	女	36歳、京都市 上京区在住。	1935.1.5 -12.10	「近来、自分を省みるとき勉強してかないことに驚く。午前中は新聞を見ることと書面の用事するのみ。日記もつけない金銭出納も読書しない習字もしない。それでかてあれもしたいあれも読みたいと思ふ」(2.16)等、自己反省を記すことが多い。
179	昭和十年令女日記	武田春夫(編)	寶文館	1934.11.20	○	女	諏訪高等女学校 2年生。長野県 下諏訪設町在住。	1935.4.15 - 1935.12.31	1月1日−4月14日までの日記を記したページは全て切り取られている。学校生活、友人、家族関係を中心に記す。巻末の金銭出納表に詳細な記録あり。
180	日新録	伊藤重治郎(編)	栗田書店、大東館	1934.11.24		男		1935.5.18 -1937.1.5	3年用の日記帳。1−痛む足をいたはりつつ丸ビルヘハく」(1936.10.10)。
181	昭和十年軍隊日記	櫻井忠温(編)	松柏館書店	1934.11.10		男	軍人。	1935.8.15 -1935.9.2	馬術等の軍事演習に励む様子が記される。
182	昭和十一年経濟日記	高垣五一(編)	野村證券	1935.10.15	未使用				付録に「主要経済統計」「放資家参考資料」。
183	排句日記	山本三生(編)	改造社	1935.10.20	未使用				岩波新書文庫全書の目録が日記欄に書き写されている。
184	昭和十一年度釣日記	星野辰男(編)	朝日新聞社	1935.11.15	未使用				
185	固書日記・古本日記	古典社編集部(編)	古典社	1936.1.1	未使用				
186	排句淨書日記	栗林彰(編)	東洋閣	1936.11.15	未使用				

番号	題名	編者	出版	日付		性別	属性	期間	内容
187	昭和十一年歌劇日記		寶塚少女歌劇團	1935.11.20		女	会社勤務。17歳(1936年時点)。京都在住歌劇好き。	1936-1942	1936年用の日記に、1942年までの日記が順不同で追記される。映画鑑賞、歌劇鑑賞、友人との交流が主に綴られる。
188-1	NOTEBOOK	市販のノート				男	高等師範学校生(在東京)、36年4月より中学校教師(在大阪)。	1936.1.1-2.29	卒業論文を執筆中。教生の活動記録。しばしば読書記録、映画鑑賞、音楽鑑賞の記録。二、二六事件の感想あり。
188-2	NOTE=BOOK							1936.3.1-5.13	大阪赴任のため東京を発つ(3.23)。途中、京都に滞在(3.24-3の。二、二六事件や広田弘毅内閣の成立に関する感想あり。
188-3	TEIDAINOTE							1936.8.23-11.23	『中央公論』や『改造』に掲載された小説の感想あり。
188-4	(無題)							1941.1.1-6.20	教師生活の記録。
189	昭和十年令女日記	武田春夫(編)	寶文館	1934.11.20		女	着護学校生か。	1936.1.1-12.31	学生生活と病院勤務の記録。c1935年用の日記を36年用にしたもの。背表紙の「昭和十」に「一」を書き足している。
190	昭和十一年英文當用日記	博文館(編)	博文館	1935.10.5		男	不明。	1936.1.1-12.17	英語で書かれた日記。しばしばテニスをやり、観戦する。友を失う(1.15)。
191	昭和十一年相珍當用日記	博文館(編)	博文館	1935.10.5		男	不明。	1936.1.1-12.31	仕事の内容を中心に、日々の出来事が簡潔に記される。
192	昭和十一年その日その日	武田春夫(編)	寶文館	1935.11.15		男	学生。下宿生活。	1936.1.1-1.5, 5.8-6.8	肉親を亡くした淋しい正月。健康状態がやや悪い。勉学に対する意欲を表明。
193	1936版文藝行動日記	文藝家協会(編)	サイレン社	1935.12.12		不明	不明。	1936.1.1-1.6	時が過ぎる速さに対する感慨が年頭に記される。
194	青年日己2596	熊谷辰治郎(編)	日本青年館	1935.12.20		男	合社勤務、青梅在住。	1936.1.1-11.23	再版(初版1935.9.10)。仕事や時事的話題について思うところを細かく記す日が多い。

195	カメラ日記		第一書房	1935.12.5		男か	不明。	1936.1.12 -12.11	被写内容の。蘇。同じものが2冊あり、1冊は未使用。
196	昭和十一年十月十大日榮冠の柳培養日誌	自家製和綴				男	不明。	1936.10.16 - 1937.10.18	手製の和綴。人から讓れた二株のかしわの培養日誌。順調に育ち、遂には「可愛らしい小華を見せる迄」(日付無)になる。
197 -1	昭和拾養年度生徒日記						東京府立第4中学校生徒第5学年	1936.4.4 - 1937.4.26	一高受驗するも失敗。
197 -2	昭和拾貳年度生徒日記						東京府立第4中学校生徒第5学年。	1937.4.1 - 1938.2.8	37年4月に亜欧連絡飛行に成功した神風号への感激。早慶戦。一高受驗するも失敗。
197 -3	全固日記	記載なし			○	男	受驗浪入生。	1938.4.8 - 1939.8.21	上記執筆者の浪人生活の日記。友人や父親からの慰めの手紙もあり。「今日ぞ歓喜の日！！暗い灰色の生活の凡てを棄てて合格C喜びに浸るの日。我今天下の一高生為り。柏葉の下集ひ来る秀才に勝って味ふ合格の感激！！唯涙に曇る自線の帽子」(1939年4月6日)。ほか、富士登山紀行あり。
198	養置日誌	中島善爾(編)	中島書院	1936.4.10	○	男	會津農林学校2年甲組。	1936.5.10 - 1936.6.11	十三版(初版1930.7.2の。養蚕に関わる天気や気温等の記録。
199	昭和十二年經濟日記	高造五一(編)	野村証券-大阪信託	1936.11.1			未使用		付錄に「主要経済統計」「放資家参考資料」。
200	昭和十二年主婦日記		婦人之友社	1936.11.1			未使用		
201	カメラ日記		第一書房	1936.12.5			未使用		
202	誕生より學齡まで育兒日記	日本育兒研究会(編)	昭和圖書	1936.12.15			未使用		巻末に「育兒総覧」の付錄。

203	昭和十二年釣日記	星野辰男(編)	朝日新聞社	1936.12.12		男	釣愛好家。	記載なし	日記は書かれず、良い釣り場に関する覚え書きや雑誌からの写し書きが留められる。釣りに適した天候に関するメモもあり。
204-1	自由日記1937	三省堂編輯所(編)	三省堂	1936.10.5			大学生。東京在住。	1937.1.1 - 1937.12.31	大学予科を終えて本科へ進学する。大学生活、友達、家族に関する記述が多い。
204-2	自由日記2600	三省堂編輯所(編)	三省堂	1939.10.5		男	大学生、4月から会社勤務。東京在住。	1940.1.1 - 1940.11.5	卒業論文執筆。4月以降は会社勤めの生活が書かれる。
204-3	昭和十八年ライオン當用日記	小林喜一(編)	ライオン歯磨本舗	1942.11.5			合社勤務、東京在住。	1943.1.1 - 1943.12.31	青山病院へ眼の治療に通う；電機関車の仕事や趣味の植物栽培について記すことが多い。
205	昭和十二年小學生日記	博文館(編)	博文館	1936.10.5		女	小学5-6年生。横浪市在住。	1937.1.1 -4.23	「今日は朝からあはただしい。それは宇垣大将のことである。何って陸軍は馬かなんだらう。私はくやしかった－そして日本の幽のためをすこしもかんがへない無法者の陸軍のために陛下はどんなに御心配だらうか」(1.26)。
206	昭和十二年當用日記	博文館(編)	博文館	1936.10.5	○	男	川端画学校生。	1937.1.1 -6.20	彫刻制作に対する自分の姿勢。画学校生としての生活の記録。
207	昭和十二年半圓當用日記	博文館(編)	博文館	1936.10.5		男	東京在住。	1937.1.1 - 1937.12.31	食事や観劇など、外出の記録を簡潔に記すことが多い。「銀座ノビーヤホールデ生ビールヲ飲ム」(3.3)。読書への関心も示され、「吉屋信子の小説「良人の貞操」いよいよ佳境に入る」(1.21)等言及される。
208	昭和十二年半圓當用日記	小林喜一 (編)	ライオン歯磨本舗	1936.10.28		男	京都在住。	1937.1.1 -1.5	
209	歌劇日記昭和十二年		寶塚少女歌劇團	1936.12.10		女	合社勤務。寄宿生活。東京在住#。	1937.1.1 -10.30	歌劇鑑賞の記録が多く、サーカスの話題も登場。

210 -1	令女日記	武田春夫 (編)	寶文館	1936. 11.15		女	女学校卒業後、病院に就職。	1937.10.31 -12.31	病院の「先生」への思いが綴られる。「いくら好きでも結婚できる可能性のない人と恋し愛される事はよくない」(11.1)。
210 -2	昭和十三年令女日記	武田春夫 (編)	寶文館	1937. 11.15			病院勤務。	1938.1.1- 1938.11.1	
211	茶道日記	佐々木敬一	河原書店	1938. 1.1			未使用		
212	むらさき歌日記 紅梅集	波多野重太郎 (編)	むらさき出版部	1938. 1.1			未使用		
213	新生日記		新家計日記發行所	1938. 1.1		男	教員か。東京在住。	1938.1.1 -12.31	主に金銭「収納長として使用、日記欄の記入日は少ない。「築地小劇場に新協劇団の『夜明け前』第一部のマチネーを観に行くC気の毒な位の入0しかないのはどうした5峯か、期待が大きすぎたせいか、半裁の婚程の場がわづかに印象づけられた位だったのは淋しかった」(1.1)。
214	楽久我記	新正堂 (編)	新正堂	記載なし。		男	妻と子(長女、長男、次男、三男)あり、神田区在住。	1938.1.1 -12.31	家族の話題が多い。
215	當用日記	瀧本恭治郎	改善社	1937. 10.8			保険事務の携わる。	1938.1.1 -12.31	ほぼ毎日「保険事務」の内容が書かれるほか、「重要記録」欄に今寺ハイキングの記録あり(9月19日)。
216	女性日記		改善社	1937. 10.8		女	主婦和。	1938.1.1 -9.12	子育ての記録か中心。
217	昭和十三年時間日記	大塚佳三	大阪朱榮堂	1937. 10.20		男	中学生。新潟に下宿、美家技小權。	1938.1.1 - 1938.12.1	中学4年生から5年生にかけての日記。兄姉への言及が多い、映画鑑賞の記録しばしば。

218 -1	一善日誌 第1號	記載なし			○	男	第7中隊第3班。	1938.12.1 - 1939.3.21	入管の日からの日記。
218 -2	一善日誌 第2號							1939.3.22 - 6.30	表紙の幹部候補生である旨記される。
218 -3	一善日誌 第3號							1939.7.1 -?	日記はつけず、メモ帳代わりに使用。
218 -4	一善日誌 第3號							1939.8.11 -10.11	第3號の2冊目。
218 -5	修養録						第1中隊第2區隊。	1939.11.1 - 1940.3.11	家族写真あり。
219	昭和十四年 婦女日記	博文館 (編)	博文館	1938. 10.5	未使用				
220	昭和十四年 日誌兼用家計簿	松本信一(編)	大阪貯蓄銀行	1938. 11.15	未使用				
221	昭和十四年 印刷日鑑 附 最新印刷百科便覧	印刷情報編輯部(編)	印刷出版研究所	1938. 12.5	未使用				最新印刷百科便覧の付録つき。印刷会社の広告が多教提載。
222	カメラ日記		第一書房	1938. 12.5	未使用				十四年版(十一年版 1935.12.5)。
223	昭和十四年 電氣商業日記	電氣之日本社 (編)	電氣之日本社	1938. 12.20	未使用				
224	釣日記昭和十四年度	朝日新聞社 (編)	朝日新聞社	1938. 12.20	未使用				卷末に釣りガイドあり。同じものが二冊あり。
225	陣中日記	軍用固出版社 (編)	軍用圖書出版社	1939. 3.10	未使用				日記欄はごく狭く、千人針をする女性の写真、中国の風土に関する読み物、軍歌浪曲、川柳等が大部分を占める。
226	昭和十四年 當用日記	博文館 (編)	博文館	1938. 10.5	○	男	73歳、新潟県 見附市在住。	1939.1.1 -8.15	未記入の日も多い。株取引の記録しばしば。

227	小學生日記	亀井靈治 (編)	三省堂	1938.10.5	○	男	7歳、兵庫県在住か。	1939.1.1-2.4	毎日のように住、、&神社に参拝。学校生活や中学受験のほか、興味があるのか兵隊に関する話題も多い。
228	令女日記	武田春夫 (編)	寶文館	1938.11.15		女	合社動務2年目、長野在住か。	1939.1.1.-2.5, 3.1-30, 4.1-4.6, 5.16-5.28, 6.11-6.22, 7.7-7.18, 11.5-11.30, 1939.12.8	会社勤め、友人関係など-；チョコレート好きなのか、日記中に「、ばしば言及がある。巻末の「金銭廿_掬1帳」に詳細な書き込みあり。
229	研究社英文日記	研究者編輯部	研究社	1938.11.25		男		1939.1.1-12.31	英文で綴られた日記。日記帳最後に和文で一年の回顧を書き、母の信用を失い死を思ったと記す。
230	學徒日記	內田武夫(編)	學徒保育聯盟中失會	1939.4.1	○	男	座児島県立加冶木工業学校建築科第3草年	1939.4.1-11.11	学校生活の記録。しばしば自作の詩を収録。
231	園藝日記 昭和十五年	博文館(編)	博文館	1939.10.5			未使用		
232	昭和十五年軍隊日記	油谷守康(編)	国民出版社	1939.10.5			未使用		
233	昭和十五年朝日日記	植口正德(編)	朝日新聞社	1939.10.5			未使用		巻末の付錄あるいは住所録)教頁を切り取った形跡あり。
234	昭和十五年當用日記	博文館(編)	博文館	1939.10.5			未使用		
235	向上日記 昭和十五年	修養團	修養團	1939.10.20			未使用		
236	昭和十五年家計日誌	松本信一(編)	大阪貯蓄銀行	1939.11.15			未使用		

237	カメラ日記		第一書房	1939.11.20	未使用			十五年版(十一年版 1935.12.5)。
238	白百合日誌		大阪府立泉尾高等女学校	記載なし	○	女	高等女学校最終学年。大阪在住。父(歯科医師)、母、株2人、弟。	1940.1.1-12.31	学校、家族、友人関係等の記録。「節米昼食の時、いつも祖母様がパンを食べるのでついでに皆パン食。パン食といつでもバターをずっとつける事は経済的にかさばりその上近頃北海道バターが少く人造バタばかりなのでパンの時キャベツをやちかいのにゆでじやが薯を少しゆでてパンにそへて食べる事」(8.2)。
239 -1	昭和十五年朝日記	樋口正徳(編)	朝日新聞社	1939.10.5		男	不明。	1940.1.1-12.31	日々の仕事に関して箇条書きで簡潔に書かれた日記帳。
239 -2	昭和十六年朝日記	樋口正徳(編)	朝日新聞社	1940.9.30		男	不明。	1941.1.1-12.31	日々の仕事に関して箇条書きで簡潔に書かれた日記帳。
240	當用日記 昭和十五年	目黒十郎	長岡目黒書店	1939.10.5		男	鉄道職員。	1940.1.1-12.31	「上下各列車共定時運転ス」(2.13)等、鉄道の運行業務を毎日欠かさず記す。
241	つれづれ日記	三省堂編輯所(編)	三省堂	1939.10.5	○	男	群馬県勢多郡北橘村稿北国民学校的訓導。	1940.1.1-5.20	日々の出来事の簡潔な記録。日記帳冒頭には「人生雑感」「歩み求めるものの心」等の作文がある。1苦しかった私の過去思え通した私の過去、それは凡て夢である。思ひ出である。所謂人生は夢である。人生の夢から詩が生れ襲術が生れ信仰が生れる。ここにのみ人生がある」(「人生雑感」より)。
242	二ユ三日記圖策版	牧野元次郎)	弘文社	1939.10.20		男	大阪在住か。	1940.1.1-1.12	
243	昭和十五年小學生日記	油谷守康(編)	国民出版社	1939.11.5		女	小学生。京都在住。	1940.1.3-8.23	学校生活や友達付き合いが中心に記される。

244	歌劇日記昭和十五年版		寶塚少女歌劇團	1939.12.1	○	女	空塚歌劇團員。	1940.1.1-12.13	「今日は初日‼初日にしては入りが少なし、道成寺のコーラスが合はない。実に憂ウツなる揃ひである。何時になったら解決するだらう。明日十時からコーラスのお稽古がある」(3月、日付なし)。巻末の「知友名簿」には「私の死後はこの日記は焼き捨て下さいね」と書かれる。
245	昭和十五年重寶日記	博文館(編)	博文館	1939.10.5	○	男	海軍軍人。	1940.7.4-1942.9.12	松江に転任(1940.7.4)。「真剣に、真実を、愛を追求していなが ら、現在の生活に自信も真剣も ない、淋しい事だ」(同7.5)。松江を離れ中国へ(同8.8)。上海にて「愈々前線に出ることを実感(同8.19)。「幾多の彼我の生魂を昇天せしめ青春の紅き血を吸ふその土地、こんな大きな罪悪をある一部の人種の繁栄、享楽の為に日支両国人に犯さしめる事が許容さるべきではない」(1941.3.1の。
246	昭和十六年婦人日記	植口正德(編)	朝日新聞社	1940.9.30			未使用		
247	家庭生活日記昭和十六年用	石川武美(編)	主婦之友社	1940.10.5			未使用		
248	昭和十六年つはもの日記	陸軍美術協會(編)	軍事普及會	1940.11.20			未使用		
249	令女日記	武田春夫(編)	寶文館	1940.11.15			未使用		
250	歌劇日記昭和十六年版		寶塚歌劇團	1940.12.5			未使用		
251	戰陣日記	大石(仙女郎故編)	清教社	1941.5.5			未使用		軍歌、動語、訓戒起あり。
252	組員必携隣組常會日誌附回覽板のひかへ	離組常合研究會	隣組常合研究會	1941.7.25			未使用		

253	昭和十六年度釣日記	松崎明治(編)	朝日新聞社	1940.12.25		男	不明。	1941?.9.4 -10.17, 1945.9.20, 1946.3.19 -6.15, 1947.2.23 -25, 1948.3.10 -5.17。	釣果の記録。花や友人を写した写真ネガが10枚差し込まれる。
254	昭和十六年學生日記	博文館(編)	博文館	1940.10.5		男	大学受験生。	1941.1.1 -9.19	慶應義塾への進学への熱意(1.1)、合格発表日を迎えるも落第(3.20)、のち、目黒高等予備校へ。
255	昭和十六年當用日記	博文館(編)	博文館	1940.10.5	○	男	越後見附町在住。	1941.1.1 -12.30	罫線を無視した大きい字で書かれる。毎日の天候の様子と変化について細かく記す。無記入の日も多い。しばしば日銀、三井銀、三越等の利付が記される。
256	小學生日記	三省堂編輯部(編)	三省堂	1940.10.5	○	男	中学生。13歳。	1941.1.1 -4.11	使用者の写真あり。元の書名は「小学生日記」だが、「小」の字に「中」を上書きし、中学進学以降も使用。
257	昭和十六年學生日記	博文館(編)	博文館	1940.10.5	○	男	中学生。	1941.1.1 -12.31	中学生活が詳細に記される。進学を希望い日米開戦について「んな事が起らうとは、夢にも思はなかった」(12.8)。
258	鍛練日誌昭和十六年度	辻村誠之(編)	東京私立高等女學校協會	1941.7.5	○	女	東京成徳高等女学校第4学年。	1941.7.23 - 1942.1.4	夏期冬期休暇の記録。「ランボウ作の"地獄の季節"をよんだがぼやっとして力るのでなんのことだか意味がよくのみこめなかった。ただ"詩人の感じより雑多な価値の影像が殆ど筋金入りとでも形容したい様な腕力で強91に連結されて、どれにも男らしい強い印象を私にあたへました」(1941.7.30.)。 「空襲のことでみんなさはぐ、なにどうせされるときはみんあされるのだとおもって私は別になんともない」(同8.27)。

259	戦陣日記	大石仙太郎(編)	清^社	1941.10.5	○	男	軍人、極第2906部隊。住所は東京市滝野川区。	1941.11.9 - 1943.12.12	中国秦皇島にて病院船「ぶえのすあいれす丸」に乗船(1942.11.28)。帰国して療養生活を送る。
260	戦友日記 昭和十七年版	住喜代志(編)	軍事普及會	1941.11.3			未使用		
261	昭和十七年 つはもの日記	陸軍美術協會(編)	軍事普及會	1941.11.8			未使用		
262	昭和十七年 電氣商工日記	瓜取正博(編)	大阪電氣新聞社	1941.11.30			未使用		巻末に電機製作所の広告が多数掲載される。
263	家庭日記 昭和十七年	諸川庄三(編)	近江セールズ株式合社	1941.12.20			未使用		
264	歌劇日記昭和十七年	小笹昇(編)	寶塚歌劇團	1941.12.25			未使用		
265	昭和十七年 釣日記	松崎明治(編)	朝日新聞社	1942.1.5	○	男か	不明。	未使用	釣りのガイドが主要部を占め、日記欄はごくわずかの日記帳。
266-1	自由日記	三省堂編輯所(編)	三省堂	1941.10.5	○	男	武蔵高等工業学校機減科第2学年。	1942.1.1 - 1954.4.12	断続的に10年以上書かれた日記(入隊時期を除く)。「学校二於テハ徴兵検査/話二花カ咲ク」(1942.4.13)、「幹部候補生採用願フ書ク全部失敗」(同4.1司、「明日レントゲン検査願ワクバ甲種ナル事フ欲ス」(同4.15)0徴兵検査の証明書や哲学書の書名メモなど複数あり。
266-2	軍隊日記	記載なし					所屬部隊未詳。	1942.10.1 - 1943.4.10	軍隊入営日からの日記。巻末に1942年10月2日より43年2月24日までの「自己体重表」あり(約5.5kg増加)。

266 -3	軍隊日記	記載なし				中部第41部隊。	1943.11.15 - 1945.8.4	精神論を綴ることが多い。「一昨日武道とは死ぬ事と見付けたりとの名句を思い出す。討に小生に取って辛なる言を知り得たり」(2.13)。敗戦の直前で記録とまる。「吾々は戦に勝たねばならぬ。吾々は状況不利になUまなる程其の行動を慎しみ、身を修むる如く志ねばならぬのである」(1945.8.4)。
267	昭和十七年當用日記	博文館 (編)	博文館	1941. 10.5		男	海軍軍人か。	1942.1.1 -11.7	魚雷命中(1.14)、砂糖不足(1.26)、米作不安(8.9)について記される。
268	少国民日記	田中朱榮堂編集部(編)	田中朱榮堂	1941. 10.20	○	男	1933年生まれ。京都市上京区在住。父は教師。	1942.1.1 -8.8	家族(特に兄)、学校生活、戦争に関する話題が中心。
269	主婦日記昭和十七年用	羽仁もと子	婦人之友社	1941. 11.10	○	女	主婦。	1942.1.1 -8.21	1月中の日記には料理の献立が頻繁に記される(例:月19日、朝、キャベツ味噌汁、昼、メザシ、夜、浅利ライスカレー)。「初の空襲サイレン鳴る」(3月第週日)。
270	花の日記	中原譽一	ヒミ1拙版部	1941. 12.25		女	高等女学校生。	1942.1.1 -11.24	友人関係の悩みなど、学校生活が書かれる
271	海軍日記昭和十七年版	興亞日本社 (編)	興亞日本社	1941. 12		男	軍人か。美家技福井県健江。	1942.1.13 -1.17	戦死した兄の葬儀の様子が記される。「アノ元気ナ兄サンガ今ハ白木ノ箱デ無言ノガイセンヲスルノカト思ヘバ万感胸ニセマツテキテ涙ヲ禁ジ得ナカツタ」(1.14)。
272	育児日誌		東京地方通信局		○	男	乳児の父、埼玉県熊谷市在住。	1942.9.20 -11.3	父親による育児日記。執筆期間は年月日ではなく、誕生からの日数で記される。
273	昭和十八年當用日記	博文館 (編)	博文館	1942. 10.5			未使用		
274	昭和十八年婦人日균	植口正徳 (編)	朝日新聞社	1942. 11.15			未使用		

275	戦友日記	住喜代志(編)	陸軍美術協會出版部	1942.12.1			未使用		
276-1	協和當用日記 康德十年	高山馨(編)	満州国通信業務部、満州書籍配給株式合社	1942.10.10	○	男	佳木斯医科大学生。 佳木斯医科大学生。	1943.1.1 -12.31	「満州日記」としてビニール袋にまとめられた日記帳の1冊目。勉強に熱心であったことが窺える。人物は特定できないが、肖像写真が1枚挟み込まれる。
276-2	自由日記	山中泰三郎(編)	_書房	1942.11.15			佳木斯医科大学生。	1944.1.20 -4.23	「満州日記」としてビニール袋にまとめられた日記帳の2冊目。巻末に筆者の妻による1953.6.18の日記あり。
276-3	自由日記	山中泰三郎(編)	_書房	1942.11.15				1944.4.24 -7.12	「満州日記」としてビニール袋にまとめられた日記帳の3冊目。
277	協和當用日記 康德十年	高山馨(編)	満州国通信業務部、満州書籍配給株式会社	1942.10.10		男	役所勤務。	1943.1.1 -10.3	満州国で発行された日記帳。仕事の内容を中心に日々の出来事を詳細に記す。
278	學生日記	田中朱衆堂編集部(編)	田中朱衆堂	1942.10.30		男	中学校教師、大学にも在籍か。京都在住。妻子あり。	1943.1.1 -12.26	生活、仕事、および読書の記録。寝ようと思ったがねむくないので読みかけの『青年』を読んでしまった。近来これ程一気に讀んだ小説はない」(9.17)。
279	昭和十八年 グリコ日記	村上良正(編)	グリコ株式会社	1942.11.20	○	男	固民学校生徒。	1943.1.1 -3.3	学校と家庭生活の記録。「永jさんがようふくをつくって下さいましたが小さくきられませんでした」(3.1)。
280	ポケット當用日記	三省堂編輯所(編)	三省堂	1942.11.20		女	家賃収入を得る。東京在住。	1943.1.7 -12.24	東京各所に赴き、映画、食事、買い物を楽しむ。女中を雇用。
281	皇紀二大〇三年 おみちの日記	天理時報社出版部(編)	天理時報社	1942.11.26			不明。	1943.1.11、15のみ	箱根を訪れた記録。

282	昭和十八年 つはもの日記	住喜代 志(編)	陸軍美 術協会	1942. 12.1		男	軍人。	1943.1.16 -12.5	日々の軍事訓練がごく簡潔に記される。
283	鍛錬日誌昭和 十八年度	社村誠 之(編)	東京私 立高等 女學校 協會	1943. 7.7	○	女	大妻技藝学 校第4年。	1943.7.21 -8.20	夏期休暇中の夏休みの記録0 「モンペーとその上着とシミズを縫った」(8.2)等、シンを使う日が多い。
284	鍛錬日誌昭和 十八年度	社村誠 之(編)	東京私 立高等 女學校 協會	1943. 7.7	○	女	高等女学校 生。	1943.7.28 -8.28	夏期休暇中の実家生活での遊びや家事手伝いの記録o配給(8.1)、防空訓練(8.15)の記録c「お野菜の配給が多すぎたので乾そうおなすを作った」(8.1)。
285	軍隊日誌	記載公し		1943	○	男	草徒出陣 兵、中部第 42部隊。	1943.12.4 - 1944.3.5	「米英ハ必死ニ反抗シテキル。侮リ難イノハ量デアル。ダガ最後ノ勝利ハ日本ニアルコト明カデアル。大飢ニ応へ奉ルタメニ宸襟ヲ安ンジ奉ルタメニ、一億ハ私ヲナクシテ戦ハ ネバナラナイ」(1943.12.8)。
286	聖戦完遂皇軍 日誌附趣味の 雑囊	下和佐 平右衛 門(編)	教草書 房	1943. 12.10			未使用		
287	當用日記昭和 十九年	博文館 (編)	博文館	1943. 12.15			未使用		表紙上部に「決戦體制版」とあり。
288	Note Book	備考特記事項欄を参照の こと			○	女	小学生。 福岡在住。 五女。	1944.12.1 - 1945.4.25	メモ帳を日記帳代わりに用いる。戦時中の学校の様子、子どもの生活が詳細に描かれる。教師による日記の感想も随所にあり、ページ全体に大きい×印をつけてページ「何をしているか、こんな日記ではだめだ！」と叱責する日もある(3.7)。
289	昭和六年新文 藝日記	佐藤義 高(編)	新潮社	1930. 11.17		男	医学生。	1945.5.7 -12.23	1931年用の日記を1945年用に転用したもの。「沖縄島列島に於ける-小島の国民校生の最後を報導で聞く。彼等の死之は日本人の心であり又日本人全部の最後の姿なのだ。あの特攻隊勇士も彼等の如き者の中から生ずるのである」(5.12)。

290	農藝日記	富程常治(編)	養賢堂	1946.1.30			未使用		
291	文藝自由日記 1947	秋山寵三(編)	靑龍社	1946.11.30			未使用		
292	日記 昭和二十二年度				○	男	東都化草食糧研究所第明考案部。東京都移並区在住。	1947.1.1 -12.31	配給の記録が多い。
293	昭和九年經濟日記	三浦弘一(編)	野村証券	1933.11.15		男	軍隊婦り。	1947.1.1 -1.24	1947年の記録が書かれる(1,1参照)。付録に「主要経済統計」「放資家参考資料」あり。
294	昭和二十三年度日誌	自家製和綴			○	男	乘林組合員。新潟県中蒲原群川東村在住。	1948.1.1 -12.31	川東村森林組合の日々の活動記録。
295	日記昭和二十二年	自家製和綴				男	東京在住。	1948.1.1 -12.31	自家製の日記帳。飲食の記録しばしば。日夏耿之介『鴎外文学』の書評記事の貼付あり。
296	電氣機關士乗務 日誌		東京鐵道局	1949			未使用		巻末に青年会主宰映画会の招待状の下書きあり。
297	振木県民日記昭和二十四年度	檢山重雄(編)	新日本教育教材会	1948.12.25			未使用		
298	新當用 日記	信友社編輯部(編)	信友社	1948.11.1		男	農業従事。新婚、婿入り。	1949.1.9 -12.30	「自分も家に来て早一ヶ月有余になるも婿殿はやはり情ないもの、幸ひに家人皆気持ち良き人ばかり自分等が一番呑気な方ではないだらうか」(1月末尾)、仕事柄、毎日の天候が予報通りか気にする。
299	おこづかい日記帳		友文堂書店	1949.11.1			未使用		
300	新令女日記九五〇年	武田春夫(編)	博文固書	1949.11.5			未使用		

301	當用日記1950		塔文社	1949.11.20			未使用		
302	赤ちゃん日記	井上教平 (編)	日本小児医事出版部	1949.12.20			未使用		増補第三版(初版1948.12.20)、子育ての記録。
303	昭和二十五年度日記兼用模範家計簿		主婦生活社	1950.1.1			未使用		『主婦と生活』新年号第二付録。
304	夏休日記帳			1950.9.1			未使用		『東光少年』第2巻第9号付録。
305	當用日記A	積善館 (編)	積善館	1949.11.5		男	役場勤務。妻と小学生の娘あり。	1950.1.1 -12.31	『東光少年』第2巻第9号付録0 日々の生活の克明な記録。役場勤務をやめて民間に移りたいと漏らす(2.9)。娘が小学校に入学(4.5)。「今日は休日、日章旗を掲揚する。青空にへんぽんとして翻る。感慨あり」(4.29)。
306	當用日記A	積善館 (編)	積善館	1949.11.5		男	医師。	1950.1.1 -12.31	患者の診療の記録が多い。起床時に卵黄を飲む習慣あり。ラジオで英語を学ぶ。
307	少年少女日記 昭和25年 1950年	少年科草新聞社編集局(編)	少年科草新聞社	1950.1.1		女	小学生。	1950.1.3 -1.7, 7.19 -8.2	夏冬の休暇中の家族生活が記される。父、母、祖母の話題が多い。
308	昭和二十五年ホープ日記	奥付なし				男	大学生。	1950.2.8 -10, 6.24, 10.5-10	証券会社の就職身体検査を受けたとの記載あり(2.10)。
309	小学生日記 1950	個書房編集部 (編)	個書房	1949.11.5			小学生。	1950.4.14 -4.17, 7.28	「きょうは、おばあちゃんとおかしをかいにきました。そしてあいすくりいむをかいにきました」(728)、表紙に「卒業記念」の印あり。幼稚園の卒業時に贈られた日記帳か。

310	自由日記1950	應取隂資(編)	新協出版社	1949.10.10		男	合社員。31歳。	1950.5.25-1957.3.24	文芸や社会科学の読書の記録多数あり。学卒業後、軍生活と捕虜経験を経て復員戦争を振り返り、「戦争特に敗戦は人間の最も醜い面を現出する。死にゆく人々の食料を盗むのが日本大衆の心であり、人間を屁とも思わず殺すが日本将校の心である。その醜さ-地獄図を私は捕虜のキャンプ二年の間にはっきり見て来たはずであった」(7.29)と記す。
311	昭和二十五年度草級日誌一年二組 男子部	自家製和綴			○	男	中学校1年生。	1950.12.11-1951.2.19	5名の男子生徒一年生による日替りの日記一クラス55名(男子29名、女子26名)。日毎に「日課」「科目」「担任」「注意及び反省、希望」「一寸日記」の欄あり。「今日は先生がよっぱらいにあった話をしてくれた。『あのね、先生が夜の九時ごろ柴又街道を歩いてたらよっぱらいにあったそして先生のことをあまりからかうからあっぱーかっと入れた』」(1.25)。
312	昭和二十六年度訟廷日誌	田原潔(編)	九和出版	1950.10.1	未使用				裁判訴訟の記録用日誌。附録に訴訟便覧。
313	昭和廿六年印刷日記	本間一郎(編)	印刷出版研究所	1950.12.15	未使用				巻末付録に「最新印刷百科便覧」あり。
314	すずらん日記	餘木松雄(編)	大日本雄弁会講談社	1951.1.1	○	女	気仙沼女子高等学校生、1934年月15日生まれ。	1951.1.1-1.3	少女クラブ新年号付録。元旦、親戚にお年玉をせびって怒られる。二日、「戦後初めての家内そろっての肉なべ大会」。
315	初歩のラジオ12月号附録 初歩のラジオポケット日記1952	初歩のラジオ編集部(編)	誠文堂新光社	1951.12.1	未使用				付録に「ラジオの配線図表」や「国内放送電波表」あり。

316	日記を兼ねた家計簿昭和27年度	荒木三作(編)	講談社	1952.1.1			未使用		『婦人倶楽部』新年号付録。
317	新農家日記	練尾一雄 (編)	富民社	1953.11.1		男	教師。	1953.1.1 -12.31	出勤の記録が中心。時折、「龍福寺」に出掛ける。
318 -1	DIARY 1953 横線 当用日記	博文館新社 (編)	博文館新社	1952.10.5	○	男	未使用18歳(28)、教育大学に進学(4月〜)。	1953.1.1 -12.31	大学受験や大学生活、桐朋学園での体操の練習について書かれる。
318 -2	DIARY 1957 昭和32年 横線当用日記	博文館新社 (編)	博文館新社	1956.10.5			22歳、東京中央線沿線在住の高校の非常勤講師。	1957.1.1 - 1957.12.31	恋愛と体操、教員生活の日記。前半はしばしば人妻への思いがつづられる。体力測定の結果あり(724)、10月頃から他の女性への恋心が綴られる。
319	美用ポケット日記 1953年		積善館	1952.10.10		男	子供がいる。	1953.1.6 -5.3	息子、娘が病気にかかり、入院する(3.2、3.16)。
320	花の日記	中原啓一 (編)	ひまわり社	1952.11.25	○	女	不明。	1953.8.21	日記帳の前半部は破り取られ、1日分のみ残る。「わたしは花が大すき。でも花びらが一まいづつちっていくのがつらい」(8.21)。
321	随想日記	越前良之助(編)	信友社	記載なし		男	合社員。	1954?1.1 -10.18、1955.1.1 -8.2	1954？年10月18日の日記の直後に大きく「日記を書くことをやめる」と宣言1955年1月1日より再開。「金もなく、自分に適した職もなく、恋人もなし。アーあ、あくびのみ、昨日、x女史にあって人生のいぎはなんだらうと云ったら笑っていた奴には恋人がいるそうだそれだけで意義のあるこった」(1955、2.13)。
322	昭和二十九年三年連用当用日記	博文館新社 (編)	博文館新社	1953.10.5			不明。	1954.1.2	「墓碑銘」と題された詩が書かれる(1.2)。
323	平凡スタア日記	岩獨喜之助(編)	凡人社	1953.11.5		女	高校生。16歳、東京近辺在住公。	1954.5.1 - 1954.5.11	学校生活や家族の話題が中心。

No.	タイトル	著者	出版	日付		性別	属性	期間	備考
324	ライオン當用日記	小林喜一		1942.11.5		男	社合人、東京在住。	1954.12.13 - 1955.8.26	写真に関する記述が多い。ほか、友人関係、映画鑑賞の記録。
325	平凡スポーツ日記	岩堀喜之助(編)	平凡出版	1954.11.5		未使用			
326	當用日記昭和三十年	博文館新社(編)	博文館新社	1954.10.5		男	合社員。	1955.1.1 -12.31	「家庭は不愉快極わりなし。女は-それもいい年になっても一直ぐに感情的になる」(1.9)。
327	さくぶんにっき1年生	作文日記研究会	育英日記	1956.4.5		未使用			
328	さくぶんにっき2年生	作文日記研究会	育英日記	1956.4.30		未使用			
329	その日その日1956	武田春夫(編)	空文館	1955.12.1		未使用			
330	カメラ日記1956	育英版日記編集部全日本カメラ教育者連盟(編)	育英日記			未使用			
331	山日記1956年版	日本山岳合(編)	茗渓堂	記載なし	○	男	日本山岳合員。1916年生まれ。	1955.12.28 - 1956.1.1	年末年始の簡潔な日記のほか、「穂高岳登山史ノート」と題して作成した参考文献リストあり。
332	家庭日記昭和31年1956	不明	不明	不明		男	保険合社勤務。江戸川近思在住公。子供あり。	1956.1.1 -12.31	日々の業務の内容を詳細に記す。奥付部分が破られ、書誌情報は不明。
333	當用日記昭和三十二年		集文館	1956.10.5		女公	不明。	1957.1.1 -2.27	日記帳としては用いず、『読売新聞』や『実業之日本』等の掲載記事が毎日筆写される。

334	随筆日記	育英版 日記編 集部(編)	育英	記載 なし		未使用		付録に「文化人名録」「近代日本文学年表」。
335	平凡スタア日記	清水達夫(編)	平凡出版	1958. 11.1		女	中学2-3年生、生徒合長。北海道在住。	1959.1.1 -12.31	学校生活の記録が中心。文通好き。「函館へ行って買う品」等、日記に添えてイラストも多く描かれる。「今日は節分 珍しくそうじをすまし"平凡"を見た。今"ホシをあげろ"を聞いている。その後は勉強ダ余り短い文で日記帖さんに気の毒だが今日はこの位でおやすみなさい」(2.3)。
336	一九五九年特撰自由日記		みどり商会	1958. 9.10	○	男	麻布中学1年生。	1959.1.7 -9.4	学校生活の記録。テニス好き。ほぼ毎日、日記欄の最終行まで書き記す。
337	山日記1959年版	日本山岳合(編)	茗渓堂	1959. 1.1	○	男	学生。1941年生まれ。東京都豊島区在住。山と渓谷社ハイカークラぶ所属。	1959.1.1 -1.16, 2.9-16, 5.3-13	岸内閣改造もめる。岸政権も今年一杯もつかどうかあやしい。早く倒れて社会党に変らないかなあ」(1.11)。
338	山日記1960年版	日本山岳合(編)	茗渓堂	1960. 1.1		未使用		
339	新日記 花鏡1961年	空文館編集部(編)	空文館	1960. 12.1		未使用		
340	昭和36年 山日記1961年版	日本山岳合(編)	茗渓堂	1961. 1.1		未使用		
341	新学生日記1961	越前良之助(編)	東京信友社	1961. 1.1		未使用		
342	昭和37年山日記1962年版	日本山岳合(編)	茗渓堂	1962. 1.1		未使用		

343	62アルパイン・ダイアリー/山の日記	安川茂雄 (編)	梓書房	1961.12.10		未使用		
344	昭和38年山日記	日本山岳合 (編)	茗渓堂	1963.1.1		未使用		
345	昭和39年版文芸日記	博文館新社 (編)	博文館新社	1963.10.5		未使用		
346	昭和39年山日記	日本山岳合 (編)	茗渓堂	1964.1.1		未使用		
347	昭和40年版文芸日記	博物館新社(編)	博文館新社	1964.10.5		未使用		
348	昭和40年学生日記	赤尾好夫 (編)	旺文社	1964.11.15		未使用		
349	全国観光案内地図付 当用日記1965	金園社編集部 (編)	金園社	1964.12.10		未使用		
350	山日記1965年版	日本山岳合 (編)	茗渓堂	1965.1.1		未使用		
351	昭和四十年班文社 社会日記	鳥居正博	旺文社	1964.11.15		不明。	1965.12.29-31	日記は書かれず、如来、菩薩、阿弥陀に関する基礎知識がメモされる。
352	昭和41年版文芸日記	博文館新社 (編)	博文館新社	1965.10.5		未使用		
353	昭和41年度山日記	日本山岳合 (編)	茗渓堂	1966.1.1		未使用		
354	昭和42年度文芸日記	博文館新社 (編)	博文館新社	1966.10.5		未使用		
355	昭和42年版山日記	日本山岳合 (編)	茗渓堂	1967.1.1		未使用		

356	昭和43年版文安日記	博文館新社(編)	博文館新社	1967.10.5					未使用	
357	昭和43年度版 排人日記	文安出版_集部(編)	文安出版社	1967.12.5					未使用	
358	昭和43年版 山日記	日本山岳合(編)	茗渓堂	1968.1.1					未使用	
359	昭和43年版 熱帝魚日記	廣海貫一(編)	熱帝魚新聞社	1968.1.1					未使用	熱帯魚の飼育管理用の日記帳。
360	昭和43年学生日記1968	旺文社(編)	旺文社	1967.11.15	○	女	高校2-3年生。	1968.1.1 -12.23		学校生活の記録が中心。ピアノの練習に熱心。「スカーレット、私はあなたのような情熱を持ちなにごとにも体でぶつかっていく、そんな人になりたい バトラー、私はあなたのような男臭くごういんに自分のペースにまきこんでくれるような人が欲しい」(2.25)。
361	昭和44年度文安日記	博文館新社(編)	博文館新社	1968.10.5					未使用	
362	昭和44年度版 排人日記	文安出版社編集部(編)	文安出版社	1968.12.7					未使用	
363	昭和44年版 山日記	日本山岳合(編)	茗渓堂	1969.1.1					未使用	
364	昭和45年度版文安日記	博文館新社(編)	博文館新社	1969.10.5					未使用	
365	昭和45年度版 排人日記	文安出版社編集部(編)	文安出版社	1969.10.14					未使用	
366	昭和45年度版 山日記	日本山岳合(編)	茗渓堂	1970.1.1					未使用	

367	昭和45年版三年連用当用日記	博文館新社(編)		1969.10.5			映画制作に携わるか。	1971.1-12.29, 1971.1.1-2.20, 1972.1.10-6.15	「横書き十枚のプロット力作。ウイスキー飲んでいい気分で出社。五時から部屋で酒盛りになる」(1970.1.16。小説を中心とした読書の記録多数。競馬を好み、レース結果を記すこともしばしば。
368	昭和46年度排人日記	文芸出版社編集部(編)	文安出版社	1970.12.5			未使用		
369	昭和46年度山日記	日本山岳会(編)	著漢堂	1971.1.1			未使用		
370	昭和47年度山日記	日本山岳会(編)	著漢堂	1972.1.1			未使用		
371	昭和48年度山日記	日本山岳会(編)	著漢堂	1973.1.1			未使用		
372	昭和49年版排人日記	文安出版社編集部(編)	文安出版社	1973.11.20			未使用		
373	きりえ日記	滝平二郎、加太こうじ	河出書房新社	1974.11.30			未使用		「餅」「白鳥」「まりつき」等を主題とする随筆と切り絵が中心で、日記欄は小さい。
374	昭和50年版山日記	日本山岳会(編)	著漢堂	1975.1.1			未使用		
375	昭和51年度山日記 1976	日本山岳合(編)	著漢堂	1976.1.1			未使用		
376	昭和53年度山日記	日本山岳会(編)	著漢堂	1978.1.1			未使用		
377	昭和54年度山日記	日本山岳会(編)	著漢堂	1978.1.1			未使用		
378	昭和56年版排入日記	千葉抗夕	文安出版社	1980.11.15			未使用		
379	昭和58年版排人日記	千葉抗夕	文安出版社	1982.11.23			未使用		

380	昭和58年度 山日記	日本山 岳会 (編)	著漢堂	1983. 1.1	未使用	
381	昭和61年 新短歌日日記	青山ゆき 路(編)	青空詩 社	1985. 12.15	未使用	
382	昭和62年 新短歌日記	青山ゆき 路編)	青空詩 社	1986. 12.5	未使用	
383	昭和63年 新短歌日記	青山ゆき 路 (編)	青空詩 社	1987. 12.1	未使用	
384	1988年 山日 記	日本山 岳会 (編)	日本山 岳合	1988. 1.1	未使用	
385	昭和64年 新短歌日記	青山ゆき 路 (編)	青空詩 社	1988. 12.1	未使用	
386	漢詩日記	石川忠 久	大修館 書店	1989. 11.1	未使用	
387	赤ちゃん絵本 日記	取元正 一、巻 野借郎	主婦と 生活社 ウェル カムベ ビーキャ ンペー ン実行 委員会	1994. 5.2	未使用	
388	DIARY 排句日 誌 95	Raimundo Gadelha	Escrituras Editora	1994	未使用	ブラジルで発行された日記帳。
389	マイケルおじさ んの農場絵日 記	沢田貴 理	美術出 版社	1995. 12.20	未使用	
390	赤ちゃん日記	さくらもも こ	小草館	1998. 1.10	未使用	2刷(初刷1007.12.10)。
391	吟行日記		博文館 新社		未使用	

392	書き込み式「いいこと日記」2004年版	中山庸子	マガジンハウス	2004.3.8		未使用	第二版(初版2003.10.16)。
393	書き込み式「いいこと日記」2005年版	中山庸子	マガジンハウス	2004.9.16		未使用	著者インタビューの新聞記事(朝日新聞、朝刊、2004年10月3日)が挟まれている。
394	農家日記2005年版	農山漁村文化協会(編)	農山漁村文化協会	2004.12.1		未使用	
395	Le Visuve Diary 2005	有限会社Le Vesuve	社団法人 ELEPHAS	2004.12.1		未使用	
396	吟行日記(童)		博文館新社	不明		未使用	
397	児童新日記	高橋書店編集部(編)	高橋書店	不明	女	小学6年生。新潟県中蒲原郡村松町在住。 2.18-22, 3.10, 6.1-26	学校生活の記録。使用年度不明(巻末の家族の名前と年齢から推測すると昭和30年代か。
398	自由日記		固光社	不明	未使用		
399	休暇日誌第大學年	不明	不明	不明	未使用		学校(戦前の尋常小学校)が独自に制作した物か。
400	養置日誌	不明	不明	不明	未使用		奥付なし昭和期の青年学校生用の日誌。
401	育児日誌		東京地方通信局	不明	未使用		昭和期発行。

찾아보기

필자 소개

손현주

전북대학교 사회학과를 졸업하고, 미국 하와이대학교에서 미래학 전공으로 정치학박사를 취득했다. 현재 전북대학교 SSK 〈개인기록과압축근대연구단〉 전임연구원으로 재직 중이다. 한국 사회의 대안 미래와 미래학방법론을 연구하고 있다. 주요 저서로는 『아시아의 개인 기록분석 그리고 생활변화』(공저), 『아시아의 압축근대, 성장 그리고 사회변화』(공저), 『금계일기 1-2』(공저), 『The Preferred Transformation of South Korea: Alternative Scenarios for 2030』 등이 있다.

차윤정

부산대학교에서 국어학 전공으로 박사학위를 취득하였다. 현재 로컬리티의인문학연구단 HK교수로 재직 중이다. 지역과 지역어, 언어와 매체를 통한 재현의 매커니즘을 중심으로 연구하고 있다. 주요 저서로는 『로컬리티, 인문학의 새로운 지평』(공저), 『선망과 질시의 로컬리티』(공저), 『다문화와 인정의 로컬리티』(공저) 등이 있다

이정덕

서울대 인류학과를 졸업하고, 미국 뉴욕시립대에서 인류학 박사학위를 취득했다. 1993년부터 전북대학교에서 문화인류학을 가르치고 있다. 현재 전북대 쌀·삶·문명연구소 소장을 맡고 있 으며, 일기를 통한 압축근대의 동아시아적 특성을 연구하고 있다. 주요 저서로는 『21세기 한국 의 문화혁명』, 『근대라는 괴물』, 『일기를 쓴다는 것』(공역) 등이 있다.

왕쉬후이(王旭辉)

중국 우한대학교 법학원(武汉大学法学院)을 졸업하고 북경대학교 사회학 박사를 취득하였다. 현재 중국 중앙민족대학교 민족학 및 사회학 부교수로 재직 중이다, 주요 저서로는 「技术进步与组织间关系」, 「民族地区的环境」, 『技术进步与主体利益结构：朝阳轿车的技术层级结构与部门间关系变迁(1978-2008)』 등이 있다.

쉬쉬에찌(許雪姬)

국립 타이완대학 역사학 전공으로 박사학위를 취득하였다. 현재 대만 중앙연구원대만사연구소 소장으로 재직 중이며, 대만사, 가족사, 제도사, 구술사를 중심으로 연구하고 있다. 주요 저서로는 『林正亨的生與死』(2001), 『板橋林家林平侯父子傳』(2000) 등이 있다.

왕리치아오(王麗蕉)

대만 국립 타이완대학교 문헌정보학 박사를 취득했다. 현재 대만 중앙연구원대만사연구소 연구원으로 재직 중이다.

쳉리중(鄭麗榕)

대만 국립타이완대학교 역사학과를 졸업하고 대만 국립정치대학(國立政治大學)에서 역사학박사를 취득했다. 현재 대만 국립정치대학 대만사연구소 교수로 재직 중이다. 연구 관심 분야는 대만자연문화사와 대만근대사 등이 있다. 주요 저서로는 「動物養殖的文化: 以近代臺灣大家族園林與田園生活為例的探討」, 『新眼光: 臺灣史研究面面觀』(공저) 등이 있다.

타나카 유스케(田中祐介)

국제기독교대학 아시아문화연구소 조수, 국문학연구자료관기관 연구원, 명치학원대학교 양교육센터 조교를 역임하고 국제기독교대학대학원 박사후기과정을 수료하였다. 주요 연구관심은 근대일본의 문학과 사상, 근대일본의 기록문화(書記文化), 독서문화 등이다. 주요 저서로는 『近代日本の日記文化と自己表象』(공저, 2017), 「『書くこと』の歷史を問うために 研究視座としての『日記文化』の可能性と学際的・国際的連携」(2017), 「〈社会〉の発見は文壇に何をもたらしたか 一九二〇年の「文芸の社会化」論議と〈人格主義的パラダイム〉の行末」(2012), 「教養主義とノスタルジア 阿部次郎『徳川時代の芸術と社会』における江戸郷愁との訣別」(2010) 등이 있다.

츠치야 슈이치(土屋宗一)

국제기독교대학 그리스도교와 문화연구소의 연구조교로서 근무하고 있으며, 연구관심은 막부와 명치유신시대의 종교와 민간신앙 등이다. 주요 저서는 「創意としての風景論——志賀重昂による自然の融合と描写——」(2015), 「食行身禄の思想—江戸民衆思想の一側面として—」(2009) 등이다.

아소 아유미(阿曽歩)

국제기독교대학 박사후기과정에 중이며, 주요 연구관심은 다이번(仙台藩) 교육사와 서양학문의 수용사 등이다. 주요 논문으로는 「大槻平泉の『大学』解釈一『大学語脉解』写本の比較検討」(2017)가 있다.

남춘호

현재 전북대학교 사회학과 교수로 재직 중이며, 주된 관심분야는 노동과 빈곤 및 불평등, 청년층의 성인이행 등이다. 최근에는 텍스트마이닝기법을 사회과학에서 활용하는 방안을 연구 중이다. 주요 논저로는 『압축근대와 농촌사회』(2014), 「고용의질 지수를 이용한 노동시장의 불평등과 양극화 추세분석」(2011), 「압축근대와 생애과정의 구조변동」(2014), 「학교-직장 이행과정의 직업경력 배열분석」(2015), 「일기자료 연구에서 토픽모델링 기법의 활용가능성 검토」(2016) 등이 있다.

유승환

전북대학교 사회학과를 졸업하고 동대학원에서 석사과정을 마쳤다. 현재 전북대학교 SSK 개인기록과 압축근대 연구단 보조연구원으로 일하고 있으며, 텍스트 마이닝 기법을 활용하여 일기, 교과서 등 다양한 기록물을 분석하는데 관심이 있다.

일기연구의 방법, 현황, 그리고 응용

초판 인쇄 | 2017년 6월 28일
초판 발행 | 2017년 6월 28일

(공)저자 손현주 · 차윤정 · 이정덕 · 왕쉬후이 · 쉬쉬에찌 · 왕리치아오 · 쳉리중
　　　　　타나카 유스케 · 츠치야 슈이치 · 아소 아유미 · 남춘호 · 유승환

책임편집 윤수경

발 행 처 도서출판 지식과교양
등록번호 제 2010 - 19호
주　　소 서울시 도봉구 쌍문1동 423 - 43 백상 102호
전　　화 (02) 900 - 4520 (대표) / 편집부 (02) 996 - 0041
팩　　스 (02) 996 - 0043
전자우편 kncbook@hanmail.net

© 손현주 외 11인 2017 All rights reserved. Printed in KOREA

ISBN 978-89-6764-088-0 93300　　　　　　　　　　**정가 28,000원**